幾度夕陽紅

笑談古今 5

王文選 著

作者簡介

王文選，出生於福建晉江。

一九六八年畢業於菲律賓國立大學經濟學院，菲大亞洲中心碩士班研究生，一九八二年於美國哈佛大學商學院完成工商管理發展課程。

早年曾任菲律賓國立大學文理學院講師；後獲邀參加菲華商聯總會工作，先後擔任副秘書長、常務理事、董事之職；七十年代末轉職金融界，在菲律賓、汶萊及香港之銀行和金融機構服務廿餘年，並在中國大陸投資設廠生產通訊電纜。目前在菲律賓擔任一家上市公司總裁及另一家上市公司董事兼執行委員會主席職務，同時兼任一家五星級酒店總裁，並獲選為菲律賓酒店東主協會董事。

就學時當選菲律賓國立大學亞洲中心學生會主席，並擔任菲大學生領袖協商會成員；一九七〇年獲僑聯總會遴選為「海外優秀青年」；曾任菲華歷史學會會長、菲華歷史學報主編；近年曾獲邀擔任菲律賓三軍指揮及參謀學院高級顧問。早年分別在菲律賓大中華日報及聯合日報撰寫「自由談」及「笑談古今」專欄，多篇英文論述發表於馬尼拉時報。

幾度夕陽紅：
　　笑談古今5

序

「青山依舊在，幾度夕陽紅」，實乃人生最大的悲哀和無奈。羅貫中在「三國演義」卷頭詞寫下這兩句千古絕唱，便是感慨人生的無常，即使像曹操、孫權、劉備這些歷史上的風流人物，雖然文治武功都顯赫一時，並且各自領導一大批英雄豪傑和智囊精英雄據一方，然而最後的命運都像長江的「滾滾東逝水」一樣，在歷史的長河裏被「浪花淘盡」，轉頭之間，所有的「是非成敗」，都成了一場空夢。所謂江山如昔，人事全非，難怪詩人感嘆「青山依舊在，幾度夕陽紅」。

本書是「笑談古今」專輯的第五冊，依序以「三國演義」卷頭詞的第五句「幾度夕陽紅」作為書名；書中收集的是作者於2011年至2015年之間在菲律賓聯合日報「笑談古今」專欄中所發表的一些有關台灣政治人物的文章。這些政治人物當中，既有因貪贓枉法而身陷囹圄的「最高領導人」陳水扁以及其他幾個綠營的跳樑小丑，也有國民黨近代史上的四大罪人，他們便是肆意糟蹋摧毀百年老黨、自身又晚節不保、出賣國家民族利益的李登輝，為虎作倀、迷戀自己權慾利益而不惜一再製造藍營分裂的宋楚瑜，企圖以「本土化」為幌子而將「中國國民黨」蛻變成「台灣國民黨」、霸據立法機構卻拖國民黨政權後腿的王金平，以及那個優柔寡斷，不敢大刀闊斧整頓陳水扁留下的政治、教育和社會爛攤子，白白浪費掉中興國民黨良機的馬英久。

本書各分章的標題，看起來對有關的政治人物似乎有「大不敬」的冒犯，但其實每一個稱號都有其出處，並非作者生安白造；例如

「永遠的失敗者」是台灣「聯合報」送給李登輝的評語,「過街老鼠」乃是陳水扁加給自己的封號,「歷史罪人」是新黨秘書長李勝峰對宋楚瑜的評價等等,如果政治人物對這些用詞不滿,作者也只能負上「鸚鵡學舌」的責任而已。

用「幾度夕陽紅」這麼羅曼蒂克的一句詩句,來作為一本彙集記載政治人物胡作非為文章的書名,似乎有點褻瀆風雅;但再一想,政治人物就像夕陽一樣,儘管帶來斑燦的滿天彩霞,但到時候就會逐漸西沉,瞬間便消失得無影無蹤;用「夕陽紅」來形容這一班政治舞台上的演員,倒也合適,如此一想,心情也就釋然了。

是為序。

目　錄

作者簡介 3
序 5

「聯合報」文章所稱的「永遠的失敗者」李登輝

李登輝想借死人脫罪 12
老糊塗的李登輝和許信良 15
李登輝改變了台獨的立場？ 19
李登輝是「永遠的失敗者」 22
林洋港不敵李登輝的手段 26
李登輝曾被警總約談調查 29
李登輝差點被林洋港取代 32
李登輝六出祈山日本拜祖 36
李登輝比汪精衛更汪精衛 40
李登輝患上精神分裂症 44

自稱是「過街老鼠」的陳水扁

陳水扁要拉李登輝一起死 48
解讀陳水扁的滿口荒唐話 51
陳水扁若死在獄中怎麼辦？ 55
陳水扁在醫院上吊自殺未遂 59
陳水扁獄中再次自殺未遂 62

「棄扁自保」的蔡英文

空心菜要小輸不要大輸 68

淺析蔡英文的政治謬論..................................71
蔡英文患上「人格分裂症」..............................75
解讀蔡英文的滿口荒唐話................................81
蔡英文患上「妄想症」..................................85
蔡英文和宋楚瑜突然啞了................................89

「跳樑小丑」綠巾軍

漫談台灣綠營的「救扁行動」............................94
漫談蘇貞昌當選民進黨主席..............................98
蘇貞昌蓄意向北京送秋波...............................103
漫談謝長廷的「大陸行」...............................106
蕭美琴和郝龍斌的荒唐話...............................110
剖析柯文哲的「一五新觀點」...........................114

新黨秘書長李勝峰口中的「歷史罪人」宋楚瑜

不甘寂寞的宋楚瑜又來了...............................120
宋楚瑜自揭虛偽的面具.................................124
宋楚瑜參選李登輝最高興...............................127
宋楚瑜不配稱蔣經國弟子...............................130
從宋楚瑜想到湖南人內鬥...............................134
宋楚瑜貫徹始終做歷史罪人.............................138
宋楚瑜一心要拆馬英九台...............................141
宋楚瑜把靈魂賣給李登輝...............................144
為何說宋楚瑜是「二百五」？...........................147
揭開宋楚瑜的「正藍」假面具...........................151
投宋楚瑜票等同投給蔡英文.............................154
解讀宋楚瑜的滿口荒唐話...............................158
宋楚瑜新書不提李登輝.................................162

漫談宋楚瑜的北京行..166
宋楚瑜攪局意欲何為？..170
蔣經國收了兩個不肖徒弟..174
宋楚瑜厚臉皮天下無敵..178
數說藍營叛徒宋楚瑜..182

癡心妄想要當「全民總統」的馬英九

評談馬英九的「全民總統」..188
馬英九搬石頭砸自己的腳..191
美國人扯馬英九後腿..195
忖度周美青心底裏的話..199
馬英九總統背後的女人..203
連戰是馬英九勝選的大功臣..206
馬英九民調聲望插水背後..210
漫談馬英九改組內閣..214
馬英九拒絕與大陸聯手保釣..218
馬英九政府高調與連戰切割..224
馬英九民調為何持續低迷..227
馬英九用人不當自招其辱..230
漫談馬英九的「歷史定位」..233
馬英九口中的台日蜜月期..237
馬英九敗在不食人間煙火..239
馬英九團隊缺乏政治智慧..243
馬英九不該對「佔中」說三道四..................................250

「巾幗英雄」洪秀柱

國民黨對洪秀柱太不公平..256
洪秀柱總統路上的障礙..260

洪秀柱由「磚」變成「玉」...264
流言蜚語打不倒洪秀柱...268
誰在散播洪秀柱「退選」謠言？...271
「換柱」是在抹殺國民黨黨魂...279
給「柱柱姐」..283
中國國民黨迷失了大方向...287
咬牙含淚支持朱立倫..291
一封致台灣選民的公開信...294

台灣政壇拉雜談

冷眼觀測台灣的總統大選...300
台灣總統大選拉雜談..304
從司法關說談到馬王之爭...308
台灣「九月政爭」鹿死誰手？...312
王金平關說案的是是非非...315
連勝文為何選得如此辛苦？...319
漫談「台灣共識」和「九二共識」......................................323
民進黨敗在否定「九二共識」...327

「聯合報」文章所稱的

「永遠的失敗者」李登輝

幾度夕陽紅：
笑談古今 5

李登輝想借死人脫罪

李登輝是一個「不甘寂寞」的老政客，下台後依然改變不了他那副「權慾薰心」的本性，夢想繼續指點江山、操控台灣政壇。李登輝不時會口出狂言來吸引傳媒的注意，挑動社會的神經根；早些時候，他發表危言聳聽的言論，說「ECFA是北京吞佔台灣的招數」，還發動「反ECFA大遊行」，奈何雷聲大、雨點小，根本得不到民眾的支持；他還跑到日本去詆譭馬英九，說他是「政治白癡」，又製造出「棄馬保台」的妖惑口號。凡此種種，無一不是李登輝嘩眾取寵、引人注目的花招。

近日來，李登輝再度成為台灣、甚至全球華人社會的焦點新聞主角，只不過這一次不是他主動製造新聞，而是他「被新聞」了。台灣最高法院檢察署特偵組於六月三十日宣佈，經過長時間的偵查，決定就「國安密賬案」起訴李登輝和他的「大管家」劉泰英，罪名是侵佔公有財物以及進行洗錢等不法勾當。

蔣經國先生於1988年逝世後，李登輝「沐猴而冠」，登上了台灣最高領導人的地位。由於蔣經國留下龐大的財政盈餘和外匯儲備，李登輝遂巧立名目，設置了許多「密賬專款」，其中廣為人知的有「奉天專案」、「明德專案」等等；憑著這些「密賬專款」，李登輝在國際間大灑金錢，每次出訪友邦都表演出「天女散花」的拿手好戲，而藉著外交和國防的「密賬」，李登輝和他的親信涉嫌上下其手的弊端不勝枚舉。早年發生的「拉法葉艦」傭金案，便是借購買「國防軍備」之名而演出「偷雞摸狗、上下其手」的戲碼，不但成為轟動國際

「聯合報」文章所稱的「永遠的失敗者」李登輝

的貪贓舞弊大案,還搞出軍方經辦人尹清楓上校被冤殺並沉屍海底的無頭公案。而這一次讓李登輝有機會上法庭「作秀」的,則是他利用「外交密帳」導演出一齣令人眩目的「乾坤大運轉」魔術。

事緣1994年李登輝在總統任內出訪南非,為買好當地的執政黨「非洲國民議會」(African National Congress),承諾向該政黨捐獻美金一千零五十萬元,並指示國家安全局(國安局)由「奉天專案」款項中支付該筆捐款。過了一段時間,李登輝以捐款的目的乃在鞏固邦誼為理由,指示時任外交部長的胡志強將該筆捐贈款編列入外交部的預算,並把款項歸還國安局。待外交部把款項交付國安局之後,李登輝又指示時任國安局局長(後來被擢升為國家安全委員會秘書長)的殷宗文,將該筆款項中的七百七十九萬美元,轉交給他的親信劉泰英,演出一齣「一款兩付、公帑私用」的貪贓枉法勾當。

李登輝這一次接受查訊時,檢調單位問到他與劉泰英的關係,他居然回答說跟劉不太熟稔,令人感到既驚訝又「噴飯」。劉泰英與李登輝同期間在美國康乃爾大學進修,因互相照料而成為好朋友;李登輝掌權後,先是委任劉泰英為國民黨屬下中華開發公司的董事長,後來更任命他為中國國民黨的「投資事業管理委員會」主任委員,掌管國民黨的全部黨產,成為國民黨的「大掌櫃」,也變成了李登輝的私人「大管家」。之後劉泰英啣命創辦「台灣綜合研究院」(台綜院),由李登輝擔任榮譽董事長,劉本身任董事長,這一個機構實際上是為二人退休後預作「未雨綢繆」的安排。李登輝下台後,不管是組建新政黨或是赴美、日「路演」,絕大部分活動都是靠台綜院安排,經費也由台綜院支付。李登輝與劉泰英本來就是「一丘之貉」,始終是「狼狽為奸」的拍檔,但李居然告訴檢調單位,說他與劉「不太熟稔」,真是說謊話也不覺得臉紅。

當年國安局將款項交給劉泰英的過程有如電影裏的黑幫交易,現在已經出逃海外的前國安局出納組組長劉冠軍奉命將款項兌換成七千

五百張一千元面額的美金旅行支票,然後把這七百五十萬美元旅行支票以及二十九萬元的美金現鈔裝在兩個水果盒裏,由國安局會計長徐炳強親手送交劉泰英。劉收到款項之後,把二十九萬元美金現鈔及十五萬美元旅行支票共四十四萬美元放進自己的口袋,然後把餘款折換成二億五千萬元新台幣,將該筆款項以潤泰集團董事長尹衍梁的名義「捐贈」予台綜院;完成了整套「五鬼運財」的把戲之後,劉泰英利用該款項進行股票和基金的買賣,另外還購置了台綜院大樓;一切交易都進行得非常順利,因為根本就沒有人過問台綜院的財政收支。

　　正如陳水扁把一切貪污罪行推卸給坐輪椅的太太吳淑珍一樣,李登輝也企圖將所有的罪行,推卸給已經去世的國安會秘書長殷宗文。但是劉泰英較早接受偵訊時已經向特偵組坦白供認,殷宗文命人送旅行支票給他,乃是奉李登輝的指示行事;而殷宗文生前也曾向其幕僚張顯耀透露,國安密帳的動用都是依照李登輝的指示辦理的。很簡單的一個道理,這一筆鉅額的款項,牽涉的是「國安密帳」,沒有總統的指示,誰敢動用?沒有總統的批准,誰有權力撥款?對於這宗假公濟私、貪贓枉法的罪行,不管李登輝如何狡辯,他始終逃脫不了關係。

　　　　　(原載2011年7月6日菲律賓聯合日報「笑談古今」專欄)

「聯合報」文章所稱的「永遠的失敗者」李登輝

老糊塗的李登輝和許信良

有人把政客比擬為乾電池,儘管有「強力電池」,也有「長壽電池」,終究還是有電竭報廢的一天。台灣的政壇怪相特別多,原因是太多「舊電池」不甘心被棄置一旁,雖然已經無力發電,卻仍然強撐場面,硬要插上一腳,結果自然是荒腔走調、頻頻「短路」。

年屆九旬高齡的前總統李登輝,雖然不久前才因為癌症而動過手術,切除了一段大腸,卻依然動作頻頻,最近更隆而重之進行「南巡」活動,既到屏東視察水利工程,又到高雄小林村巡視災後重建;近日還與媒體茶敘,左批馬英九政府,右批民進黨,更令人深感意外的是他居然表明立場,與他自己一手創建並扶掖長大的台聯黨切割。

李登輝高調批評馬英九的就職演說,認為他提出的「九二共識」和「一國兩區」是「扭曲歷史、不負責的行為」。看來李登輝是越老越糊塗,「九二共識」這個概念正是他當總統時,委派海基會的高級幹部到香港密會中國大陸海協會高層,雙方最後拍板訂下作為兩岸協商的基本原則;「九二共識」這個名詞還是李登輝當年的得力助手蘇起最先使用的,沒有「九二共識」,便沒有辜振甫和汪道涵的1993年新加坡會晤。李登輝現在否定自己當年的所作所為,難道他已經患上了有健忘癥狀的「老人癡呆症」?

根據資料記載,1992年8月1日,李登輝主持的「國統會」會議中即曾針對「一個中國」的涵義作出結論,明白表示:「海峽兩岸均堅持『一個中國』之原則,但雙方所賦予之涵義有所不同……我方認為『一個中國』應指1912年成立迄今之中華民國,其主權及於整個中

國，但目前之治權，則僅及於台澎金馬。」這不就是「一個中國、各自表述」的「九二共識」嗎？李登輝親自主持會議所作出的重要決定，如今竟說是「歪曲歷史」，何異在自打嘴巴？

李登輝批判「一國兩區」也同樣令人深感莫名其妙，因為這一個概念原本就是他自己砲製出來的。1991年2月，李登輝主導通過了「國家統一綱領」，裏面寫明「大陸與台灣均是中國的領土」，然後又清楚表明中國目前分為「大陸」和「台灣」兩個不同管治的地區。如果說提出「一國兩區」的概念便是「出賣台灣」，那李登輝本人豈不是那個最原始的「賣台賊」？

在這一次與媒體茶敘中，李登輝公開宣稱他「本身跟台聯黨沒有任何直接關係」，也是一件令人感到「丈二金剛、摸不著頭腦」的怪事。台聯黨是李登輝親自創立並且是用他提供的奶水養大的政黨，該黨所有的領導人也都是他一手挑選指定的，歷任主席黃主文、蘇進強、黃崑輝無一不是他最忠心的跟班；即使李登輝從來沒有在台聯黨掛過任何職銜，但眾所皆知，從一開始，他便是台聯黨的精神領袖。在今年一月份的選舉中，李登輝拖著大病初癒的身子站台，向選民發出的呼籲也是「總統選蔡英文，政黨票投給台聯黨」，如今突然高調與台聯黨劃清界線，難免讓人搖首費解。政論家推測李登輝這一項行動，很可能是「恨水不成冰」的心態在作祟，如今他還有一口氣在，台聯黨就已經如此不爭氣，要是他撒手人寰，這個扶不起的「阿斗」便會更加走投無路，與其今後讓台聯黨羞辱自己的聲譽和威望，倒不如早作切割。這種猜測似乎有點牽強，但要猜透李登輝葫蘆裏賣的到底是什麼藥，委實不容易。

另一個怪誕不經的「舊電池」是前民進黨主席許信良，他現在忽然妄想要吃「回頭草」，正在競選民進黨的主席職位。許信良這幾天進行了一場絕食活動，表明是抗議馬英九政府決定油電加價以及容許美國牛肉進口，同時也要爭取馬政府特赦陳水扁；可惜許信良的

「做秀」並沒有引起社會和傳媒的重視,為他打氣的也只有「小貓三幾隻」,場面冷冷清清,除了陳水扁的兒子陳致中高調前往探視之外,根本看不到有任何夠份量的政治人物表態支持或前來探訪以表示關心。

在歷年來的民進黨領導人當中,許信良算是比較有政治道德和政治理想的一個;然而現實很可怕,多年來參加任何選舉都一敗塗地的許信良,這次為了競選民進黨主席一職,居然忘記自己的政治理念,隨意改變政治立場,甚至埋沒政治良心。在競選的過程中,許信良最引人注目的主張便是「特赦陳水扁」,而且還逼令其他候選人表態,企圖把爭取特赦陳水扁列為所有民進黨主席候選人的共同立場。

陳水扁貪贓枉法,罪證確鑿,一般有是非黑白之分的人士都不齒他的所作所為;綠營的理論大師林濁水、民進黨大老林義雄和沈富雄等人,都指稱陳水扁罪有應得,蔡英文擔任民進黨主席時也盡量與阿扁切割,現任民進黨代主席陳菊更是自陳水扁入獄以來從未前往探過監,引致怒氣沖沖的阿扁威脅要讓他兒子參選高雄市長以拆陳菊的台。一向以廉潔正直見著的許信良,如今竟然聲嘶力竭推動特赦千夫所指的陳水扁,不惜淪為巨貪政客之代言人,怎不令人感到驚訝疑惑?

如果比較亞洲三個地區貪婪政客的「悔改」態度,可以一目了然看出其中的差異。韓國幾個領導人認罪入獄,獲特赦後都遁入空門以表示「既悔且改」,其中盧武鉉更跳崖自盡、以死贖罪。菲律賓一些貪官污吏經常到教堂向神父懺悔並跪求上帝赦免,但離開教堂後卻繼續搞貪污的勾當,堪稱「有悔無改」。而陳水扁只在海外巨款曝光後匆忙向大眾鞠躬道歉,說了一句「我做了法律不容許的事情」,但是過後又矢口不認罪,至今不肯公開交代海外的銀行戶口,絕大部分的海外贓款也沒有匯回台灣,可以說是「不悔不改」。許信良願意為一個貪贓枉法、不知悔改的人絕食抗議,他的道德標準和正義價值豈不

是已經破產？陳水扁曾經兩度在獄中宣佈絕食,但都僅是演演戲以嘩眾取寵而已,暗中偷吃東西還被人發現並拍照留影;許信良拿生命作賭注,為了支持那個假絕食的阿扁而進行真絕食,萬一他自己真地因絕食而致命,豈不是冤天下之大柱?

(原載2012年5月28日菲律賓聯合日報「笑談古今」專欄)

李登輝改變了台獨的立場？

近日，前總統李登輝發表了一番言論，語驚寰宇，不但成為台灣各界議論紛紛的話題，也引起全球華人社會的聚焦注目。

蔣經國先生於1988年逝世後，「老狐狸」李登輝在台灣政壇上進行了一連串「拉一派、打一派」的奸詐政治運作。他先在黨內拉攏李煥的勢力來鬥倒俞國華，並以李煥取代俞的行政院長職位，扳倒了台灣政壇上影響力極大的所謂「宮廷派」，實際地掌控了台灣當局的行政大權。把李煥捧上揆閣大位之後，李登輝乘機將李煥在國民黨內經營多年所積聚的勢力收歸己有，控制了國民黨龐大的組織和豐厚的黨產。李煥揆閣的位子還沒有坐暖，李登輝又以軍事強人郝柏村取代他的行政院長職位，並於郝柏村交出軍權之後，安插自己的親信擔任軍中要職，徹底瓦解了台灣武裝部隊裏的「郝家軍」勢力；待軍權在握時，李登輝再以提拔本省籍精英為藉口，任用連戰為行政院長，一腳把郝柏村踢開。到了黨、政、軍大權都牢牢地控制在自己手上之後，李登輝馬上露出他的狐狸尾巴，把孫中山、蔣中正和蔣經國的思想和政治理念都拋諸腦後，開始以「兩國論」、「兩岸之間是國與國的特殊關係」等種種謬論來鼓吹他的台獨思想，夢想創建一個「台灣國」，由他自己擔任「國父」。

不管在位或是下野，李登輝歷年來的台獨本色都稱得上是「鐵板一塊、立場不變」，然而，近日接受「財訊」雜誌訪問時，他卻「石破天驚」地告訴記者：「世界的秩序正在改變，台灣面對國際上的困難，喊台獨沒有用。」乍聞之下實在不敢相信自己的耳朵，怎麼這個

「台獨教父」居然會親口承認「喊台獨沒有用」？

所謂「一石擊起千層浪」，李登輝的「雋言妙語」，立即引來台灣各個陣營的回響以及迥然不同的解讀。藍營歡迎老李的表態，國民黨立法院黨團副書記長吳育升說：「感謝李登輝的說法，終於看到真相。李登輝勇敢講出來，代表他終於知道台獨是不可行的路線。」吳育升立委不但「肯定」李登輝的「反省進步能力」，還呼籲老李勸台聯黨和民進黨不要動不動就搬出「台灣自決」、「框架國家」這些台獨理論來誘惑欺騙台灣民眾以及威脅恫嚇國際社會。國民黨籍立法委員羅淑蕾更訕諷說：「台獨教父終於露出馬腳了，李前總統終於講出他當年騙台灣老百姓的話了，台獨本來就是不可能的。」

綠營則急著替李登輝打圓場，民進黨立法院黨團幹事長潘孟安怪責媒體「斷章取義」，說李登輝的意思是「先顧腹肚，後顧佛祖」，並指李講那一番話是在責成執政當局必須集中精神來處理經濟民生的問題。李登輝的女兒、台灣群策會副董事長李安妮也替她老父緩頰，辯解說當下應該「設法讓經濟好轉，讓人民能安居樂業，對未來有所期待，是否需要高舉獨立的旗幟，可以再思考。」不管綠營如何辯護，李登輝說的那一句「喊台獨沒有用」，論調非常清晰，剛參選民進黨主席而落敗的許信良更勸所有的綠營人士，「應該嚴肅地思考李登輝的話」。

李登輝近期一些言詞頗為古怪反常，較早與媒體茶敘時既批馬政府，又批民進黨，更公開與他苦心扶植的台聯黨劃清界線，如今又發表言論稱「喊台獨沒有用」，到底他葫蘆裏賣的是什麼藥？有些政論家認為李登輝雖然年老力衰，但卻是老謀深算，他最近的言論「左右開弓」，旨在保存自己在政壇的影響力；他採取「經濟批藍、政治打綠」的策略，乘當前老百姓對經濟問題感到不滿，猛烈批評藍營和馬政府「執政無方」以討好民眾，另一方面他又嚴厲地指責民進黨「捧著台獨的神主牌卻無所作為」；看來李登輝是想利用這種偏激的言

詞，來彰顯他自己的威信和江湖地位。

許信良說李登輝「其言也善、其言也真」，這樣一句話，難免引起聽眾的「遐思」。中國古諺有云：「鳥之將死，其鳴也哀；人之將亡，其言也善」，許信良說李登輝「其言也善」，難道暗示剛動過大手術的九旬老人「大限將至」？如果說李登輝自知「去日無多」，急於在餘生之年完成一些未了的心願，那他最近的「反常」言論便可以理解了。

李登輝曾經說過，有「四條路」是他這一生很希望走一走的，其中一條是摩西帶領以色列人離開埃及的道路，他說早年到過中東，雖然去不了埃及，但到過西奈半島和約旦，算是感受到摩西當年帶以色列人逃脫埃及法老王的情景。另外有兩條他想走的路，包括促進東西方文化融貫匯通的「絲綢之路」，以及春秋時代孔子周遊列國所走之路，都在中國大陸的版圖上，他想去也去不了。李登輝會不會突然間妙想天開，希望以批評民進黨、擯棄台聯黨、宣稱「台獨沒有用」這些動作和言論來討好北京當局，作為他的「敲門磚」以及「探路石」？如果大陸願意為他開門，讓他去走走絲綢之路以及孔子周遊列國的老路，李登輝便可以死而瞑目了。然而，李登輝多年來的言行是眾所周知的，中南海「聽其言、觀其行」已達四分之一個世紀，難道到這個時候還會上當嗎？

李登輝近日的言論的確有點撲朔迷離，但熟悉他個性的人卻不會感到奇怪；他這個人朝三暮四，講的話隨時可以變調，今天說「喊台獨沒有用」，明天可能又疾呼「台獨不要只喊不做！」實在不足為奇。

（原載2012年6月11日菲律賓聯合日報「笑談古今」專欄）

李登輝是「永遠的失敗者」

今天是「雙十節」，在這個紀念辛亥革命的光輝日子裏，突然想起近幾十年來站在台北總統府廣場的檢閱台上參加慶典的那幾位領導人；除了目前還在任的馬英九之外，改寫歷史並創造嶄新時代的蔣中正和蔣經國都已「蓋棺論定」，而李登輝以及陳水扁雖未「蓋棺」，卻也可以「論定」了。

福建「海峽導報」於九月十三日刊登了一篇評論文章，痛斥李登輝是「媚日的賣國賊」，說「李登輝是個徹頭徹尾由日本乳水豢養大的日本人，他心向日本已是自然而然，但其言行卻完全喪失了基本的民族立場與道德底線，本質上嚴重傷害到中華民族與兩岸同胞的核心利益。」

李登輝不但受到「海峽導報」的猛烈抨擊，也再度成為全球華人華裔「千夫所指」的對象，原因是九月中旬出版的日本雜誌「週刊文春」刊登了一篇文章，記述日本知名作家阿川佐和子訪問李登輝的對話內容；當談到近期發生的釣魚島主權糾紛時，李竟然告訴阿川：「釣魚台一直以來就是日本的領土」，此語一出，連阿川也深感訝異。文章面世後，日本人自然是雀躍三分，但同時也傷透了多少曾經支持過李登輝的台灣民眾的心，更激怒了全球有血性的炎黃子孫。在回答台灣新聞記者詢問時，李登輝說日本政府購買釣魚島，等若「人家的兒子要討漂亮老婆，干我們何事？」還搬出一大堆荒謬的言論，駁斥馬英九政府維護釣魚島主權的立場。身為中華民國前總統，口中竟然吐出這種出賣民族利益的言詞，怎不令人瞠目咋舌？相信連汪精

衛也要自嘆不如！

　　略加思考，倒覺得「海峽導報」的評語有值得商榷之處。既然說「李登輝是個徹頭徹尾由日本乳水豢養大的日本人」，怎能夠企望他維護「中華民族與兩岸同胞的核心利益」呢？他心目中的「民族立場」便是日本人那個「釣魚台是日本固有領土」的立場，他的「道德底線」當然是日本武士道那種「弱肉強食、竊佔有理」的強盜道德觀念。「海峽導報」不必對李登輝的言詞感到驚訝，應該質疑的反而是這樣一個「日本人」，怎能夠沐猴而冠地登上「中華民國總統」的寶座？台灣為何到現在還要每年支付這個「日本人」數以千萬元計的養老金和福利津貼？

　　想深一層，「返老還童」乃是一種普遍的自然現象，李登輝說過他二十歲之前是日本人，如今年屆九旬風燭殘年，突然癡心妄想要返回童年去做那個名叫「岩里政男」的日本人，實在不足為奇；可能這就是閩南人所形容的「老番癲」現象。

　　李登輝這一席言論，同樣為台灣綠營帶來極大的困擾；作為「台獨教父」，李登輝講的每一句話，綠營都理所應當奉為「金科玉律」，如今他講出這種大逆不道、出賣國家民族、也出賣台灣利益的言論，全民盡皆髮指，綠營如果替他背書，無疑將遭到民眾的唾罵厭棄。民進黨為求自保，沉默了一段時間之後，終於與李登輝劃清界線；在記者的追問下，立法委員黃偉哲表明李登輝的言論是「台聯黨的事情，與民進黨立場無關」，但是政治觀察家都注意到，民進黨自主席蘇貞昌以降，沒有一個人對李登輝出賣民族利益的媚日言詞提出批評；在民族尊嚴和領土完整的大是大非問題上，綠營的領導人竟成了黯然無語的「縮頭烏龜」。

　　台聯黨是李登輝製造出來的「怪胎」，與他沆瀣一氣、血脈相連，不管李登輝發出什麼夢囈，台聯黨都不能不加以附和，於是黨主席黃昆輝披掛上陣，替李登輝幫腔賣台，陪著他散播「釣魚島是日本

固有領土」的歪論。但願有一天，中國人在釣魚島上建立一個衣冠冢來紀念為保釣而喪生大海的陳毓祥烈士，到時候應該塑造兩個銅像跪在他墓前懺悔，這兩個人便是硬要將釣島劃歸大日本帝國的李登輝和他的應聲蟲黃昆輝。

台灣「聯合報」九月十三日的社論把李登輝和連戰作一個比較，說他們兩個人「同樣在面對『歷史巨龍』之時，連戰成功破冰，為兩岸和平發展做出歷史性的貢獻，成為騰駕歷史、創造歷史的『禦龍者』；而一路走來都是『投機型』的政客李登輝，先是『國統綱領』，再是『台獨教父』……已如迷失在歷史重霧中的無頭蒼蠅。」

將連戰拿來與李登輝相提並論，乃是對連先生的侮辱，但一比較，卻可以更清楚地分辨出二人的人格差別以及歷史地位的輕重。李登輝接任總統以及國民黨主席職位之後，拋棄了蔣經國先生「以三民主義和平統一中國」的理想，砲製出「兩國論」來推動他那數典忘祖的台獨工程，製造兩岸劍拔弩張的緊張氣氛，並以「戒急用忍」、「南下代替西進」等等政策來限制台商到中國大陸投資，企圖切斷兩岸的經濟臍帶；在中華民族的歷史長河裏，李登輝已經成功地留下了「分裂國家、出賣領土、散播同胞仇恨種籽」的昭彰惡名。相反地，連戰在擔任國民黨主席期間，毅然踏出歷史性的一步，前往大陸與中國共產黨總書記胡錦濤會晤商談；在民族大義的感召下，促成了數十年一直互相敵視而且老死不相往來的國、共兩黨「一笑泯恩仇」，為海峽兩岸締造和平合作的關係，為民族的團結和復興以及兩岸的發展與進步，作出了極大的貢獻。儘管諾貝爾和平獎評選委員會有眼無珠，沒有考慮將和平獎頒給連戰和胡錦濤，但二人首次握手為兩岸破冰的照片，已經在中華民族歷史上寫下了光輝燦爛的一頁。

「聯合報」講得好，連戰是「騰駕歷史、創造歷史的『禦龍者』」，而李登輝「固然在台灣歷史上佔一席位，但他對政治權力的

無邊慾望卻毀了他自己⋯⋯最終在歷史上留下罵名,成為永遠的失敗者。」

(原載2012年10月10日菲律賓聯合日報「笑談古今」專欄)

林洋港不敵李登輝的手段

四月十三日，八十七歲高齡的台灣政壇元老林洋港先生因病辭世，這位幾乎改變台灣命運的政治家的離去，留給曾經與他接觸過的人們無限的哀思，也在台灣政壇留下一聲聲無奈的惋惜。

林洋港先生出生於台灣中部南投縣日月潭畔的頭社，他雖然是台灣大學政治學系的畢業生，卻保持著濃厚的鄉土氣味，一開口講國語，聽眾也馬上知道他是地道的台灣人。這個被人暱稱為「阿港伯」的政壇老將還有另一個別名叫「水牛伯」，原因是他喜歡養水牛。阿港伯為人正直豪爽，從來不擺架子，酒杯在手，更是暢所欲談，與朋友喝酒不但每次都要乾杯，而且倒酒時還講求「表面張力」，酒杯要滿到不能再加一滴酒；每一次有他在的場合，賓主一定盡歡，氣氛一定熱烈。筆者雖然平素滴酒不沾，但在阿港伯的盛情下也勉強喝過幾杯「表面張力」的酒，還好用的是小酒杯，喝的又是酒精含量比較低的紹興酒而不是高粱烈酒，不然早已伏案不起了。

林洋港先生出道時先擔任稅捐處稽查員，後來出任南投縣長，在蔣經國先生的賞識下先後被委任為台北市長、台灣省政府主席、內政部長、行政院副院長、司法院長等要職，退休後被聘為總統府資政。林洋港的政績昭著，任南投縣長期間全縣大官小吏完全沒有一宗貪污瀆職的案件；任台北市長時更是獨排眾議興建翡翠水庫，儘管有人誣衊他是「共產黨同路人」，指責他築水庫是存意「水淹大台北」，但是他堅持信念，認為對民眾有益的事情便要勇往直前，結果一勞永逸地為台北市解決了食水的供應問題。無可否認，林洋港是一位高瞻

遠矚、清廉實幹的優秀公僕,他的親民勤政作風也成為台灣政壇上的典範。

說林洋港幾乎改變了台灣的命運並不誇張,事實上,如果不是陰差陽錯,他不但可以改變台灣的政治前途,也會改變中華民族的命運。上世紀七十年代,蔣經國先生刻意栽培台灣本土人士,著眼於今後由「本省人」執掌政務,而林洋港和李登輝便是接受重點培植的人選。當時,林洋港的聲望和地位都遠遠超越李登輝,李登輝因早年參加過共產黨外圍組織的活動,曾於1969年被警備總部約談,並被列為「觀察人物」而不准出國,到了1971年才加入國民黨,在黨內的資歷比林洋港淺得多。1978年林洋港轉任台灣省政府主席時,留下的台北市長空缺由李登輝接任;林洋港於1981年出任內政部長,再次由李登輝填補他留下的台灣省政府主席職位,可見在當年的台灣政壇宦海,林洋港是走在李登輝前面的。然而,當蔣經國挑選台灣籍人士作為他的接班人時,民望較高且資歷較為優勝的林洋港因個性敦厚直率,最終不敵深曉阿諛奉承之術的李登輝。

林洋港先生待人接物豪邁不羈,講話心直口快;擔任司法院長時,為了闡明司法不容質疑,他曾說出「司法像皇后的貞操」這種令人瞠目的言詞,當省主席時,更在未經層峰同意的狀況下爽朗地承諾將新竹和嘉義兩個縣轄市升格為省轄市;這種辦事的作風稍嫌草率,難免令蔣經國總統放心不下。反觀李登輝,他在蔣經國面前表現得像個「小媳婦」,每次見到蔣先生總是必恭必敬,當時政壇和新聞界便用「鞠躬九十度、坐椅坐三分」來描述李登輝在蔣經國面前那種「誠惶誠恐」的態度;他甚至拉著老婆到蔣經國先生參加週日崇拜的教堂去禮拜,藉以取悅篤信基督教的老闆。把林洋港和李登輝作一比較,一個是粗枝大葉、直腸直肚,一個是謙恭有禮、唯唯諾諾,一生英明的蔣經國也被蒙騙,犯下他一生中最大的錯誤:放棄林洋港而挑選李登輝做他的接班人。

李登輝雖然於1988年蔣經國逝世後登上領導人的高位，但當時他還控制不了國民黨內部各個派系，黨內不滿李登輝的聲音此起彼落。1990年台灣進行總統改選，當時的體制還是由國民大會代表選舉產生正副總統，本來在國民黨臨時中常會提名候選人以及國民大會選舉時，林洋港的聲望和實力可以輕易打敗李登輝，可惜君子始終不敵小人，最後還是功虧一簣。由於當年幾個國民黨大老以及本省籍的領袖在李登輝的請求下出面斡旋，謙恭禮讓的林洋港最後宣佈退出大選，讓李登輝順利當選總統的職位；1996年，由於李登輝已經全盤控制了國民黨的政治資源，林洋港輸掉選戰乃意料中事，李登輝也因而獲得獨攬黨國大權的機會。

　　林洋港沒能從李登輝手裏拿走台灣領導人的位置，乃是台灣人民和中華民族的大不幸。如果當年由林洋港繼承蔣經國在國民黨的領導地位而不是由李登輝大權獨攬，趙少康、郁慕明、李勝峰等一大批黨內精英便不必紛紛出走，國民黨也不至像後來那樣四分五裂而生出新黨和親民黨，黨產便不會被劉泰英這個「李家大掌櫃」以及其他的小嘍囉侵佔掠奪，黨款也不會流向「主席專戶」或「秘書長專戶」了。如果由林洋港領導國民黨，這一個堂堂的革命政黨便不會在李登輝胡作非為的操弄之下與黑金掛鉤，最後更痛失江山、淪落為在野黨。

　　在另一個政治層次，如果當年由林洋港繼承蔣經國的總統職位而不是由李登輝沐猴而冠，就不會出現所謂「兩國論」和「兩岸是國與國的特殊關係」這種謬論，台獨的氣燄也就不會那麼猖獗；沒有李登輝這個「台灣之父」，也就沒有陳水扁這個「台灣之子」的崛起，台灣的歷史便應該改寫了。然而，不幸的是當年的老實人林洋港讓奸狡的李登輝強佔上風，歷史就這樣開了台灣和中華民族一個大玩笑。

（原載2013年5月13日菲律賓聯合日報「笑談古今」專欄）

「聯合報」文章所稱的「永遠的失敗者」李登輝

李登輝曾被警總約談調查

廣東人有句俗語說「同人不同命，同遮不同柄」，意思是說同樣一把雨傘，有些傘的傘柄很漂亮，有的傘柄卻很粗糙，同樣是人，也都各有不同的運氣和際遇。人有命運，國家也有國運，連民族也同樣在冥冥中注定有好運或厄運；有時候一個人的命運更能帶動國運和整個民族運氣的走向。在台灣政壇上，由於林洋港先生沒有「總統命」，結果台灣寶島被李登輝大權獨攬了十二年，然後又交給他的衣缽傳人陳水扁管治了八年。在那二十年間，台灣的政治風氣從蔣經國執政時代的清廉無瑕，淪落成政治與黑金掛鉤以及官場普遍出現貪污腐敗的一片烏煙瘴氣，台灣的經濟更從「亞洲四小龍」之首跌到倒數第一。

李登輝當權時期，台灣向法國購買軍備之過程中曾發生「拉法葉艦」傭金回扣事件，不但震驚國際社會，還鬧出殺人滅口的命案；李氏還曾經濫施「五鬼運財」的手法，挪用「國安密帳」和「外交專案」的鉅款，把一大筆錢輸送到他的「大管家」劉泰英的戶口裏。作為國民黨主席，李登輝同樣肆無忌憚地隨意揮霍國民黨的黨款，單單撥給宋楚瑜的「秘書長專戶」便有二億四千多萬元新台幣，放進他自己口袋裏的也就可想而知了。特偵組在偵查「新瑞都」一案時，便發現李登輝曾經將數以十億元贓款利用他的隨扈人員作為「人頭」匯到海外去洗錢。

李登輝的接班人陳水扁不遑多讓，貪婪無度的作風猶勝師傅，目前已經曝光的便有「國務機要費」、「龍潭購地」、「南港展覽館招

標」、「二次金改」、「鬻官圖利」等等貪腐瀆職的案件，也因而在台灣的政治史上寫下了最高領導人被送進監獄服刑的可恥記錄。

　　李登輝和陳水扁管治台灣期間，由於過份玩弄政治權力，又不時製造兩岸的緊張氣氛，疏忽了長期的經濟建設方案，把蔣經國苦心經營的經濟基礎破壞得面目全非，蔣經國留給政府庫房的豐富「家底」也被他們耗費殆盡。設若老天有眼，把「總統命」賞賜給林洋港先生，台灣便可以避過一場浩劫，不必遭受那二十年苦日子的煎熬了。

　　蔣經國深切瞭解，要在台灣營造一個和諧的社會，便不能讓本省人有一種外省人永遠凌架在他們頭上的感覺，於是在上世紀七十年代開始執掌政權之後，他即著眼於培育台灣本省籍的青年才俊出任政府要職。當年台灣有位歌星崔苔菁紅極一時，民間遂借用她的芳名而調侃說只要有「崔苔菁（吹台青）」的條件，便可以得到蔣經國的青睞。所謂「吹台青」，便是會吹牛、台灣籍和年青；的確，在蔣經國的用人標準上，台灣籍的年青人享有最大的優先權，至於吹牛倒是有點言過其實，不過如果有一些人士在學術上或政績上有成就而經新聞界吹捧過的，在蔣經國的心目中自然又加了分。

　　只要看一看李登輝的背景和崛起的過程，便不得不相信人的一生的確是受到命運的主宰。李登輝於1968年自美國康乃爾大學獲得農業博士學位後返回台灣，擔任的職位不過是農復會的一個「技正」而已；由於他早年曾經參加過共產黨舉辦的讀書會，加上留美期間與台獨分子過往甚密，1969年曾被警備總部多次約談，並被列為「問題人物」。1970年，聯合國開發總署在曼谷舉辦農業會議，李登輝被邀請前往參加並發表演講，但由於台灣當局認為他正處在「觀察時期」，李的出國申請便被否決了。談起這段不光彩的歷史，李登輝在他那本自傳式的「李登輝執政告白實錄」書裏自圓其說稱：「警總的約談，是蔣經國為了要用我所採取的洗清動作，唯有經過這個程序，蔣經國才能免於政敵的攻擊。」這種說法無疑是往自己的臉上貼金，農復會

「聯合報」文章所稱的「永遠的失敗者」李登輝

主委沈宗瀚將李登輝介紹給蔣經國的時候，已經是李被警總調查之後一年多的事情，再說如果警總只是在配合蔣經國「演戲」，那有禁止李登輝出席國際會議的道理？事實上，李登輝的背景有紅有綠，既參加過台共，又與台獨分子密切往來，事實昭然若揭，不過他懂得欺三瞞四、隨風轉舵，1971年他又趕快加入國民黨，宣示效忠三民主義。一個有「黑底」的問題人物，1971年才入黨，1972年即被徵召入閣擔任行政院政務委員，1988年初，入黨才16年多的李登輝又因緣際會出任黨主席兼代總統；如果不是命運的安排，又應該如何解釋李登輝的青雲直上？

反觀林洋港，他從台灣大學畢業後即在稅捐處任職，之後任南投縣民政局科員、民政局局長、縣政府秘書、縣長、省政府委員、省政府建設廳長……1964年及1967年曾先後出任國民黨雲林縣和南投縣縣黨部主任委員，不但在國民黨有資深的黨齡，從政方面也是從基層「一步一腳印」走出來。論資歷和黨性，林洋港比李登輝強得多，1976年蔣經國要遴選一名台灣籍的精英來接替張豐緒出任台北市長時，選中的便是林洋港；兩年後把林擢升為台灣省政府主席，那時才讓李登輝接任台北市長一職，三年後林洋港升任內政部長，李登輝才接下林所留下的省政府主席的遺缺。然而，當蔣經國挑選接班人的時候，卻越過林洋港而點中李登輝；本性耿直的林洋港命中注定當不上總統，而台灣也逃不過遭受李登輝和他的嘍囉黨羽糟蹋踐躪的厄運。

（原載2013年5月15日菲律賓聯合日報「笑談古今」專欄）

李登輝差點被林洋港取代

說林洋港沒有「總統命」並非牽強的說法，不論在主觀條件或客觀環境上，都擺明他是應該登上總統寶座，豈料最後總是功虧一簣，令人不能不相信命運的主宰。

台灣於1984年進行總統改選，蔣經國知道自己的身體健康狀況已逐漸惡化，而時任副總統的謝東閔已經年邁，因此他刻意在較為年輕的台籍精英中挑選一個人出任副總統，作為他的接班人。在當時的台籍政要中，擔任內政部長的林洋港無疑是第一人選，而且他是一個眾孚所望的好好先生，然而最後揭盅卻是資歷和黨性均輸一大截，但卻精於阿諛奉承、做足表面工夫的李登輝，林洋港第一次與「總統命」擦身而過。

只要看看1984年2月5日蔣經國提名李登輝擔任他副總統競選拍檔的「提名書」，便可以發現善於演戲的李登輝把蔣經國欺騙得天旋地轉。蔣經國在提名書上寫道：「李登輝同志……少時即痛心邦國為日人侵凌，富有民族意識。迨台灣光復，即獻身國民革命……堅守國家立場，爭取國家榮譽……充分表現黨員革命志節與報國精誠。」蔣經國並不是「信口開河」的人，如果李登輝不是在他面前表現得像一個「貞婦烈女」，蔣經國絕對不會如此讚揚他。李登輝告訴蔣經國他「痛心邦國為日人侵凌，富有民族意識」，但到蔣經國一去世，李登輝卻驕傲地聲稱自己「二十歲前是日本人」，認為日本殖民台灣五十年是「台灣的福氣」，到東京訪問也必定要到靖國神社去參拜一番，更公開宣稱「釣魚台乃是日本的固有領土」……蔣經國之所以放心把

「聯合報」文章所稱的「永遠的失敗者」李登輝

黨國的領導權交給李登輝，就因為李處處表現出他具有滿腔「精誠報國」的「民族意識」，焉知他心中所懷的「民族意識」並不是中華民族意識，而是「大和民族的意識」，他「精誠圖報」的對象也是日本帝國。李登輝這個「假冒偽善」的小人，就是利用這種「瞞天過海」的詭計，從林洋港頭上奪去了那一頂總統的冠冕。

　　蔣經國總統於1988年逝世，身為副總統的李登輝依照憲法的規定填補上總統的職位；而在國民黨的黨中央，雖然因為宋楚瑜的撒野發難，「臨門一腳」把他送上國民黨代理黨主席的寶座，但當時黨內不滿李登輝的情緒甚為強烈，他不但沒有自己的班底，也未能控制黨內各個派系，因此李登輝當時在國民黨的領導地位岌岌可危，可以說是處在風雨飄搖的狀態中。1990年進行總統大選時，李登輝漠視黨內名望較高的李煥、蔣緯國、郝柏村等人，逕自提名與世無爭的李元簇為他的副總統搭檔，擺明要隻手操控黨國大權，不願有強勁的副手在旁礙手礙腳。這種一意孤行的作風引起黨內人士巨大的反彈，一部分黨內高層遂建議與李登輝攤牌，徵召林洋港與蔣緯國作為黨的候選人來競選下一任正副總統。

　　國民黨於1990年2月11日召開臨時中央委員全體會議來決定總統候選人名單，時任行政院長的李煥、國防部長郝柏村以及一些黨內元老和中堅分子曾事先進行溝通，準備在會中以不記名投票的方式，選出林洋港與蔣緯國作為國民黨的正、副總統提名人。李登輝深知如果進行秘密投票，他一定會落選出局，因此他也準備好一旦大會決定以秘密票選的方式來挑選候選人，便馬上宣布退選，以免遭受落選的尷尬和羞辱。在臨時中全會上，李煥、林洋港等人發言建議以投票方式選出黨的正副總統提名人，但遭到時任國民黨秘書長的宋楚瑜猛烈抨擊，說有人在破壞黨內的團結，更威脅如果改變以起立方式決定提名人的名單，他立刻辭掉秘書長的職務。宋楚瑜甘願充當李登輝的馬前卒，為李登輝兩肋插刀，由於當時他在國民黨內部頗有人緣和名望，

在他的「慷慨激昂」表示姿態之後，最後臨時中全會決定以起立方式選出正副總統候選人。李登輝當時還是在任的總統兼黨主席，在呼喊起立的時候，國民黨的中央委員們你看看我、我看看你，最後大多數人也就勉強站了起來贊同提名李登輝和李元簇作為國民黨的正副總統候選人，林洋港失去被國民黨正式提名為「總統候選人」的機會。

　　1990年的正副總統依然是由國民大會選舉而產生的，即使李登輝和李元簇是國民黨的提名人，是否能得到國大代表的支持，仍是一個未知數。當年的六百多位國大代表中，有一大部分是撤退自大陸的「老國代」，他們對李登輝的台獨傾向頗多非議，因此由老代表滕傑帶頭，在國大代表之中廣泛推動以林洋港與蔣緯國的「林蔣配」取代李登輝和李元簇的「雙李配」。由於國大代表蓄勢待發，一直以來全力支持李登輝的蔣彥士遂請出謝東閔、陳立夫、黃少谷、倪文亞、袁守謙、李國鼎、辜振甫七人，加上他自己組成所謂「八大老」，進行斡旋的工作。其實八大老對李登輝的作風也諸多批評，不過為了國民黨的團結，他們還是找林洋港談話，林答應「候而不選」，就是說他不拒絕國大代表的提名，但不積極競選。李登輝明知一旦林洋港接受國大代表提名為總統候選人，他自己敗選的可能性極高，因此委託台灣省議會議長蔡鴻文出面與林洋港懇談，請他退選。蔡鴻文和林洋港的關係非常密切，蔡要求林先「讓一讓」，說李登輝答應只選這一屆，六年後一定支持林競選。最後，林洋港宣布婉辭國大代表的推舉提名，而蔣緯國也表示與林洋港同進退，一場原可推翻李登輝的「政變」就這樣「胎死腹中」，林洋港再一次與總統的寶座擦身而過。李登輝在他的自傳中聲稱他對國大的票源早已「胸有成竹」，深知自己必贏無疑，其實這是自我吹擂的一派胡言；如果他有必贏的把握，何必找出「八大老」去勸阻林洋港競選，最後還要找蔡鴻文這一支「王牌」來苦苦懇請林洋港先「讓一讓」？

　　1996年的總統大選改由全民普選，李登輝沒有依照他的許諾支持

林洋港競選，反而自己再度競選連任；林洋港不滿李食言失信，憤而退黨與郝柏村連袂競選正副總統。當時李登輝已經穩穩地控制住國民黨，而且是在任的總統，有充分的政治資源和豐厚的黨產可以利用；林洋港沒有黨的組織在背後支持，加上同屬深藍的陳履安也參與總統競選而導致票源分散，最後鎩羽而歸，也從此告別了台灣政壇。幾次的陰差陽錯，讓李登輝穩坐台灣最高領導人的寶座達十數年，而「眾望所歸」的林洋港卻始終無緣坐上總統大位，令人不禁要嘆一聲「時也，運也，命也」！而因為林洋港無緣掌舵，讓李登輝把台灣的政局帶進黑暗的深淵，又製造了「台灣獨立」和民族分裂的氛圍，國家和民族的厄運也因此而生。

（原載2013年5月17日菲律賓聯合日報「笑談古今」專欄）

幾度夕陽紅：
笑談古今5

李登輝六出祈山日本拜祖

在「三國演義」中，大家對諸葛亮「六出祈山」的故事都耳熟能詳；為了復興漢室，諸葛孔明曾經六度率領大軍從蜀中出發，準備跨越祈山北伐中原，清除「挾天子以令諸侯」的曹操父子勢力，可惜力有未逮，始終未能成功，最後諸葛亮更死在出征的途中，因此民間有一句「六出祈山拖老命」的俗語，用來形容一個人明知自己已經油盡燈枯，還要拼死拼活來完成自己的慾望。

台灣的李登輝平時善長於「東施效顰」，似乎有意學孔明「六出祈山」，雖然已屆九十一歲的風燭殘年，還想在下個月「拖老命」前往日本，進行他自2000年卸任總統以來的第六度訪日行程。不過應該作出分辨，諸葛亮「六出祈山」，目的在重振漢室雄風，而李登輝每一次「出祈山」訪問日本，總要做出一些出賣中華民族利益的勾當。

李登輝訪日的消息是由「中新網」發表的，「中新網」注明消息乃是引據自台北「中央社」的報導，而「中央社」則聲稱該報導是根據「日本時事通信社」的消息而作出。換句話說，李登輝將訪日的消息獨家告訴日本記者，台灣的新聞界只能拾日本記者的牙慧。做過台灣最高領導人，李登輝卻刻意把自己外訪的消息讓日本新聞界「春江水暖鴨先知」，反而把台灣的新聞界蒙在鼓裏，從這種小事情上面，便可以清楚看出李登輝那一副親日媚日、貶低台灣的嘴臉。

據報導，李登輝訪日的行程訂在九月十九日至二十五日，其實他應該提早一兩天出發，順便在日本慶祝一下「九一八瀋陽事變」八十三週年紀念，就像民進黨的「天王」級領袖呂秀蓮於1995年特

地飛到日本參加「馬關條約簽署一百週年紀念會」一樣。當年「九一八事變」發生後，日本軍國主義份子在中國東北搞了一個「滿州國」，扶持滿清廢帝溥儀登基做皇帝；可能李登輝心中深感懊惱，為什麼日本人不在台灣也搞一次事變，然後扶植他登基做「台灣國」的皇帝？

　　李登輝上一次赴日是在2009年5月，根據他辦公室人員說，過去幾年間，日本方面曾多次邀請他前往訪問，但因健康狀況而未能成行；只須看看李登輝的所作所為，聽聽他發表的歪言謬論，就可以理解為何日本的右派團體特別喜歡邀請他訪日。眾所皆知，李登輝不遺餘力破壞台灣海峽兩岸的和諧關係，並且竭智盡力想把台灣寶島永久性地獨立於中國的版圖之外，他恐嚇台灣人說ECFA是「中共吞併台灣的第一步」，另一方面又極力宣揚日本對台灣經濟和社會的扶持，叫台灣人要感恩受到日本五十年的殖民統治；最近他還一再向國際傳媒聲稱釣魚島是日本的「固有領土」，說日本政府把釣魚島「國有化」是「日本人的事」、「這件事與我們無關」。這些言詞都是日本右翼份子最想聽到的，難怪三番四復、千方百計都想把李登輝請到東瀛去大放一番厥詞，以助長日本軍國主義的死灰復燃。李登輝辦公室透露，李下個月赴日，將在大阪及東京發表兩場公開演講；所謂「狗嘴裏長不出象牙」，相信他會在講詞中重複呢喃那些反中媚日的論調，搖旗吶喊支持安倍晉三解禁集體自衛權，也會叫囂東京應該在釣魚島和東海的海權上對北京採取強硬的態度，甚至可能鼓吹美、日、台組成軍事聯盟以對付中國。台灣前立法委員邱毅曾經說過，「李登輝真地是比汪精衛還汪精衛！」就讓我們拭目以待，看看這個「現代汪精衛」這一次又要發表什麼「艷電聲明」。

　　李登輝辦公室聲稱，李這次訪日的「詳細行程仍在規劃中」，就不知道會不會規劃他再到「靖國神社」參拜一番？在以前的「東京行」中，李登輝都不忘到「靖國神社」去參拜；有人替他辯護，說他

之所以到神社參拜，是因為他的兄長李登欽也被供奉在神社的名冊上，其實這種說法是任何熱血的台灣人所不能夠接受的。日本殖民統治台灣時期，由於日本軍國主義份子發動了侵略戰爭，把戰火點燃了東南亞各國以及太平洋諸島嶼，為了補充兵源而強徵台灣青年入伍，將他們派到戰場上去充當砲灰；李登欽便是千千萬萬無辜台灣青年中的一個，死於馬尼拉戰場，之後被日軍以「岩里武則」的名字登記在陣亡士兵名冊上。當年也有不少台灣原住民青年山胞，同樣被日本統治者拉伕入伍，枉死他鄉，名字也被列入日本「靖國神社」的供奉名冊；多年來原住民家屬在立法委員高金素梅的率領下，好幾次到東京示威抗議，要日本有關當局把台灣山胞的名字從侵略者的名冊中刪除；反而一個擔任過「堂堂大總統」的李登輝，是非觀念和民族意識連山胞也不如，居然以亡國奴能夠替殖民統治者賣命為榮，真是丟盡祖宗十八代的顏面，看到這種無知又無恥的台灣政客，夫復何言？

李登輝與安倍晉三堪稱「蛇鼠一窩、臭味相投」。安倍第二度當選首相前，曾經到台灣會晤老李，李此次訪日，應該也會與安倍再度「兩相好」一番。李近期公開發表言論，支持安倍晉三參拜「靖國神社」的行動，說什麼「國家領導人去參拜為國家犧牲生命的英靈是理所當然的事」；難道李登輝不知道「靖國神社」的供奉名冊上列有發動戰爭的甲級戰犯名單？拜祭這些雙手染滿無辜平民婦孺鮮血的劊子手，日本首相和政客們還有良知嗎？李登輝熱衷於替安倍參拜神社背書，不知道他的頭腦是否清醒？

不過，如果從另一個角度來看李登輝，便不會感到奇怪了。坊間盛傳，高頭大馬的李登輝並非矮小五短的李金龍的親生兒子，而是一名日本憲兵隊長的私生子，交給他的部下李金龍代為撫養照顧。台灣最早期的活躍「黨外人士」、民進黨的創會中堅分子、前立法委員朱高正曾經公開透露，李登輝住宅的枱桌上擺放著一張孩童時代的李

「聯合報」文章所稱的「永遠的失敗者」李登輝

登輝與他那個日本軍官生父的合影。假若李登輝血管裏流的真是日本血，他的言行舉止便不足為奇了，訪問日本等同尋根拜祖，即使「六出祈山拖老命」，也是無可厚非的！

（原載2014年8月15日菲律賓聯合日報「笑談古今」專欄）

幾度夕陽紅：
笑談古今5

李登輝比汪精衛更汪精衛

「李登輝真的是比汪精衛還汪精衛！」這句話是台灣名政論家、前立法委員邱毅有感而發的憤慨言詞。汪精衛當年媚日、降日，雖然很勉強地拿出「希望少一點中國人死在槍彈砲火下」作為藉口，依然洗刷不掉「漢奸」的罵名。而處在沒有戰爭硝煙的今天，李登輝對日本卑躬屈膝，不但以曾受過日本殖民統治為榮，而且還硬要把中國人的領土雙手奉送給日本，出賣國家民族的行徑，的確是比汪精衛更汪精衛，比秦檜更秦檜。

李登輝最近訪問日本，於七月二十三日在東京再度公開聲稱：「尖閣諸島屬於日本，並非台灣的領土」。日本人口中的「尖閣諸島」，即是中國人的「釣魚島」，也是台灣民眾習慣稱謂的「釣魚台」；李登輝不把島嶼稱為「釣魚台」，而是用了「尖閣諸島」這個名字，可以看出他急於討好日本人的心情。漠視中國人民在歷史、地理、國際法各種基礎上擁有釣魚島的依據，硬將島嶼說是日本的領土，李登輝並非盲目無知，而是蓄意犧牲中國人的利益，來諂媚那一班垂涎中國領土的日本右翼政客；李登輝此舉，無異歷史上割讓「燕雲十六州」予契丹並自稱「兒皇帝」的后晉開國皇帝石敬瑭，必將在中華民族的歷史長河裏留下「千古罪人」和「民族敗類」的罵名。

李登輝的「尖閣諸島是日本領土」歪論並非近期才發表，他於本世紀初便頻頻表示，「釣魚台對台灣來說，只有漁權問題而沒有主權問題，因為島嶼本來就是日本人的」。李登輝不但到日本發表這種論

調,在台灣也毫無忌憚地加以鼓吹,這一番話他對日本政客講,也對國際傳媒講;事實上,他一直不遺餘力地替日本右翼政客製造聲勢,以達到侵佔中國領土的目的。2012年,日本政府把「尖閣諸島國有化」,引起全球華人華裔的共同憤慨,當時李登輝便公開聲明,稱「國有化島嶼」是「日本人的家務事,與我們無關」,賣台媚日的嘴臉可見一斑。

李登輝除了一心想把釣魚島劃歸日本之外,還在東京向記者重申他「一向的立場」,讚揚日本對台灣的殖民統治。他告訴「日本特派員協會」的成員:「日治時代的台灣人被日本歧視,但社會素質提升,台灣人對日本的作法都高度讚賞」。這實在是一種不知民族尊嚴為何物的說法,「被歧視」還「高度讚賞」,李登輝的奴隸性表露無遺;所謂「社會素質提升」,其實是台灣人在日軍的刺刀和槍托下不得不低聲下氣做「守法的順民」,李居然以此為榮,真是一個典型的「被虐待狂」。李登輝在總統任內,刻意修改台灣的教科書施行「去中國化」,並且美化日本對台灣的殖民統治,把台灣的「日據時代」改稱為「日治時代」,把日本佔據台灣這一片中國的領土並進行高壓殖民統治的事實,淡化為日本對台灣的「有素質」管治。李登輝更向日本政客推銷他的理論,認為台灣和日本乃是「命運共同體」,說什麼「日本好,台灣也好;台灣好,日本也好」,期望東洋政客視台灣為日本的一部分,他的漢奸思維昭然若揭。

日本右翼鷹派首相安倍晉三企圖讓軍國主義死灰復燃,不顧第二次世界大戰期間飽受日軍摧殘踐踏的鄰國之感受,一再前往供奉甲級戰犯的「靖國神社」拜祭,引起中、韓等國人民義憤填膺地加以申斥;但是李登輝卻替安倍緩頰稱:「國家領導人去參拜為國家犧牲生命的英靈是理所當然的事」,完全漠視戰犯們雙手染滿受害國無辜民眾鮮血的事實,李登輝根本已喪失了理智和良知。

根據日本「時事通信社」報導,安倍晉三於七月二十三日早晨前

往李登輝下榻的東京首都東急飯店與李共進早餐，進行了一個半小時的密談。日本內閣官房長官菅義偉雖然不承認有「安李會」，但是他作出的聲明稱「政府沒有參與李登輝的訪日事宜」卻頗值尋味，政府沒有參與，但安倍的私人行為可以不算政府的官方行動，有沒有見面就讓大家去揣摸好了。李登輝本人的說法更可笑，他說「我什麼都不能講」，這句話何異於「此地無銀三百兩」？較早有傳聞稱安倍在就任首相之前，曾悄悄到台北密晤李登輝，二人就日本的政治、外交和經濟前景以及施政方針廣泛地交換了意見；說不定安倍目前所推動的那些美化侵略戰爭歷史、讓軍國主義復辟、修改安保條例以擴張軍力、積極聯美以遏制中國、拉攏印澳及東南亞國家以圍堵中國等等政策，都是李登輝這隻老狐狸在背後下的「指導棋」。

　　李登輝於1923年出生於日據時代的台北淡水，小時候便接受日本的殖民教育，還起了一個叫「岩里政男」的日本名字。1994年接受日本作家司馬遼太郎專訪時，李登輝告訴他：「我二十二歲以前是日本人，二十二歲以後才是台灣人」，他還向這位日本友人感嘆稱「生為台灣人很悲哀」。講這一句話時李還在總統任內，作為台灣領導人，講出這種有辱民族尊嚴的言詞，李登輝真是丟盡祖宗十八代的臉！不過據坊間傳聞，李登輝根本不是李金龍的親生兒子，而是日本憲兵隊長的私生子，交給當時擔任日偽憲兵的李金龍撫養成人；與李家有世交關係的前立委朱高正說過，在李登輝家裏的櫃桌上放著一張照片，是一個日本軍官與一個小孩的合照，小孩就是李登輝，而那個日本軍官正是他的生父。不管坊間傳聞是否屬實，有一點很明顯的是李登輝高頭大馬，他父親李金龍卻是矮小個子，如果他們真是親生父子，其間必然是出現了「基因突變」。李登輝現在已經屆臨九十二歲的風燭殘年，希望他在撒手人寰之前，親口解開自己的身世之迷；如果他是李金龍的種，他的言行舉止便是中華兒女的恥辱，但若他真地是日本人的私生子，那他企圖把台灣出賣給日本的用心便可以理解了，日本

人也應該在他死後,把他供奉到「靖國神社」去,與那一群無惡不作的甲級戰犯日夜為伍。

(原載2015年7月29日菲律賓聯合日報「笑談古今」專欄)

李登輝患上精神分裂症

今天是九月十八日，一提起「九一八」，大家的腦海中自然而然又浮現出1931年日本在中國東北製造的「瀋陽事變」。當天晚上，日本關東軍在瀋陽近郊柳條湖附近炸掉一段南滿鐵路的路軌，然後嫁誣是中國東北軍搞的破壞行動，藉機砲轟中國軍隊駐守的北大營，次日更把軍隊開進瀋陽城；由於東北軍總司令張學良身在北平，而且自知不敵，遂決定採取「不抵抗政策」，任由日軍橫掃中國的整片大東北地區。翌年初，日本關東軍佔據了中國的東三省，並扶植滿清廢帝溥儀做為其傀儡，以長春為「首都」成立了「滿洲國」偽政權。日本軍隊在東北為所欲為，燒殺姦掠無惡不作，而東北的熱血志士奮起抗敵，白山黑水染滿了中華兒女為保家衛國而灑流的鮮血。當年，數百萬失去家園的東北同胞流落關內，每次唱起「九一八」、「松花江」的歌聲，總是熱淚盈眶、悲從中來，好不容易經過十四年的浴血苦戰，中國人才贏來了最後的勝利，東北也回歸中國的疆界版圖，東北的民眾終於可以回到自己的家鄉。

在「九一八事變」發生八十四週年的今天，日本首相安倍晉三正在東京忙於遊說日本參議院通過早經眾議院修改好的「安保法案」。如果安倍得逞，安保條例獲得修改，日本今後便可以出兵海外，等同撕毀其戰後奉行的「和平憲法」，也可以說是讓軍國主義在日本扶桑死灰復燃。近日來，日本全國的有識之士，包括各大學的專家教授、知識分子以及青年學生，還有社會各階層的精英和專業人士，紛紛走上街頭，抗議安倍政府把日本再次推往戰爭的懸崖邊緣。然而，在美

「聯合報」文章所稱的「永遠的失敗者」李登輝

國主子的慫恿放縱下，安倍晉三一意孤行，呼籲議員們不要受民意左右，決心要強行通過法案；看來日本重整旗鼓，拿出軍國主義太陽旗在世界各地耀武揚威的日子不會太遠了。

談起「九一八」，突然又想起那個數典忘祖、媚日賣台的李登輝。這個擔任了十二年總統，到現在還每年拿取台灣納稅人數千萬台幣退休津俸的老政客，已經變成閩南人所稱的「老番顛」。如果分析一下李氏近來的言詞，不難發現他已經開始語無倫次，似乎已患上了「老人癡呆症」、「斯德哥爾摩症」、「精神分裂症」等各種病狀。

1995年9月3日，在抗戰勝利五十週年的紀念大會上，李登輝以總統的身分發表了一篇鏗鏘有力的演講詞，說「雖然戰爭已經結束半個世紀，但是日本所加諸國人的痛苦，卻依然歷歷在目。在那八年漫長時間裏，不知有多少無辜的大陸同胞在日機的炸彈下血肉橫飛，不知有多少婦孺在日軍的刺刀下哀吟氣絕，多少房舍夷為平地，田園化作焦土，成千上萬的同胞流離失所；而在台、澎的同胞則遭日軍欺凌，充當砲灰。這些血淋淋的記憶，國人永遠不會忘卻。」

然而二十年後的今天，李登輝卻變了腔調，在理念上做出一百八十度的大轉變。上個月他到日本訪問，竟然公開發表「台灣人感謝日本高素質管治」的無恥謬論，更妄稱「尖閣諸島（釣魚島）本來就不屬於台灣，而是日本領土」；之後李登輝又投書日本右翼政論雜誌，聲稱「台灣對日抗戰不是事實」，慰安婦問題也「早已解決」；還說「台灣人視日本為祖國」，指他自己和他大哥李登欽加入日本軍隊乃是「為祖國奮戰」。這種恬不知恥的論調，引起海內外炎黃子孫的憤慨和聲討。

上星期天（九月十三日），李登輝應學運團體「民主鬥陣」的邀請，在台北發表專題演講；令人深感意外的是他又再一次變腔換調，聲稱「對台灣來說，日本是外來政權……說實在話，做日本人的奴隸，其實很悲哀！」

從這些言詞來看，好幾種病態好像同時出現在李登輝的身上；他前言不對後語，今天忘了昨天講的話，顯然已患上了「老人癡呆症」；受到日本人的殖民統治，生活在日軍的鐵蹄和刺刀下，卻對殖民者感激涕零，這正是受害人愛上加害人的「斯德哥爾摩症」；一時說「台灣人視日本為祖國」、以日本「高素質的管治」為榮，一時又說「日本是外來政權」、台灣人「做日本人的奴隸很悲哀」，這不是「精神分裂症」嗎？

美國前總統列根晚年患上「癡呆症」，他太太善加照顧，不讓他公開露面，因此一直到他去世，列根在公眾的腦海裏保存著良好的形象。如今李登輝百病叢生，卻依然到處招搖，他太太實在應該把他鎖在家裏，以免他再到外面「逢人講人話，見狗學狗吠」，整天胡言亂語，只會貽笑大方，也成為大眾唾罵的對象。

（原載2015年9月18日菲律賓聯合日報「笑談古今」專欄）

自稱是

「過街老鼠」的 陳水扁

幾度夕陽紅：
笑談古今5

陳水扁要拉李登輝一起死

李登輝與劉泰英勾結犯科，乃是台灣政壇的公開秘密。劉泰英早於2002年11月即因涉及多宗「金融弊案」而被檢調單位逮捕，2003年6月以六千萬元保釋外出；五年後的2008年6月，劉泰英終於被法院以「背信罪」及「違反銀行法」判處入獄五年半，到2011年4月才獲得假釋出獄，但是神通廣大的李登輝卻始終沒有被起訴，一直逍遙法外。

早年李登輝與陳水扁「情同父子」，因而陳水扁執政期間，對李保護有加，雖然檢調單位於2003年偵辦「國安密帳」一案時，發現李登輝牽涉其中，但最後該案只追究到國安局的會計長和出納組長，劉泰英被分案調查，而李登輝本人則受到陳水扁的全程護航。到李登輝和陳水扁關係惡化之後，陳依然沒有追究李的罪行，只是拿著證據要挾李登輝繼續支持他；直至陳水扁卸任總統並且因貪瀆罪案被特偵組召訊，才向檢調單位告發李登輝曾經在「新瑞都」一案中，以人頭戶口匯了十億元台幣到海外去，還列舉出幾個充當人頭的李登輝隨扈的名字。陳水扁所以拉李登輝下水，顯然是想告訴檢調單位，他不過是「李規陳隨」，所作所為也只是官場的「潛規則」而已；陳水扁無疑想藉李登輝來自救，企圖以李的非法行為為自己的罪行「合理化」。

所謂「星星之火，足以燎原」，特偵組收到陳水扁針對李登輝的舉報，不能不採取行動立案調查，逐一傳召相關人士進行偵訊；特偵組並透過司法互助管道，向新加坡調閱相關銀行的資料，偵查工作至今尚未結束，相信以後還有好戲看。而陳水扁檢舉「新瑞都弊案」，

自稱是「過街老鼠」的陳水扁

也增強了檢察官重啟「國安密帳」的調查決心，最後勢將捅破李登輝頭上的「蜂巢」。

事到如今，李登輝和綠營居然還想推諉事件，誣指是馬英九政府的「政治追殺」；而「始作俑者」陳水扁也想把責任推得一乾二淨，他透過女兒陳幸妤向外界宣稱，李登輝的案件曝光與他無關。然而，陳水扁於2008年8月14日拿著有關李登輝資料的大信封走進特偵組辦事處的鏡頭，至今還烙印在大眾的記憶中，而李登輝罵陳水扁的那一句「你要死還硬拉著我一起死」的名句，也依然迴繞在大家的耳邊。李登輝晚年遭逢這種可能讓自己身陷囹圄的劫難，實在是多虧那個他一手栽培出來的陳水扁。

綠營大肆宣傳，指稱馬政府起訴李登輝是「政治操作」，是馬英九在「挾怨報復、肅清異己」；馬英九也罕見地親自出面澄清，向新聞界說明自己並未插手司法行動，慎重且嚴肅地表明他維護司法獨立的決心和立場。其實，馬政府照案辦案，怎能說是「政治操作」？反而是民進黨執政期間，有案不辦，辦案也只選擇性地辦到無關痛癢的層面，那才真正是利用司法制度來進行其「政治操作」。

民進黨的立法院黨團召集人柯建銘大言不慚地指控說，事件是執政者要「污衊、抹黑台灣人選出的總統，並製造綠營內部矛盾」；想深一層，如果真地有人要「污衊、抹黑台灣人選出的總統，並製造綠營內部矛盾」，那個人正是柯建銘的「主公」陳水扁呀！就是這一個陳水扁，搬出大批文件和證據交給偵調單位，來指證李登輝的貪污和洗錢罪行，逼得特偵組不能不進行追查呀！

民進黨籍立委、也是陳水扁最忠心的追隨者高志鵬另有一番見解，他認為起訴李登輝不過是「項莊舞劍，意在沛公」，國民黨是想「以司法對付民進黨主席蔡英文」。也難怪高志鵬擔憂，因為蔡英文與李登輝和陳水扁都是「沆瀣一氣」的「一丘之貉」；立委邱毅指出，早年李登輝曾搞了一個「816專案」，從國安密帳中撥了二百六

十二萬元給當時還在大學任教的蔡英文，來往帳目同樣不清不楚。「十八趴」（退休金領百分十八的利息）有蔡英文的份，國安密帳不翼而飛也有蔡英文的份，怪不得綠營那麼怕「項莊舞劍」；所謂「平生不做虧心事，夜半敲門也不驚」，難道綠營和蔡英文不懂得這個道理？

李登輝的「死忠跟班」、台聯黨主席黃昆輝更加莫名其妙，他誣指檢察總長黃世銘於起訴李登輝之前的六月初，曾經到過北京訪問，一口咬定檢察署起訴李登輝是「受到北京的唆使指示」。大概黃昆輝是「天方夜譚」唸得太熟，講起話來像在「夢遊太虛」；還好他沒有說北京派了一支特遣隊到台北來活抓李登輝。

蔡英文也開口講話了，她質疑檢調單位為什麼要在這個時候起訴李登輝。這個問題問得有點奇怪，檢調單位偵查完畢、認為有足夠的證據便提出控訴，有什麼問題？難道還要拜託謝長廷去找他師父宋七力選擇一個「黃道吉日」才正式起訴？蔡英文還表示，「司法案件不應該被當成政治議題、甚至選舉的議題大肆操作」；既然懂得這樣講，就應該把案件交由司法單位去全權處理，叫她那些綠營的蝦兵蟹將閉上嘴，不要再拿李登輝被起訴的事件來做「政治文章」了。

李登輝當然也要講講話，他說「不相信白布會被人染到黑」，同樣，他也應該知道，「黑布沒有可能漂成白布」。他又說：「就算世間已無公義，但相信還有上帝的存在」，如果李登輝相信「有上帝的存在」，一早記住「舉頭三尺有神明」這句話，他就不應該胡作非為，現在也就不必害怕被陳水扁「拉著一起死」了！

（原載2011年7月8日菲律賓聯合日報「笑談古今」專欄）

解讀陳水扁的滿口荒唐話

在台灣進行總統大選的過程中，天天都可以聽到政客們的「陳腔濫調」，也經常出現一些令人深感莫名其妙的「雷人雷語」，如果不加以分析和演繹，很容易被誤導。

陳水扁不甘寂寞，不斷從牢房裏下「指導棋」。最近他又在「美麗島電子報」發表文章，聲稱：「不搞台獨，不配做台灣總統」；其實，陳水扁這一句話應該改一改：「不搞台幣，不配做台灣總統」。

看看陳水扁擔任總統那幾年的所作所為，「二次金改案」就搬了七億台幣現鈔到他開設於國泰金庫的保險庫，「龍潭購地案」坑了辜家三億元台幣，封了一個「101大樓董事長」的銜頭給陳敏薰便收禮一千萬台幣，扁嫂自己公佈的獻金名單中那些大商賈也都是幾千萬、幾百萬元台幣「進貢」到扁家去，還有「南港展覽館招標案」、軍中鬻賣將官位階案……那一個案件不是幾百萬、幾千萬甚至幾個億台幣在搜刮？連服侍扁嫂的幫傭也列為國安機構人員而由政府支薪，兒子的汽油、女兒的化粧品、女婿的交通罰單、外孫的尿布等等都拿到總統府去報銷為「國務機要費」，連幾百元台幣也捨不得自掏腰包。

陳水扁真是活學活用了他自己的理論：「不搞台幣，不配做台灣總統」。

針對蔡英文提出要成立「兩岸對話小組」，陳水扁警告她「不要高估自我的善意，低估中國的敵意」。其實，陳水扁是「高估自我的價值，低估民眾的智慧」。

回首陳水扁走過的道路，1999年獲民進黨提名為總統候選人，在競選時他鼓吹的兩岸政策是「善意和解、積極合作、永久和平」；2000年就任總統時向全世界宣佈他的「四不一沒有」原則，承諾不搞獨立、不改國號、不推動兩國論入憲、不進行統獨公投、沒有廢除國統綱領和國統會的問題。可是到了2002年，為了討好激烈鼓吹台獨的「台灣同鄉會」那一班老頭，陳水扁突然拋出「一邊一國論」，之後既喊「台灣正名」，又搞「去中國化」，更肆無忌憚地搞「入聯公投」，製造海峽兩岸關係的緊張氣氛，把兩岸推向戰爭的邊緣。陳水扁個性善變，需要選票時展露出兩岸和解的善意，要討好深綠陣營時又不惜製造兩岸的敵意，根本就是一隻沒有脊椎骨的爬蟲類動物。然而，阿扁不要低估台灣民眾的政治智慧，群眾的眼睛是雪亮的，對他這種朝三暮四的奸狡政客，老百姓的容忍度是有限的。

　　陳水扁企圖製造一種假象，讓民眾以為他敵視北京的做法是得到美國政府的首肯。阿扁在他的文章裏寫道，2005年，時任國安會祕書長的邱義仁率團訪問華府，曾就北京通過「反分裂國家法」一事與美國國家安全幕僚接觸；阿扁接著沾沾自喜說道：台美雙方「互動密切，溝通頻繁」。其實，所謂「司馬昭之心，路人皆知」，阿扁是想假藉美國的曖昧態度，來鼓勵蔡英文採納與北京搞對抗的立場。

　　陳水扁極端天真，他不應該忘記當年美國總統小布殊毫不客氣地送給他一個稱號：「麻煩製造者」（Trouble Maker）。當年擔任美國國務卿的萊斯（Condelesa Rice）近日出版其回憶錄，認為陳水扁舉行「入聯公投」便是在搞「獨立公投」，她批評阿扁在處理兩岸關係時「採行了若干危險的步驟」，指出他的言行不但激怒中國，更導致美國與他翻臉。

　　看來陳水扁不但「高估自已」，而且「低估北京」，更嚴重地「錯估美國」。

　　可能是獄中的生活太過清閒，無所事事的陳水扁於本周一（元月

二日）又發表了一篇「致台灣人民的公開信」；在信中，阿扁聲稱「國民黨絕對不會停止以『宇昌案』迫害蔡英文，企圖影響選舉的結果」，並且開門見山寫道：「宇昌案就是扁案的翻版」，這種說法實在是令蔡英文和民進黨啼笑皆非。

陳水扁把「宇昌案」和「扁案」相提並論，當然有他的目的，他在文章裏寫道：「國民黨不惜偽造公文，以宇昌案來傷害蔡英文，就像是以司法上的偽證來追殺阿扁一樣」。巧言令色的陳水扁臉皮奇厚，無所不用其極想狡辯他是「清白無罪」，是被國民黨「迫害追殺」；但阿扁應該想一想，「扁案」鐵證如山，連他的家人和親信都俯首認罪，他的貪贓枉法是經過法院「三審定讞」，只有白癡才會認同阿扁是「清白無罪」的。如今阿扁聲稱「宇昌案就是扁案的翻版」，豈不是向全台灣民眾公開聲明，蔡英文跟他一樣「假公濟私」、「以權牟利」、「搜刮民脂民膏以自肥」，是一個如假包換的貪瀆政客？連陳水扁也說「宇昌案就是扁案的翻版」，蔡英文還要如何替自己辯護「清白無辜」？難怪蔡英文哭笑不得，唯恐來不及地與陳水扁作出完全的切割。

陳水扁更認為「國民黨的企圖，就是要醜化民進黨是『貪腐集團』，讓台灣人自卑」。

民進黨和陳水扁需要別人來「醜化」嗎？我們不妨清查一下扁案的發生背景，就可以瞭解到阿扁的貪瀆罪狀都是在眾目睽睽的情況下水落石出的，根本不是別人在「醜化」他。陳家在海外洗錢的不法勾當之所以曝光，起源於國際反洗錢組織「艾格蒙聯盟」對扁家在海外的巨額存款進行追查，但追查到台灣時被時任司調局長的葉盛茂壓了下來，替扁家掩蓋了海外洗錢的罪愆，最近馬英九新政府上台，瑞士反洗錢機構向新政府追查有關扁家鉅額存款公文的下落，扁家在海外存有大量贓款的事實才被曝光出來。陳敏薰被扁家敲詐，送禮一千萬元才換來台北101董事長的職位，這一樁「賣官鬻爵」的非法交易，

也是陳敏薰親口向司法調查單位坦白供認的。扁嫂把國務機要費當成私人戶口，把家庭開支，包括保姆的薪水和外孫的尿布都由政府支付，這些荒唐的行為，是扁家大掌櫃陳鎮慧向司調機構坦承交代的。南港展覽館投標弊案是那一位在阿扁政府裏擔任內政部長的余政憲親口供認的；龍潭購地案收取鉅額賄款是當事人辜仲諒和辜仲允揭露的；二次金改、金庫搬錢等等令人眩目的貪贓枉法作為，也都是經過當事人的親口交代供認；扁家的親友們也坦白承認充當人頭以讓扁家在海外洗錢……陳水扁一家人的本質已經醜陋透頂，還需要別人加以「醜化」嗎？

到底民進黨是不是「貪腐集團」，這一點不是國民黨說了算；陳水扁的弊案多不勝數，謝長廷的「高雄捷運案」、邱義仁的「巴紐建交案」、吳義仁和邱義仁的「鐽震軍購案」、蔡英文的「宇昌生技案」……一一擺在老百姓眼前，是不是「貪腐集團」，民眾心中自有公道。

到底是誰「讓台灣人自卑」？不正是那個因貪腐而入獄、因洗錢而名聞全球的陳水扁嗎？

（原載2012年1月6日菲律賓聯合日報「笑談古今」專欄）

陳水扁若死在獄中怎麼辦？

在電視上看到台北總統府廣場的雙十節慶典，不禁想起歷年來站在檢閱台上接受軍隊敬禮以及民眾歡呼的幾個領導人。那一位指揮北伐以統一中國、領導抗日以拯救民族、復興文化以承繼傳統的蔣中正，以及那位推動十大建設以創造台灣經濟奇蹟、開放黨禁報禁以實施民主政治、容許老兵返鄉探親以開啟海峽兩岸交流的蔣經國，都已經作古並在中華民族歷史上寫下光輝的一頁。李登輝與陳水扁也曾風光一時，可惜「東施效顰」，雖然一心想要擁有兩位蔣總統的威嚴和地位，卻沒有兩位先總統的人格和修養，更完全缺乏他們的國家觀念和民族意識，結果不但做不了「歷史偉人」，更變成了「民族罪人」，不能「留芳千古」，倒淪為「遺臭萬年」。

李登輝「吃裏扒外」，既享受「中華民國卸任總統禮遇條例」所規定的優渥待遇，卻堅稱釣魚島屬於日本，一心想把領土劃歸異邦，加上多年來鼓吹「兩國論」，企圖把台灣寶島獨立於中國的版圖之外，在中華民族史上，他早已經替自己塑造了「汪精衛接班人」的地位。陳水扁與李登輝一樣，不必等到「蓋棺」便可以「論定」了，他除了秉承李登輝的「台獨」理念而拼命將台灣「去中國化」之外，更因貪贓枉法而名聞中外，他目前正在獄中服刑，早已成為台灣民主政治的污點和恥辱。陳水扁不知醒悟，非但沒有對自己的罪愆表示懺悔，反而在牢裏搞出諸多動作及花樣，透過其厚顏無恥的兒子以及盲從的支持者，繼續製造台灣族群的分裂，破壞台灣的社會穩定。阿扁有自知之明，近日在文章裏居然宣稱自己好像一隻「過街老鼠」，引

人發噱。

　　陳水扁自知貪污的證據確鑿，難逃牢獄之災，因而裝瘋詐病，務求保外就醫；然而台灣法務部醫療專家小組認為阿扁的健康狀況並不符合保外就醫的條件，拒絕批准他的請求。扁家及綠營乃發動猛烈的政治攻勢，企圖在民間進行「特赦阿扁」以及「讓阿扁保外就醫」的群眾活動。讓綠營失望的是儘管有台獨大老和深綠陣營替他搖旗吶喊，但是在法律面前人人平等，曾任總統也不能漠視法紀而享受特權，因此陳水扁保釋出獄的訴求至今仍只是扁家的一廂情願。較早，台北市長郝龍斌公開提出讓陳水扁「保外就醫」的主張，引起社會上的軒然大波，由於台灣民眾噓聲不絕，可能會因此而斷送了郝龍斌的政治前途。

　　扁家和挺扁陣營頻頻出招，最近網上流傳一則卡通宣傳片，題目是「如果陳水扁死在獄中怎麼辦？」內容稱：「台灣前總統陳水扁2009年因為捲入弊案被判十七年徒刑，他被關在一個超小的牢房，跟室友一起打地鋪；有關單位自稱對阿扁十分禮遇，這包含了一小時的運動，和十小時的閱讀時間，但入獄三年後，六十一歲的阿扁滿身病痛，引起支持者要求准許保外就醫。如果阿扁死在獄中會發生什麼事呢？除了造成台灣社會更加分裂，可能嚇壞常讚揚台灣的人權機構，也會逼迫一些原本支持台灣的政府，三思與台灣的友好關係。台灣因為許多不同原因揚名國際，但如果阿扁死在獄中，可能要被貼上不同標籤了。」

　　在這一輯宣傳片中，扁營再次用上了最常見的招數：打「苦情牌」和「威脅牌」。首先，陳水扁說他是「捲入弊案」而被判刑，好像很無辜而且很委屈。廢話！什麼叫「捲入」？所有弊案都是阿扁自編、自導、自演的，還想賴誰？其他被判刑坐牢的人都是受阿扁拖累，他還想輕描淡寫地用「捲入弊案」來沖淡自己的罪過。推諉己過、死不認錯乃是無恥的小人作為，阿扁曾經是一個風風光光的領導

自稱是「過街老鼠」的陳水扁

人,如今居然如此沒有擔待,不但不值得同情,更令人嗤之以鼻,難怪他把自己形容為「過街老鼠」。

陳水扁想以「造成台灣社會更加分裂」、「嚇壞人權機構」以及「損壞台灣的國際關係」為要脅,逼馬英九政府釋放他,更是無聊兼無知。陳水扁貪污腐敗的罪狀以及證據歷歷在目,民眾知之甚詳,有是非之心的人士無不義憤填膺;阿扁坐牢,正是法網恢恢,大快人心,只有那些閉著眼睛、掩著耳朵支持他的人才會感到沮喪;反而一旦讓阿扁逍遙法外,具有是非正義感的民眾定必群情憤慨,那時候社會不分裂也不行了。國際社會以及人權機構都知道陳水扁是因貪污斂財並進行海外洗錢而被送進大牢,阿扁犯罪的資料和證據還是國際反洗錢行動小組提供給台灣司法當局的,試問有哪一個明辨是非而具有威望的國際機構會替一個貪贓枉法的刑事犯出面爭取免刑?阿扁還是死了這條心吧!

陳水扁最近在台灣「壹週刊」發表了一篇以「一位前總統之死」為題的文章,告訴讀者,如果有一天看到他「猝死獄中」,不必感到意外,因為他「隨時都有生命危險,絕非危言聳聽」。阿扁講的話永遠都如此似是而非,他說自己「隨時都有生命危險」一點也沒有講錯,生命是脆弱的,任何人都有隨時喪命的可能,阿扁吃飯如果不小心,哽死也並非不可能發生;但是用可能「猝死獄中」作為理由,要脅政府當局立即釋放他,卻是一種極為無恥的技倆。

陳水扁在他的文章裏述說自己一生有多次遇險不死,包括小時候差點遇溺身亡,1974年搭機到台南時機艙起火、幾乎墜機,總統任內搭乘「空軍一號」差點失事等等,除此之外,他居然還臉無慚色地提起2004年的319槍擊案,說他差點中彈而死。阿扁說他歷經多次大難,都能僥倖不死,接著反諷說:「如今死在獄中,算是死得其所、死得其時」,因為他幫「馬總統完成他的歷史地位──關死一位前總統」。陳水扁不厭其煩講述他早年「該死不死」的經驗,目的是要點

出「現在不該死在獄中」的訴求,然而卻得不到台灣民眾的共鳴;相反地,許多人都認為,要是阿扁一早死掉,便不會搞出那麼多害人害己的勾當來,今天也就不會有「該不該讓他死在獄中」這項困擾了。

　　扁營拋給馬英九政府的難題是:「如果陳水扁死在獄中怎麼辦?」實際上,應該反問一下扁營,是不是法院一旦判決陳水扁坐牢,便必須保證他長命不死?陳水扁還打出一張「苦情牌」,他在文章的後段立下遺囑,說死後「要將骨灰撒遍台灣國土,化作泥土肥料,讓『一邊一國』的種籽,可以開枝散葉,代代傳拓。」想不到阿扁生前做盡壞事還不夠,死後還要用骨灰在台灣的土地上催生分裂國家民族的毒草,真是一個「害人害到底」的大魔頭。

　　　　（原載2012年10月12日菲律賓聯合日報「笑談古今」專欄）

陳水扁在醫院上吊自殺未遂

幾個月前,在台北監獄服刑的陳水扁不斷投訴身體有毛病,最後法務部把這個「貪污共瀆職一露,百病與官司纏身」的前總統送到台北榮總醫院治理。豈料「一入榮總深似海」,進醫院之後,阿扁便一直以「病況不佳」為理由而賴著不肯回北監,更由家屬以及綠營的蝦兵蟹將敲鑼打鼓、四處吶喊,逼促馬英九政府讓他「保外就醫」;幾個親綠的醫生也紛紛替阿扁「隔空把脈」、提供「專業意見」,說他回到台北監獄便會「一命嗚呼」;綠營甚至威脅要到世界人權組織去告馬政府,還動用三幾個外國政客「打洋牌」,替阿扁打抱不平,無所不用其極以爭取讓阿扁「打道回府」。綠營的造勢確實發生了作用,像台北市長郝龍斌這種一心想「標新立異」來掠取政治本錢的藍營大將,居然也被綠營攝魂奪魄,掩蓋住心中的是非公義和道德觀念,跟著綠營大跳「讓阿扁保外就醫」的草裙舞;也許是因為曾被阿扁任用為環保署長,郝龍斌對這個坐牢的前「主公」始終「前情未了」。幸而馬英九是唸法律出身的,也當過法務部長,懂得堅守法律的公平公正準則而不為輿論所動。

陳水扁一向龍精虎猛,但一被收押進台北看守所便宣稱健康有問題,被法院定罪判監並移送台北監獄之後更是「百病叢生」;又是血壓、血糖和血脂肪全都超標過高,又是心臟不正常,又是呼吸困難,又是消化器官潰瘍,筋骨、肌肉、內臟幾乎無一處不發生毛病,最後還加上神經衰弱,更有嚴重自殺傾向……其實,阿扁突然百病纏身的理由很簡單,在看守所扮病是要求法庭讓他「交保候訊」,在台北監

獄扮病是希望「保外就醫」；在電視鏡頭上看到他手顫腳抖、步履闌珊，深感台灣「金馬獎」實在應該把「最佳男主角獎」頒發給演技精湛的陳水扁。

令人印象最深刻的鏡頭是陳水扁在法庭上突然「昏厥」，說是心臟有毛病，由兩個法警扶撐著他的雙臂離開法庭。且慢，有心人士要求把鏡頭靜止一分鐘，仔細一看，法警架起他離開時，阿扁兩條腿縮了起來；有一點點醫學常識的人都知道，人一失去知覺，更遑論心病發作，兩條腿便會垂在地上拖著走，哪有能力還一路自己縮腳以保護皮鞋？有異曲同工之妙的是扁嫂吳淑珍第一次出庭應訊，也同樣上演過一齣「弱不禁風」的昏厥好戲，由她的保姆抱起衝出法庭，但當時「不省人事」的扁嫂雙手並不是軟軟地懸垂在半空，而是緊緊地抱住保姆的脖子，令人嘆為觀止。阿扁夫妻演戲頗為逼真，但卻在小節上曝露出明顯的破綻，無意中露出狐狸尾巴，實在可笑！

早些時候，綠營又公布了兩段錄影帶，只見陳水扁雙手不停顫抖，說話嚴重口吃，根本聽不清楚他說些什麼，走起路來歪歪斜斜，進一步又退兩步，才走兩步就拿不到平衡點而須由人扶住才不致摔倒，還說他已失禁尿床。看到這段錄影帶，真地相信阿扁已是「風燭殘年、去日無多」，不讓他「保外就醫」真地說不過去。但是法務部也隨即公布一段錄影帶，只見陳水扁在榮總醫院的花園裏散步，不但不見手腳顫抖，而且身體直立、行走自如。也不能怪責阿扁演戲不夠「專業」，他並不知道榮總醫院的花園裏竟有鏡頭對著他拍攝；要是法務部的攝影師肯合作，拍攝之前先喊一聲「開麥拉」，阿扁就會開始雙手顫抖、步伐蹣跚了。

最新消息傳來，台灣法務部已經把陳水扁從台北榮總醫院移送到台中監獄培德醫院。據聞榮總醫院老早便認為阿扁可以離開醫院，但是他卻堅稱自己有病，應該回家療養而抗拒返回台北監獄，最後法務部決定將他送到台中的培德病監，讓當地的醫護人員照顧這個特別的

自稱是「過街老鼠」的陳水扁

犯人。法務部透露,阿扁得到前所未有的特殊優待,他在培德的監房有9.2坪、天花板挑高3.8米,比起台北監獄的1.38坪監房簡直有天壤之別;這一間「總統套房」還有獨立浴廁、書桌、書櫃以及客廳,戶外更有150坪的草坪供他散步。培德醫院不但有優秀的醫療團隊,還挑選了三名個性溫和、曾接受過精湛訓練的看護全天二十四小時輪班照顧他,更有一個清潔員為他打掃環境;獄方還容許阿扁的家屬和親友從周一到周五隨時探視他,名符其實是一個得到特別優惠待遇的「超級監犯」。

當然,不管台中培德病監的環境有多好,總比不上高雄扁家豪宅的氣派,阿扁聽到要移送台中而不是回歸高雄,心中未免失落。據前扁辦主任江志銘透露,陳水扁得悉要移監台中時,在台北榮總醫院廁所裏拿內衣上吊自殺,卻因打翻垃圾桶引起醫護人員的注意而死不成。民進黨前主席施明德較早指出,阿扁的所謂自殺都是騙人的,他根本沒有勇氣死;多次宣布絕食自殺卻又偷吃餅乾、喝牛奶,這一次說要上吊更故意踢翻垃圾桶示警叫人來救命。算了罷,阿扁!

阿扁的女兒陳幸妤到培德醫院探視父親後滿腔抱怨,她說她父親不信賴監獄,獄中的食物都不敢吃;奇怪,阿扁都想要上吊自殺了,還會害怕被監獄下毒謀殺嗎?陳幸妤又說她父親需要的是精神科醫師,培德卻派骨科醫師替他診治,認為這「真是國際大笑話」。其實,培德醫院怎會不知道阿扁有精神病?但精神病有真有假,不管是真是假,都需要慢慢醫,急也急不來;反而看到阿扁在錄影帶上手顫腳軟,走路也走不穩,叫個骨科大夫先檢查一下不無道理。陳幸妤應該認清,不管是骨科或精神科醫師替她父親看病都不是什麼「笑話」,反而,堂堂一個總統,卻因貪贓枉法、搜刮民脂民膏而搞到最後要坐牢,那才「真是國際大笑話」。

(原載2013年4月29日菲律賓聯合日報「笑談古今」專欄)

幾度夕陽紅：
笑談古今5

陳水扁獄中再次自殺未遂

陳水扁最近又鬧自殺，還說這一次是「來真的」。據稱他企圖把三條毛巾綁在馬桶邊的水管上，然後勒頸自殺，可是從新聞圖片上看到那個馬桶的位置，阿扁必須躺在地上自盡，要用這種姿勢來勒死自己可真不容易。湊巧的是阿扁每次搞自殺，總會傳出一些聲音，讓看護他的人能夠及時衝進去救他，當然這一次也不例外。

陳水扁為什麼又想死呢？根據最初的新聞報導，說有兩件事情令阿扁感到頹然喪氣：一是他想重回民進黨，卻遭到多方面的阻撓，二是立法院修改會計法，替一些擅用公款的民意代表和教授學者洗脫罪責，但卻不包含他胡亂報銷的「國務機要費」。然而過了兩天，扁嫂吳淑珍前往探監之後又改變了口風，說阿扁想自殺是因為「法務部門亂用藥」、「故意要把他弄死」；這種說法令人感到莫名其妙，如果法務部門有意要弄死陳水扁，那麼阿扁自殺的時候就讓他死唄，又何必救他呢？扁嫂還說她本人是阿扁的「仙丹靈藥」，阿扁只要見到她，什麼病都全好了，因此她要求馬政府立刻讓陳水扁回家。扁嫂這一席話不禁讓人聯想起，她自己也已經被法院判刑，是應該坐牢的，法院並且指定把她送進阿扁目前住的台中監獄培德醫院，但當時由於培德醫院不肯接收扁嫂這種特別麻煩且必須加護的病人，因而她得以繼續逍遙自在；既然阿扁那麼需要她，法務部是否應該重新考慮，把吳淑珍也送進培德醫院，讓她與阿扁在醫院裏「魚水同樂、相依為命」？

談起陳水扁重返民進黨一事，可以說是民進黨「搬起石頭砸自己

的腳」。阿扁貪贓枉法、罪證確鑿,被法庭判刑入獄本乃天經地義之事,民進黨起初亦與他劃清界線以避免整個政黨隨之淪落;有自知之明的陳水扁當時也馬上自動退黨,避免讓民進黨感到尷尬甚至無所適從。民進黨本來可以與扁案完全切割,然而黨內的領導人為了安撫深綠的獨派分子以及「扁迷」,同時也想利用扁案來打擊馬政府,竟發動起讓阿扁「保外就醫」的運動,以「不人道」、「違反人權」等種種口號來評擊馬英九。綠營慣用「顛倒是非、歪曲事實」的手法,在他們的高效運作下,早已俯首坦承自己犯錯並向全民鞠躬道歉的陳水扁,突然改口聲稱他是被國民黨「政治迫害」的無辜受害者;而「扁案是政治迫害」這一句話最早竟是出自民進黨黨主席蘇貞昌之口。蘇貞昌這種表態讓阿扁有機可乘,在這種氣氛下他來一招「打蛇隨棍上」,食髓知味地要求重返民進黨;這一個「回娘家」的要求可就讓民進黨頭痛了,不接受他回黨,難以向這個受「政治迫害」的陳水扁和他的支持者交待,接受的話,要如何面對那兩千多萬深知阿扁犯下嚴重貪污罪的台灣民眾呢?

　　為了讓陳水扁風風光光重返民進黨,獨派大老陳唐山發動了四百餘人連署,準備提出「恢復黨籍平反案」,在民進黨的全代會上進行公決。此案一提出,民進黨內部即時沸騰了起來,贊成及反對的聲音幾乎要撕裂民進黨的組織;支持陳水扁的人指出,當年阿扁並非被黨紀處分而除名,而是他自動退黨,因而可以隨時申請恢復黨籍。蘇貞昌也樂得避免把這個燙手山芋交給民進黨的「全代會」去公決,於是把阿扁申請返黨一案交給民進黨台北市黨部審議,可是台北市黨部也不願意做壞人,原封不動把案件退回給中央黨部去作決定;之後,民進黨黨中央再一次把是否批准阿扁返黨的決定丟給台北市黨部,而市黨部這一次裝模作樣進行了一番審議,作出一個不置可否的結論,然後把案件再交回中央黨部去裁決。阿扁就像一顆「人肉皮球」,被民進黨黨中央和台北市黨部踢來踢去。陳水扁遭到民進黨這種冷漠無情

的對待,如果還有一點點自尊心,他的確是應該自盡的。

某些民進黨核心領導人物對陳水扁的態度,更令他傷心欲絕;蘇貞昌和謝長廷等人都不願意表態支持陳水扁返回民進黨,只稱一切依照黨內程序處理,這種話說了等於沒說。而前主席蔡英文在臉書上寫下:「我覺得陳前總統自己可能要多做一些努力,讓社會能夠重新接受他、認同他,也能夠同情他的處境」;此言一出,立即引來一次強烈的「茶壺風波」,親扁人士認為蔡英文是刻意要與阿扁切割。而另一位前主席許信良更認為阿扁重回民進黨「缺乏正當性」,他坦言:「無論如何都不能同意陳水扁入黨,阿扁入黨對民進黨是傷害。」看來,陳水扁不但在社會上成了他自我形容的「過街老鼠」,連昔日的戰友也都視他如痲瘋病患而紛紛閃避,不難理解他會萬念俱灰而想勒頸自盡。

最近台灣立法院甘冒民眾的「千夫指」,匆忙之間通過了修改會計法,免除一些用虛假單據報銷公費開支的罪責,而且規定這一條法律具有追溯性;這一項立法,乃是執政和在野兩黨的立法委員存有私心、互相妥協所產生的結果。藍營希望藉修法替濫用公帑吃花酒並被判刑坐牢的前立法委員顏清標除罪,綠營也希望藉修法而幫那個用假發票報銷學術研究補助款的阿扁主治醫師柯文哲脫罪。立法院修改會計法時,並沒有將擅用「國務機要費」的陳水扁包括在內,難怪他心中憤憤不平;立委陳其邁於探監後說:「阿扁對於會計法修法一事氣憤難平,還說前天雖然沒有自殺成功,但如果有機會還是會結束生命。」由此可見阿扁想死的確與立法院修法有關。

民進黨前主席施明德講得最中肯,他說陳水扁聲稱受到「政治迫害」,但卻不停地搞「一哭、二鬧、三上吊」的花樣,難道他不怕讓支持他的人感到羞恥嗎?施明德認為陳水扁在獄中所演的鬧劇,無疑是一個「國際大笑話」。其實,堂堂一個總統元首,不知潔身自愛,賣官鬻爵之餘還搜刮民脂民膏,更因為在海外瘋狂洗錢而引起國際反

洗錢機構的警覺，罪狀也因而被曝光揭露出來，最後被法院判刑而鋃鐺入獄，已經是一個最大的「國際大笑話」了；而阿扁還一而再在監獄裏搞假自殺，把這個「國際大笑話」越搞越大越好笑。希望陳水扁聽聽施明德的忠言，不要再讓那些支持他的人感到羞恥了！

（原載2013年6月10日菲律賓聯合日報「笑談古今」專欄）

幾度夕陽紅：
笑談古今5

「棄扁自保」的 蔡英文

幾度夕陽紅：
笑談古今 5

空心菜要小輸不要大輸

首先應該闡釋一下本文的標題，「空心菜」是台灣媒體和民眾贈封給民進黨主席蔡英文的最新稱號，「小輸」（小蘇）指的是現任民進黨秘書長蘇嘉全，「大輸」（大蘇）則是前行政院長蘇貞昌。

自從蔡英文被確定為明年總統大選的民進黨候選人以來，全台灣的民眾都翹首等待著她能夠針對民生經濟以及兩岸關係提出具體的政見和施政方案，可是「望穿秋水」，一直等不到任何啟示；直到近日，蔡英文終於公佈了一項「十年政綱」，但是內容卻是空空洞洞、言之無物，因此台灣民眾替她起了一個別名叫「空心菜」。蔡英文自我解嘲稱空心菜的營養非常豐富，似乎默認自己「空心」的事實。

在民進黨舉辦的總統候選人提名民調初選中，蔡英文以少數的差距氣走蘇貞昌，奪得明年大選的民進黨總統候選人資格；之後她便著手尋覓副總統搭配夥伴，可是折騰了幾個月，一直「生不下蛋」，讓新聞界「望眼欲穿」，讓支持她的人「心急如焚」，也讓一般民眾「笑掉大牙」。所謂「千呼萬喚始出來」，蔡英文終於在九月九日宣佈，以蘇嘉全為她的副總統候選人搭檔。

據傳，蔡英文從一開始就希望找一個「具江湖地位」的大企業家來擔任她的競選拍檔，以打造一個「為台灣打拼」、「再創台灣經濟奇蹟」的形象，而首選對象便是製造出舉世聞名Acer電腦的宏碁集團老闆施振榮，可是施振榮以及其他大企業家都不願意充當民進黨的砲灰，蔡英文的美夢也始終未能成真。

「棄扁自保」的蔡英文

　　蔡英文退而求其次，著眼於幾個「財經專才」，包括現任中央銀行總裁彭淮南、前經濟部長林信義、前財政部長林全，以及曾任財政部次長、行政院副院長、司法院院長的賴英照等人，希望在選民的面前呈現出一個以「致力經濟發展」為重心的團隊；可惜這幾位人士也同樣不領她的情，特別是形象完美、被外界評為「八A總裁」的彭淮南，雖然獲得蔡英文「三顧茅廬」，卻始終不願跳進政治泥潭。蔡英文依然不死心，近日還拜託對彭淮南有「知遇之恩」的李登輝出面游說，希望促成「蔡彭配」；奸狡的李登輝在約見彭淮南之後，故意向記者放話，說彭對他表示「很不滿意馬英九」，指責「馬英九和行政院長吳敦義經常干預中央銀行的政策」，可想而知，這隻老狐狸故意「放毒」，想燒掉林的棧道，把他「逼上梁山」，沒想到彭淮南在應邀前往會晤李登輝之前，已先向總統府報備，在李登輝大放厥詞之後更向新聞界澄清，指出他與馬總統及行政院長互動良好，聲明二位長官對中央銀行非常尊重，從未加以干預，無形中刮了李登輝的嘴巴。彭淮南還公開申明，中央銀行總裁是他「最後一份公職」，李登輝的奸計終不得逞，蔡英文也只能再度「黯然神傷」了。

　　蔡英文被企業家「拒之千里」，財經專才對蔡的「求偶」亦「意興闌珊」，蔡迫不得已只好回到黨內找「對象」，而比較理想的人選便是「大蘇」和「小蘇」了。蘇貞昌有豐富的選戰經驗，他的個性和作風很容易在競選的過程中激發起「雷聲」和「電光」，對民進黨的選情會產生加分的作用，在黨內應該是蔡的首選搭檔。然而，蔡英文不能不顧及民進黨內部其它派系的意見，特別是與蘇貞昌「水火不相容」的謝長廷之態度，何況蔡、蘇這一次競爭黨內提名的時候發生了劇烈的角逐，留下了互咬的「齒痕」和難解的「心結」；而蘇貞昌較早見蔡英文四出尋覓有財經背景的競選搭檔，已經自備「下台階」，多次公開聲明不會接受副總統的提名，如今即使蔡英文懇邀他出任副總統候選人拍檔，他也不好意思食言了。

其實，蘇貞昌不願意擔任蔡英文的選伴，應該有他特別的考量。為了自己的政治前途，蘇不會全心全意支持蔡這一次的競選活動，相信他也不希望蔡英文贏得明年大選；要是蔡贏了，四年後必定競選連任，而蘇貞昌也只能夠在八年後才有機會問鼎總統府，而且到時還要背負民進黨執政八年的過失和民間的怨氣；若是蔡英文這次選輸了，蘇貞昌四年後便可以披上「在野黨改革者」的戰袍，挑戰總統的大位了。

　　如今塵埃落定，民進黨最後排出「蔡蘇配」的陣容，由蔡英文和蘇嘉全擔任該黨的正副總統候選人。由於「蘇」與「輸」同音，民進黨為求吉利，不把蔡英文和蘇嘉全的搭配稱為「蔡蘇配」而是改稱「英嘉配」，不難理解。

　　蔡英文拖了這麼久才公佈副手人選，新聞媒體又在這一段時間內將她東尋西覓選伴卻被人一再婉拒的消息逐條曝光，甚至揭露出在公開宣佈人選的前一天，蔡還在游說蘇貞昌而不果，未免讓人感覺到「沒人要才輪到蘇嘉全」。儘管蘇嘉全說自己並不感到「委曲」，但是看在外人眼裏，這一個候選人倒像是品質有缺陷、最後才被勉強接受的「次貨」。以蘇嘉全配蔡英文，是優是劣，見仁見智；有人稱讚蘇去年競選台中市長時成績不俗，可以補蔡英文在台灣中部人氣之不足，但也有人指出蔡、蘇二人都是來自屏東，如此搭配很難得到台灣北、中、東部選民的認同。蔡英文終於找到了競選搭檔，讓許多人「舒了口氣」，但更多人卻因而「嘆了口氣」。

　　國民黨應該擔憂的是蔡、蘇二人以謝長廷為他們的競選軍師，而謝曾被立法委員邱毅指稱為「全台灣最卑鄙的人」，他的「選舉陰招」層出不窮，令人防不勝防；民進黨的選戰既由謝長廷操盤，國民黨便必須打定算盤，認清在這一次的選舉中，他們將會面臨一群肆意污蔑抹黑的對手，這一場選舉將會是一場「泥巴戰」。

（原載2011年9月14日菲律賓聯合日報「笑談古今」專欄）

淺析蔡英文的政治謬論

民進黨主席蔡英文秉承李登輝和陳水扁「媚日崇美」的奴才心態，在台灣大選迫近之際，專程前往日本和美國訪問，除了會晤當地的台商為選舉造勢之外，更千方百計求見美、日政界人士以便「交心乞助」。

在日本，蔡英文會見了以親美反華見著的前外相、現任執政民主黨政調會長前原誠司等人，並且在日本外國記者俱樂部舉行記者招待會，宣傳她的政治理念。據新聞報導，蔡英文在講話中「多次強調台灣和日本關係的重要性」，更稱「美日安保條約是本地區和平穩定的基石；我們也願意持續和日本進行安全議題的對話」，還宣稱「日台關係可以是準同盟關係」。很清楚，她的弦外之音便是：「美國駐軍太平洋並以軍事實力來護衛日本絕對是好事，最好連台灣也劃在這個美、日的保護圈之內」。聽到蔡英文這番話詞，不禁想起那個由日本關東軍安排當上「滿州國」皇帝的溥儀，以及那個靠日本皇軍扶植上台執政的漢奸傀儡「國民政府主席」汪精衛；蔡英文似乎也希望在美、日的扶掖下登基做一做「台灣王國」的「兒皇帝」。

當問到釣魚島領土主權之爭時，蔡英文只是輕輕帶過，說「釣魚島問題可以先從漁業權、『領海』等經濟性共同利益來開始談起，降低『領土』爭議的對立性和急迫性」；換句話說，只要容許台灣漁民在釣魚島附近的海域捕魚，島嶼的主權也就無所謂了。蔡英文非但沒有宣示擁有釣魚島的主權，更向日本媒體批評馬英九在釣島問題上「對日本過於強硬」，再一次展示出她的「賣台媚日」嘴臉。不過，

比起她的政治啟蒙老師李登輝，蔡英文算是好一點點；李登輝明目張膽賣國賣台，直截了當地宣稱釣魚島是日本的領土，學足袁世凱那一套不惜割土來諂媚日本的漢奸技倆；至少蔡英文還不敢如此囂張，她採取的是「和稀泥」的態度，心中只是企盼美、日扶持她「登基」而已，至於敏感的議題，不談也罷。

據報載，不管在美國或在日本，蔡英文講話的內容都以兩岸的關係為重點，一再聲稱連李登輝也證實沒有「九二共識」，進而鼓吹她那虛無縹緲的「台灣共識」；並且暗示美、日、台之間必須有一個更堅強的結盟關係，更公開表示願意和日本一起抗衡中國的崛起。

雖然蔡英文的話講得很好聽，但只要略加分析，便可以發覺她講的都是廢話。在東京的公開場合中，蔡英文高調宣稱，願意與北京和平推動兩岸關係，說她相信「精誠所至、金石為開，如果兩岸雙方有誠意建立和平穩定的互動架構，眼前的難題將會逐一化解」，更表示「有意願與北京領導人用和平發展的共同語言來推動兩岸關係」，將以「和而不同、和而求同」的「戰略理解」，維護台海的和平穩定。但只要簡單分析一下，蔡英文本人以及民進黨都不肯承認「九二共識」，也就是不接受「只有一個中國，台灣是中國領土的一部分」這個觀點；既然沒有這一項基本共識，與北京還有什麼「共同語言」？兩岸關係如何推動？說什麼「精誠所至、金石為開」，難道蔡英文認為她一旦當選，即使不承認「九二共識」，北京也會繼續以各種讓利的優惠條件來協助台灣的經濟發展？難道蔡英文以為她只要施展「魅力」，北京就會同意讓台灣獨立於中國之外？別做夢了！

目前國民黨和共產黨可以坐下來談，就是因為有「九二共識」這塊基石；國共雙方都接受「只有一個中國」的概念，大家都認同台灣和大陸是不可分割的國家領土，而歷史問題可以用時間和耐心慢慢去梳理；只有秉持這樣一個共同的概念，兩岸的代表才有道德和理論的依據坐下來談，兩岸的關係也才能夠「和平發展」。但是蔡英文一口

否定了「九二共識」，等於把北京與台北之間的橋梁拆除掉，想化解「眼前的難題」要從何著手？

蔡英文說「九二共識並不是建立在民主程序之上，必須聽從民眾的聲音」，充分表露出她的幼稚和無知。「中華民國憲法」規範的「中華民國領土」包含了中國大陸和台灣，憲法也規定國家必須統一，這一段憲法條文從來沒有修改過，因此「九二共識」便是中華民國憲法的演繹和延伸，蔡英文還要什麼「民主程序」？難道她可以隨意推翻憲法中給予「國家領土」的定義而自作主張將領土侷限於台灣一島？顯而易見，蔡英文所說的「九二共識並不是建立在民主程序之上」這句話根本就是一句廢話，因為「九二共識」乃是建立在中華民國的憲法之上的；蔡英文要大家聽從的，不是「民眾的聲音」，而是「民進黨的聲音」。

目前台灣對外貿易的主要夥伴是美國、日本以及中國大陸，三個貿易夥伴可以說是「三足鼎立」，對台的外貿都佔有重要的地位。可能蔡英文認為只要拉緊美、日兩國，便不必太著意於中國大陸對台灣的態度了；這種想法實在是「天真」得可怕，如果由這種人執政，台灣的前途就完了。不要說美國和日本在近期的經濟風浪中「泥菩薩過江」，對台貿易額大幅減低，從曾任外交部長和監察院長的錢復先生最近在電視訪問中所透露的數字，就可以看出中國大陸乃是台灣的「生命線」，是一個不可或失的市場。錢復指出，台灣去年的貿易順差是二百億美元，對大陸的貿易順差是七百億美元，換句話說，若是沒有中國大陸這一個市場，台灣不但沒有順差，更有五百億美元的逆差。如果因為堅拒承認「九二共識」而失去中國大陸這個貿易夥伴，台幣能不貶值嗎？台灣眾多龐大的電子零件工廠能不關門嗎？千千萬萬的勞工能不失業嗎？不願意承認「九二共識」的政客應該醒一醒了。

最希望蔡英文明年當選總統的，除了那一班磨拳擦掌想要當權分

贓的民進黨人，和那個企盼得到特赦出獄的陳水扁以及那個擔心因貪污罪而被起訴的李登輝之外，應該是韓國商人了，因為韓國的企業家都知道，一旦蔡英文上台並且搞垮兩岸關係，他們便可以從台灣製造商的手上搶回中國市場。

（原載2011年10月14日菲律賓聯合日報「笑談古今」專欄）

蔡英文患上「人格分裂症」

上星期六，台灣主要媒體聯合舉辦的「2012總統大選電視辯論會」終於開鑼了，三位總統候選人，包括國民黨的馬英九、民進黨的蔡英文以及親民黨的宋楚瑜，在電視機前唇槍舌劍，好不熱鬧。馬英九滔滔雄辯、言之有物，因而在辯論會後的民調中成為贏家，「接受度」為三人之首。反觀蔡英文，所講的話盡是虛浮的政客論調，「有軀殼、沒靈魂」，怪不得在民調中被評為「接受度」最低的候選人。事實上，蔡英文近期的表現，充分暴露出她有一個分裂的人格，不但習以為常地以「雙重標準」來看待事物，還經常犯下「前言不對後語」的毛病，以「今天之我」否定「昨天之我」，更時而講出一些「不知所云」的話語。

近兩年來，蔡英文常常掛在嘴上的一個詞語是「台灣共識」，但她又講不出到底「台灣共識」是什麼東西。在辯論會上受到馬英九質詢時，她還兇巴巴地訓斥道：「你是台灣人民選出來的總統，居然連台灣共識是什麼也不知道，真是可怕！」真想告訴蔡大姊一聲，「台灣共識」這個名詞是你發明的，連你自己也講不出所以然，怎能夠要求別人對你的「吠聲」提出解釋？最後，蔡英文在無可逃避下解釋道，「台灣共識」乃是一個「民主的過程」，令人更感莫名其妙，看來蔡家大小姐頭腦發生了毛病；倒是馬英九和宋楚瑜替她找出答案，馬說「台灣共識」便是「不統、不獨、不武、維持現狀」；宋則說「台灣共識」是「維持兩岸和平，繼續發展台灣經濟」。蔡大姊，做做功課吧，下次要是再發明新名詞，最好先準備一下解說的內容，不

要再「信口雌黃」了。

　　蔡英文最拿手的把戲是「自摑嘴巴」，講的話往往是「朝三暮四、反覆無常」。較早，她講出一些震撼力極強的「名言」，例如「中華民國是一個流亡政府」、「台灣是一個主權獨立的國家」等等；然而今年的雙十節前夕，她突然喊出「台灣就是中華民國、中華民國就是台灣」的口號，並且聲明「中華民國政府不再是外來的政府」。如果蔡英文是有所醒悟，「覺今是而昨非」，對國家民族有了一個新的認識，那倒是一樁好事；可惜她師承李登輝和陳水扁，講的話都不算話，今天承認中華民國，明天又可以一手抹掉嘴邊的言詞。再說，她所喊的「台灣就是中華民國、中華民國就是台灣」口號也大有問題，既然「中華民國就是台灣」，是不是想指明中華民國的領土只有台灣？那麼台灣以外的中國大陸豈不是與中華民國無關？而「台灣就是中華民國」，是不是暗示說台灣已自成一國？有沒有計劃改名為「台灣國」？從這一方面來看，儘管蔡英文忽然間把「中華民國」掛上嘴邊，其實她心中念念不忘的，還是李登輝「兩國論」和陳水扁「一邊一國論」的台獨理念。

　　蔡英文人格分裂的最明顯表現發生在電視辯論前夕，她突然拋出一個計劃，說如果當選，便要成立一個「兩岸對話工作小組」。台灣民眾沒有忘記，蔡英文是杯葛並反對台灣海基會與大陸海協會洽談最激烈的人，海協會會長陳雲林到台灣訪問時，蔡英文帶領綠營的示威者包圍圓山飯店，後來還演變成警民衝突的流血事件，為蔡贏來「暴力小英」的稱號。令人難忘的還有民進黨的元老許榮淑和范振宗到大陸參加「兩岸論壇」，返台之後立即被蔡英文掌權的民進黨開除黨籍。而如今身為民進黨黨主席的蔡英文卻宣稱要成立「兩岸對話工作小組」，到底是為了選舉而委曲自己講違心話，還是蔡小姐的腦筋發生「短路」？蔡英文這個「計劃」令人憶想起當年她在陳水扁執政時擔任陸委會主任，也曾經成立過一個「兩岸和平穩定互動架構小

組」；然而，小組只是一個浪費納稅人血汗錢的「尸位素餐」組織，既沒有促進兩岸的互動，更遑論為兩岸的和平穩定作出任何貢獻。十年前蔡英文配合她老闆陳水扁忽悠欺騙了台灣民眾，如今似乎又想「舊戲重演」。

在電視辯論會上，蔡英文依然不肯承認兩岸有「九二共識」；其間，她還誑言已故海基會董事長辜振甫先生也說過「九二共識」並不存在，真是一派胡言。辜振甫先生在他的傳記上說得清清楚楚，1992年兩岸的代表在香港舉行會談，由於主權的問題，雙方始終談不出結果來；曲終人散之前，台灣代表拋出「雙方都堅守一個中國的原則，各自表述立場」的建議，中方代表把建議帶回北京，數天後函覆說可以接受這個意念，因而才有1993年在新加坡舉行的「汪辜會談」以及海基、海協兩會的頻頻接觸。北京一再表明堅定的立場，認為兩岸所有的協議和交往，都是在「九二共識」的基礎上進行的；蔡英文既否定「九二共識」，卻又想推動「兩岸對話」，豈不是「癡人說夢」？

兩年前，蔡英文領導民進黨人走上街頭舉行抗議遊行，反對馬英九政府與北京簽署「兩岸經濟合作框架協議」（ECFA），更與李登輝一唱一和，大肆宣傳ECFA是「出賣台灣」的協定，是北京「吞噬台灣的第一步」，聲稱民進黨一旦重掌執政權，將馬上廢除ECFA。稍後見絕大部分民眾都歡迎ECFA，便改口說ECFA必須交付全民公投；如今見ECFA為台灣的工商界及農漁民帶來極大的利益和無限的商機，又說一旦執政，會考慮政策的「延續性」。像這樣一聲不響就改變立場，對自己所犯的錯誤既不認錯、也不道歉，完全不是一個正派的政治家所應該有的作風。當初蔡英文猛烈批評馬英九政府簽署ECFA是「出賣台灣」，實際上她抗拒ECFA才真正是出賣台灣人民的利益，蔡英文罔顧台灣同胞迫切需要ECFA的事實，為反對而反對，更是在出賣她自己的良心。如果台灣真地選出一個像蔡英文這樣眼光短視的領導人，可真是二千三百多萬人民的大災難。

非但蔡英文具有分裂的人格，整個民進黨也犯上了同樣的毛病；用「雙重標準」來衡量事件已經是民進黨人的家常便飯，「包庇護短」也是他們的強項，「死不認錯」更成了他們一貫的辦事作風。最近「壹週刊」捕風捉影虛構故事，說馬英九與嘉義的「賭盤大亨」陳盈助晤面；民進黨的宣傳機器立即開足馬力，不但責問馬英九與「黑道的賭盤組頭」會晤所為何事，更誆言馬接受了陳盈助三億元的政治獻金。儘管陳盈助登報聲明他沒有捐出任何政治獻金，蔡英文依然緊咬著馬英九不放；民進黨更將事件繪聲繪色、渲染操作，在社會上搞得沸沸揚揚，難怪馬英九說他最近變黑了，「不是被曬黑，而是被抹黑的」。料想不到正當民進黨借陳盈助來抹黑馬英九之際，消息傳來，陳盈助乃是民進黨籍立法委員、前嘉義縣長陳明文的好朋友兼「金主」，陳明文亦先後介紹過許多民進黨的領導人與陳盈助見面，連前行政院長游錫堃也曾經接受他的資助；更有傳聞稱蔡英文早些時候訪問菲律賓，還特別跑到賭場去拜訪陳盈助。在這個「峰迴路轉」的時刻，民進黨也來一個「急轉彎」，而且是一百八十度的「向後轉」；陳明文公開表揚陳盈助是「好人」，是嘉義的「大慈善家」。同一個陳盈助，見馬英九的時候是萬惡不赦的黑道分子，見陳明文的時候卻馬上變成樂善好施的大好人，堂堂一個政黨，道德觀念如此模糊，連是非黑白也分不清楚，還有什麼資格奢談執政？民進黨挑起陳盈助的話題，前後發出自相矛盾的說法，當記者查詢究竟陳盈助是好人或壞人時，蔡英文竟叫記者去問馬英九，完全是一副「市井無賴」的嘴臉；如此沒有擔待，只懂得一味推卸責任，有什麼資格當領導人？

馬英九給人最深刻的印象是廉潔、「不沾鍋」，而民進黨在陳水扁執政的八年之間所發生的貪贓枉法案件卻俯拾皆是，上自總統和第一夫人，下至部長、次長和局長，已經被提出刑事起訴的竟達二十餘人之多，而包括陳水扁在內的好幾個人更已鋃鐺入獄。究竟台灣民眾

「棄扁自保」的蔡英文

對民進黨執政八年的貪污腐取有多厭惡，蔡英文「瞎子吃湯圓，心裏有數」，因此在電視辯論會上，她打的第一支牌便是「棄扁自保」。她不惜出賣陳水扁而公開宣示：「我們現在選的是2012年的總統，站在你們面前的是蔡英文，不是陳水扁」，非常刻意地企圖以陳水扁的「骯髒」來襯托出自己的「潔白」；然而，「人民的眼睛是雪亮的」，台灣人不是傻瓜，蔡英文整個競選團隊就是陳水扁的團隊，連邱義仁和吳乃仁這兩個阿扁的「狗頭軍師」，也成了蔡小姐的「左右護法」，她又如何與陳水扁切割得了？

蔡英文自知瞞騙不了大眾，便打出了第二支「瞞天過海」的牌章，說什麼「我的競選團隊並不等於是我的執政團隊」，企圖製造一種假象，暗示如果她當選總統，會另外組織一個廉潔的執政班子；但只要看看民進黨提出的不分區立法委員候選人名單，內中包括了多名涉案在身的貪腐罪嫌，誰敢相信一旦蔡英文當選，她的競選團隊不會就地進行「政治分贓」？

明知競選團隊的主要角色實在是「聲名狼藉」，蔡英文再打出第三支牌來誆騙選民，說什麼「一個團隊最重要的是領導人」，乍聽還以為她是在替馬英九競選。到底蔡英文有多清廉？當她猛烈評擊官場腐化濫權時，卻被揭露她自己用退休金去拿取政府「十八扒」（18%）的利息，本身就是一隻吸取民脂民膏的「吸血水蛭」。近日立法委員邱毅透露，2007年蔡英文擔任行政院副院長時，催生了「生技新藥產業發展條例」，對生物科技產業實施免稅優惠，同時指示官方的「國發基金」投資，注資入股她自己家族創設的「宇昌生技」，實際上是拿公帑替自己舖好後路，她在卸任公職之後隨即入主「宇昌生技」擔任董事長，稍後又將公司出售牟利，擺明是假公濟私、圖利自肥的操作。由此來看，蔡英文與陳水扁不過是「五十步」與「一百步」之差而已。

再看看蔡英文挑選作為副總統競選拍檔的蘇嘉全，他曾經擔任屏

東縣長和農委會主委,但卻知法犯法、濫用職權,恃勢做出的違法行為包括在農地上違規建造豪宅、霸用公地營造祖墳、讓兄弟利用農地營商謀利、讓妻子佔用公地搭蓋違章建築以出租營利……蘇嘉全始終採取掩飾的手法,企圖蒙混過關,例如農地豪宅曝光後,先是剷除柏油路並栽種幾棵果樹,到他頂不住輿論的撻伐後才悻悻然把房子捐送鄉政府,但是他並沒有誠意負起濫權違法的責任。而蔡英文一路護短,包庇蘇嘉全的過錯;像這樣一對「活寶」,即使「沐猴而冠」當了領導人,與陳水扁和吳淑珍有何差異?

在電視辯論會上,記者向蔡英文發問了一個全球華人都關注的問題:若是她當選總統,會不會特赦陳水扁?蔡英文再一次展露出「模稜兩可、虛無縹緲」的技倆,說什麼「案件還沒有審訊完畢,講特不特赦還太早」。其實,台灣最高法院已經就陳水扁所犯的「龍潭購地案」和「陳敏薰鬻官案」作出三審定讞,阿扁夫婦因龍潭一案各被判十一年徒刑,又因陳敏薰一案被判八年徒刑,陳水扁也已經開始在獄中服刑,此時談特赦與否絕非過早;蔡英文費盡心機以「撲朔迷離」的答案來推搪迴避,明眼人都看得出,她心中的答案其實應該是「選前不表態,當選後特赦」。

針對貪腐的陳水扁,民進黨和蔡英文一直在玩著「和稀泥」的把戲,一方面想讓大眾以為他們已完全與陳水扁切割,另一方面卻為了黨內派系的利害關係而繼續與陳水扁糾纏不清。不難理解,如果不與陳水扁切割,必定會遭到普羅大眾所唾棄,但一旦跟陳水扁劃清界線,又會遭受深綠派系和台獨分子的埋怨和排斥;處在這種兩難的夾縫中,難怪蔡英文會患上精神分裂症,而民進黨也落得「黨格掃地」了。

(原載2011年12月9日及12日菲律賓聯合日報「笑談古今」專欄)

解讀蔡英文的滿口荒唐話

陳水扁從台北監獄裏發出一連串的「雷人雷語」，民進黨黨主席蔡英文亦不遑多讓，在這一次的總統競選中，從她的口中吐出甚多令人莫名其妙的「熊人熊語」。

蔡英文不施脂粉，留著學生時代的「清湯掛麵」髮型，戴著一副「學者型」眼鏡，刻意把自己塑造成一個滿口真理邏輯、滿腹仁義道德的文人學者，給人一個純真樸實的「鄰家乖乖女」印象；但只要把她的言行舉止仔細分析一下，便可以發現她是一個「表裏不一」的「超級虛偽大政客」。蔡英文以笑容來遮蓋她的「冷血」，以平穩的音調來包裝她的謊言，用楚楚可憐的「待宰羔羊」姿態來掩飾她那貪婪和凶殘的「豺狼本色」，她誤導選民的技倆更是一般政客所望塵莫及的。政論家陳文茜評論蔡英文時說得好：「不像政客的政客是最可怕的政客，不像說謊家的說謊家是最恐怖的說謊家」。

＊＊＊

民進黨「閉門造車」，砲製出一批「嘸採工水果月曆」作為宣傳工具。閩南話「嘸採工」意謂白費心機，月曆故意把水果的價格標得很低，表示果農苦心栽種，最後血本無歸，只能空嘆「嘸採工」！民進黨分發這份月曆之目的是要誣陷馬英九政府不顧農民死活，以此鼓動農民反馬挺蔡；誰知月曆一出，水果的銷售價格受到嚴重的影響，全台水果市場即時崩盤，特別是月曆上的甜柿被標價為每台斤僅售二元，試問還有誰願意付幾十元的價格向水果攤買甜柿？一些新加坡商人原已簽好訂單，以每斤一百元台幣的價格進口一大批台灣甜柿，現

在也堅持殺價一半才肯進貨；最後果農除了被迫賤賣產品之外，更要將大量滯銷的水果丟進垃圾堆填區。民進黨施出這一招「殺人不見血」的「奧步」（損招），原以為可以置國民黨於死地，豈料最後「屍骸遍野」的卻是台灣的無辜果農。

事件發生之後，民進黨和蔡英文完全沒有認錯或道歉的誠意，等到記者們不停追問，並陳述果農的悽慘處境，蔡英文才從口裏迫出一句「那我倒是覺得很遺憾」，令台灣的媒體和民眾深感失望。政論名嘴陳鳳馨指出，民進黨的文宣已經對果農造成實際的傷害，作為黨主席的蔡英文必須勇於認錯並道歉以安撫人心，然而蔡卻表示出一副「事不關己」的「冷血」態度。資深媒體人楊文嘉直言，儘管陳水扁的是非觀念嚴重扭曲，至少他還保有一些「台灣人的溫度」，「相較之下蔡英文顯得冷酷無情」。

蔡英文一直想標榜自己是「清廉無瑕」的公務員，在總統候選人的電視辯論會上，她「先入為主」聲稱：「站在你們面前的是蔡英文，不是陳水扁。」

馬英九過於厚道，他只是評說，「站在蔡英文後面的是陳水扁的團隊。」其實他應該告訴大家：「站在我們面前的不是陳水扁，卻是比陳水扁更陳水扁的蔡英文。」陳水扁的貪瀆弊案一簍筐，但都是利用總統的職權營私謀利的；而蔡英文還沒有當上總統，即已經有「十八趴」的道德污點，暴露在公眾面前的更有藉「宇昌生技」以權謀私，一旦當選總統，豈非比陳水扁更可怕？

在這一次的競選活動中，最令民眾震驚的便是爆發出蔡英文以公謀私的「宇昌案」。幾年前蔡英文被陳水扁委任為行政院副院長，當時她不遺餘力推動立法院制訂法律，由政府提供優惠的條件來鼓勵生物科技行業；與此同時，蔡促成其家族成立了一家「宇昌生技」，然後安排由納稅人的血汗錢所成立的「國發基金」撥鉅款入股這一家公司，而她本人從副院長職位退下之後，便立即轉任宇昌生技董事長，

稍後再安排其家族出售「宇昌生技」的股份,在八個月的時間內淨賺一千九百八十萬元台幣。蔡英文還企圖利用她在扁政府的勢力,逼「國發基金」撥九億台幣投資一家由其家族「管理」的「台懋生技創投」公司;規劃合同中,她的家族將從這家公司預支十年的管理費共七億四千萬元,而蔡家在這家公司僅投資了百分之二的股權,卻堅持要佔三席董事。幸好準備投資「台懋生技創投」的民間資金遲遲沒有到位,導致這家公司未能及時出爐,而在「國發基金」的款項尚未撥出時,陳水扁主政的民進黨政府便已倒台,納稅人才逃過一場「大出血」的厄運。蔡英文所搞的一連串行動,完全是「搜刮民脂民膏以圖利自肥」的勾當,怎不叫人在瞠目咋舌之餘義憤填膺?

在立法院的質詢過程中,現任「國發基金」召集人劉憶如要求蔡英文對當年的一些作法提出解釋,但是蔡大搞「烏賊戰術」,不但避不說明,更反控國民黨「抹黑」她的人格。蔡英文當年沒有迴避「利益輸送」之嫌,如今卻一直迴避回答問題,難怪馬英九感嘆說:「該迴避的不迴避,不該迴避的卻完全迴避了。」

蔡英文還辯稱,她擔任宇昌董事長並沒有受薪,似乎要以此來說明她的「清高」;可是想一想,八個月淨賺一千九百八十萬元,平均每個月賺了二百五十萬元,區區薪水,何足掛齒?就如陳水扁,甫就任總統便宣佈自動減薪一半,令民眾特別感動,豈料他利用職權所收的賄款竟達幾百個億;蔡英文「表面不支薪、背後賺大錢」,與陳水扁實在是如出一轍。

蔡英文的荒唐言詞還真不少,而最引人入勝的莫過於她談起兩岸關係時那一套荒腔走板的論調。蔡始終否定「九二共識」,甚至信口雌黃說已故海基會董事長辜振甫也認為「沒有九二共識」;另一方面,蔡卻又聲稱如果由她執政,「兩岸關係只會繼續發展,不會停滯」,她還跑到金門碼頭,奢言「小三通」是她當陸委會主委的「政績」,更恬不知恥地說,「兩岸直航是民進黨打下的基礎」。

一面否定「九二共識」，另一面還想繼續發展兩岸關係，不知道蔡英文到底是幼稚或是頭腦有毛病？難道她聽不懂北京的普通話？辜振甫董事長的遺孀還特別發表了一份書面談話，駁斥蔡所稱「辜振甫認為沒有九二共識」這一種荒謬的言論；辜嚴倬雲女士指出，如果沒有「九二共識」，怎會有九三年的「辜汪會談」？可見蔡英文根本就是信口雌黃，睜著眼睛講瞎話。

　　「小三通」乃是當年在立法院佔大多數的國民黨立委迫陳水扁政府接受的，當時身為國民黨立委的章孝嚴每逢佳節，便要為直航包機而疲於奔命，卻每每受到陳水扁、蔡英文以及民進黨執政當局的多方阻撓；如今蔡英文反過來想領功討人情，臉皮真夠厚！蔡英文應該沒有忘記，2003年她曾公開聲稱，「兩岸直航一定會加重台灣的失業問題」，她更危言聳聽地恐嚇台灣民眾，說一旦兩岸直航，中共便可以上演「木馬屠城」來「血洗台灣」，如今居然還有臉孔聲稱兩岸直航和「小三通」是她和民進黨打下的基礎，真是恬不知恥。如果選出這樣一個顛倒黑白、朝三暮四的領導人，台灣能不完蛋？

　　　　（原載2012年1月9日菲律賓聯合日報「笑談古今」專欄）

蔡英文患上「妄想症」

民進黨黨主席蔡英文一向被冠以「空心菜」的稱號,許多人都以為這是國民黨惡意的宣傳手法,其實完全錯誤,「空心菜」一詞的原創者乃是民進黨的大老陳淞山。2011年8月,作為民進黨總統候選人的蔡英文提出她的兩岸政策,遭到民進黨藉前立委郭正亮的質疑,認為那些政策空洞無物,實在太抽象;接著,陳水扁辦公室主任陳淞山公開提出批評,直斥蔡的「十年政綱」是「空心政見」,「空心菜」的稱號由此而來。

2015年6月的「時代周刊」亞洲版以蔡英文為封面人物,貼身採訪多天的記者拉烏哈拉(Emily Rauhala)在她的專文中以「Wonky」這一個字來形容蔡英文;民進黨美其言把這個字翻譯成「書院派」,其實「Wonk」的真正意思是「書呆子」,而「Wonky」這一個字在牛津字典上的譯解更是「搖擺不定」(shaky, not steady)和「靠不住」(unreliable, not trustworthy)。拉烏哈拉這位資深的記者用「Wonky」來描繪蔡英文,堪稱「入木三分」。

蔡英文近日在一個論壇上再次強調,她主張兩岸關係必須「維持現狀」。這一項「維持兩岸現狀」的理論,是蔡英文較早訪問美國時向美國人提出的保證;她知道華府的政客最擔心的是一旦台灣海峽關係緊張,無可避免地會把美國拖下水,她也知道要獲得華盛頓支持她取得台灣最高領導人的地位,便須提出一套能夠讓美國接受的兩岸關係論調,因此她喊出「維持兩岸現狀」的口號,讓美國人吃下一顆定心丸。

蔡英文喊出這樣一個口號,再一次向台灣民眾以及全世界展現出她的「空心菜」本色;她口裏嚷喊著「維持兩岸現狀」,卻又講不出要維持什麼樣的「現狀」,是維持馬英九政府所鼓吹的「不統、不獨、不武」現狀麼?是延續在「九二共識」的基礎上推動兩岸交往嗎?蔡英文一句解釋的話詞也講不出來,因為她是「瞎子吃湯圓,心裏有數」;所謂「維持兩岸現狀」只是一句騙騙自己、騙騙民眾、更是騙騙美國人的口號,根本就不能開口講明要維持怎麼樣的現狀。

多年來,蔡英文和她領導的民進黨把馬英九的兩岸政策批評得體無完膚,如今要轉過來「維持現狀」,豈不是自摑嘴巴來肯定和支持馬政府的兩岸政策?民進黨的黨綱寫明要爭取「台灣獨立建國」,叫蔡英文清楚聲明維持「不獨」的現狀,深綠的台獨分子饒得了她嗎?多年來蔡英文一直與李登輝互相呼應,宣稱根本沒有什麼「九二共識」,如今要她轉口承認「九二共識」,叫她如何下得了台?

既然是「兩岸關係」,當然要兩岸共同來締造,不是任何一方說了算。北京早就講得清清楚楚,「九二共識」是兩岸和平共處以及發展關係的基石,沒有「九二共識」,便什麼都免談;中共總書記習近平更毫不含糊警告說:「基礎不牢,地動山搖」。如果民進黨不願意把「台獨」黨綱擱置一旁,請問要如何與海峽彼岸進行交往?如果蔡英文不肯接受「九二共識」,請問她要如何維持兩岸關係的現狀?蔡英文沒有先與北京溝通,一廂情願推出「維持現狀」作為自己的兩岸關係政策,並假設北京會乖乖接受她的思維,壓根兒就是患上了「妄想症」。

妄想歸妄想,其實蔡英文內心很清楚,「維持兩岸現狀」只能夠是一個競選口號,用來騙取美國的支持,或許也可以用來騙取台灣民眾的選票,但卻不能讓北京上當。台北市長柯文哲較早推出他所發明的所謂「一五新觀念」,說什麼「全世界都只承認一個中國,因此一

個中國不是問題」,企圖用這一種模糊的論調來取代「九二共識」,以獲得北京的認可。但是北京洞悉柯文哲的奸狡,「一五新觀念」承認只有一個中國,但並沒有說明兩岸同屬這一個中國,柯文哲以後是不是可以辯稱他「承認只有一個中國」,但還有一個「不屬於中國的台灣」?因而中國政府要等到柯文哲低聲下氣公開聲明他「尊重九二共識」,才讓他踏足上海參加「雙城論壇」。蔡英文空喊「維持兩岸現狀」,但卻隻字不提「九二共識」,如何過得了北京的關?

就因為蔡英文清楚瞭解她的「妄想症」不可能有任何結果,她已經開始兩手進行準備,在標榜「維持兩岸現狀」的同時,她還鼓吹所謂「新南進政策」,鼓勵台商進軍東南亞以及印度。眾所周知,策動台商「南進」並非新鮮的政策,早在上世紀九十年代,李登輝便喊出「戒急用忍」的口號,用盡威嚇脅逼的行政手段來阻撓台商到中國大陸投資,轉而策動他們「南進」,把資金投到東南亞國家;豈料1997年發生「亞洲金融風暴」,東南亞國家的經濟受到嚴重的打擊,各國的貨幣更大幅貶值,1998年印尼又暴發了一場血腥的排華動亂,許多大城市發生了針對華人華裔的燒殺搶掠慘劇,令一大批嚮應李登輝而「南進」的台商損失慘重。陳水扁執政時期,由於挑動兩岸的緊張關係,也同樣千方百計催促台商止步中國大陸而轉向東南亞地區發展;但由於中國大陸具有較佳的生產基地以及龐大的消費市場,聽從阿扁勸告而「南進」投資的台商人數,遠遠追不上「西進」發展的台商。如今蔡英文舊調重彈,無疑仍將誤人誤己,兩岸關係一旦惡化,台灣的經濟定必停滯不前,老百姓的生活狀況更將雪上加霜。

民眾的眼睛是雪亮的,大家都知道,儘管蔡英文的「維持兩岸現狀」口號喊得非常響亮,但只要民進黨的「台獨」黨綱不改,只要蔡英文不肯承認「九二共識」,兩岸關係根本維持不了現狀。蔡英文是李登輝和陳水扁的忠心跟班,是「兩國論」的始作俑者,把政權交給

這樣一個人,無疑將讓兩岸關係再次陷入「冰河時期」,也讓台灣的前途蒙上一層揮之不去的陰霾。

  (原載2015年9月30日菲律賓聯合日報「笑談古今」專欄)

蔡英文和宋楚瑜突然啞了

近期到日本進行訪問的李登輝，為了諂媚日本右翼政客，再度展露出他不惜出賣國家主權和民族利益的漢奸本色。七月二十三日在接受記者訪問時，李登輝口出狂言，公開聲稱「尖閣諸島（釣魚島）是日本的，並非台灣的領土」，引起全球炎黃子孫的憤慨和申斥。

針對李登輝的賣國言論，海峽兩岸同時發出怒吼的聲音，官方和民間都對李的媚日言詞予以嚴正駁斥。北京國台辦發言人馬曉光對日本政府容許李登輝竄訪並提供舞台讓他發表台獨言論提出強烈抗議，更對李登輝刻意美化日本殖民統治台灣、妄稱釣魚島屬於日本之言論加以譴責，認為這種危害中華民族整體利益的卑劣言行，「必將遭到兩岸同胞唾棄」。

中國社會科學院台灣研究所研究員王建民向媒體表示，「李登輝從頭到尾都是一個地地道道的媚日台獨分子，他把自己當成日本人，以此為榮，是中華民族的罪人和敗類」。王建民還說：「李登輝頌揚日本殖民統治，這與全人類的正義價值相悖，一意孤行地親日、媚日、投日、靠日，想從日本右翼勢力那裏得到溫暖，這註定了李登輝本人的悲劇性下場。」他認為李「這麼老了也沒有覺醒，還在沉淪」，不顧自己的健康跑到日本去「求榮」，乃是「想擴大政治影響力的一種垂死掙扎，但是俱往矣，已經不是他的時代了，他這麼做很可恥，同時也很可悲」；王斷言，「這種人最終只會被掃入歷史的垃圾堆」。

台灣方面對李登輝的言詞同樣反應激烈，馬英九辦公室第一時間發出駁斥的聲明，總統府發言人陳以信強烈申明：「釣魚台列嶼自1683年以來即是台灣的屬島，屬於中華民國固有領土的一部分，不論在地理、地質、歷史和國際法等方面，其主權立場都有堅實的基礎，絕對不容任何國家或任何人否認這個主權立場。」陳以信還強調，「任何否認中華民國擁有釣魚台列嶼主權的說法，都是喪權辱國的言行」，一拳打在李登輝的鼻樑上。台北外交部也發表嚴正聲明，重申將「持續致力維護釣魚台主權」，新聞稿指出，「釣魚台列嶼是中華民國固有領土……不容置疑……任何有悖於中華民國擁有釣魚台列嶼主權立場的言論，都不影響中華民國擁有釣魚台列嶼主權的堅定主張與事實」。

國民黨同樣對李登輝作出猛烈的抨擊，黨主席朱立倫表示：「釣魚台也好，南海列島也好，都是屬於中華民國的領土，這不但是我們憲法所列明，也是國民黨的政策綱領，我們會堅持這個立場」。文傳會主委林奕華更聲稱國民黨對李登輝的言論深表遺憾，指出「釣魚台列嶼是台灣的附屬島嶼，在行政管轄上屬於宜蘭縣頭城鎮大溪里，是中華民國的固有領土」；林在重申國民黨捍衛釣魚台列嶼的一貫主張之餘，更對李登輝用「尖閣諸島」來稱呼台灣人長期使用的「釣魚台」名稱，表達了國民黨的深切遺憾。

李登輝這一次在日本的言詞令人深感噁心，台灣一些網民注意到，記者發問時把「尖閣諸島」和「釣魚島」兩個名稱同時講明，但是李登輝作答時卻只用「尖閣諸島」而不講「釣魚島」，媚日的程度讓人作嘔。新黨主席郁慕明已就李登輝賣國的荒謬言行向法院提出告訴，他較早曾說過，「當年在台灣的日本侵略者於戰後早已被和平遣返，但對於今天仍在替昔日殖民者張目的『滯台倭奴』，我只能說：『慢走不送』！」；前立委邱毅早些時候曾憤慨地把李登輝形容為「比汪精衛還汪精衛」。連民進黨也不敢說釣魚島不是台灣的附屬島

嶼，綠營大老、前副總統呂秀蓮曾於2012年批評李登輝「不應該說釣魚島屬於日本」。

國民黨總統候選人洪秀柱近日走訪鹿港時公開批評李登輝的言論，強調「釣魚台是台灣人的，是宜蘭人的，更是中華民國的領土」；她還指出，「日本人佔領台灣時，把我們當成殖民地的二等公民，所以不需要媚日」。洪秀柱直斥李的言行「匪夷所思」，她在「臉書」上留言稱「釣魚台是中華民國的領土，前總統李登輝居然公開拋棄自己國家的主權，把國家領土送給別人，喪權辱國莫此為甚」。

奇怪的是一向「見縫插針」的民進黨主席、也是該黨明年的總統候選人蔡英文突然吃了「啞巴葯」，對李登輝悖謬的言詞毫無反應。理由很簡單，蔡英文是李登輝一手提拔的徒弟以及操縱掌控的傀儡，當年二人一起砲製「兩國論」，說不定「媚日仇中賣台」的基本政策也是二人共同研製的施政方針；李登輝一直在替蔡英文拉攏日本政客並尋求支持，要蔡開口批評這個「教主師父」兼「掮客」實在不容易。不過洪秀柱講得對，蔡英文「應該要針對釣魚台的問題講清楚，表達她的態度……尤其是對一個有志於國家領導人的政治人物來說，必須負責任地向全民交代」。

還有一個突然變成啞巴的是親民黨主席宋楚瑜。這個在前幾天還在聲色俱厲攻擊國民黨的老牌政客，不知道為什麼突然間變成眼盲兼耳聾，他似乎看不見也聽不到李登輝那套「尖閣諸島是日本領土」的荒謬言詞，或許是宋的咽喉忽然變啞發不出聲音，因此對李登輝的言論一句話也搭不上腔。不過說句實在話，要宋楚瑜憑他的良心來批評李登輝，可以說是「強人所難」，宋早年與李狼狽為奸，二人甚至肉麻地宣稱他們的關係「情同父子」；之後宋楚瑜受到李登輝無情的排斥和打擊，以致二人反目成仇，十數年形同陌路，但由於李於2010年協助宋從法院取走原屬國民黨的二億四千八百萬元，二人又恢復了昔

日的「父子情」。宋楚瑜此時已把錢放進自己的口袋，要他批判這個協助自己竊據鉅款的「恩公」，當然會難以啟口。李登輝想把釣魚島送給日本，恰如歷史上向契丹割讓「燕雲十六州」並自稱「兒皇帝」的石敬塘；而宋楚瑜如今淪為「兒皇帝」的「兒臣」，不知道會不會感到無地自容？奉勸宋楚瑜，今後千萬不要再談什麼做人的原則或者政治操守，以免自暴其短！

（原載2015年7月31日菲律賓聯合日報「笑談古今」專欄）

「跳樑小丑」綠巾軍

幾度夕陽紅：
笑談古今 5

漫談台灣綠營的「救扁行動」

近日來在台灣社會上鬧得沸沸揚揚的一項熱門話題，便是應不應該特赦因貪污而坐牢的前總統陳水扁。

陳水扁的兒子陳致中開了幾次記者招待會，說他父親現在是「百病纏身」，要求馬英九總統讓阿扁「保外就醫」；陳水扁太太吳淑珍更揚言要發動群眾包圍總統府，迫馬英九特赦阿扁。獨派和深綠人士發起了一場「救扁總動員」，民進黨黨中央和四十位黨籍立法委員也出面聲援，與扁家關係密切的立委高志鵬在三月二十日的立法院議會中，不厭其煩地追問行政院長陳冲「要不要赦扁」，一共竟問了八十七次之多。馬英九總統已經一再聲明，不會考慮特赦陳水扁，然而扁家和綠營依然不死心地動作頻頻，看來「救扁」的浪潮正方興未艾。

陳致中宣稱他父親身患多種疾病，又是冠心症，又是攝護腺腫瘤，阿扁也懷疑自己患上大腸癌，近日又稱肺衰竭；早些時候，陳致中向新聞界說他父親需要進行心臟繞道手術，近日更誇張地說阿扁「肺功能退化，可能會無藥可醫」，指責馬政府不讓陳水扁「保外就醫」，乃是不人道的行為。為此，台灣法務部特別作出聲明，稱較早已給予陳水扁「戒護就醫」的特權，並且安排他到桃園醫院進行全身健康檢查；根據醫院報告稱，陳水扁的病情完全不像他家屬所描繪的那麼嚴重，醫生說，年紀超過六十歲的人，多少都會有高血壓、高血糖以及血脂肪較高的問題，阿扁的心血管先天性較窄，但還沒有到必須安裝心臟支架的狀況，更談不上要進行心臟繞道手術。監獄當局也

指出，陳水扁在獄中作息正常、如常會客，陳致中所形容的阿扁病情，完全是無中生有、誇大其詞的說法。

前立委邱毅非常瞭解陳水扁目前的心態，根據他的判斷，阿扁的病情應該是因為政治上失勢而產生了嚴重的「失落感」所造成的。今年元月中台灣進行大選，陳水扁一心企盼他兒子陳致中繼承他的「政治衣缽」，於是安排他在高雄競選立法委員，豈料不但落敗，而且還因為他的參選而分散了綠營的選票，以致拖累民進黨失去一個十拿九穩的選區，阿扁父子也因此成了綠營的大罪人；另一方面，蔡英文落選總統大位，阿扁的「特赦夢」即時破滅，選舉後蔡英文又對他不理不睬，頓令阿扁「脆弱的心靈」大受打擊，焉能不自悲自憐？在這種沮喪的心情下，陳水扁自然而然便幻想起自己百病叢生、不久人世了。

泛綠陣營跟隨著扁家的音樂起舞，「特赦阿扁」的呼聲此起彼落、煞有其事，許信良和呂秀蓮也高調支持特赦阿扁，倒是台獨「理論大師」林濁水比較公允，他說：「特赦需要兩個條件，一是當事人要認錯悔過，二是社會上要加以同情。我個人認為，目前這兩個條件都不具備」。台灣聯合晚報評論文章指出：「扁若獲赦，不啻鼓勵公務員貪贓枉法，且視司法權為無物。」許多網民都說，貪污的錢還沒有寄回來，還敢要求特赦？雖然陳致中聲稱「海角七億」已經匯到特偵組的帳戶，但是大眾都知道匯回台灣的只是海外存款的一小部分，而扁嫂吳淑珍接受地下電台汪笨湖電話訪問時更恬不知恥地坦言：「我又不是傻瓜，如果匯回海外存款，下半輩子怎麼辦？」她還厚顏說道：「阿扁還年輕，還要拼事業，難道不用留點錢？」扁嫂不打自招，率直得令人噴飯。

民進黨前主席許信良是一個比較有理性的政治人物，然而，這一次他主張在司法審判結束後以「政治方式」來處理陳水扁事件，也即是說待判罪後予以特赦，並建議將「特赦阿扁」列為新屆民進黨黨主

席候選人的「共同政見」，實在有悖法理，也背離了他一向追求真理的本性。許信良認為特赦阿扁可以「減少社會衝突」，這豈不是為了取悅部分民眾，便將司法和社會公義踐踏如糞土？陳水扁貪污歛財鐵證如山，但卻死不認錯，又不肯把海外贓款匯回台灣歸還國庫，如果輕易赦免其刑責，政府要如何向奉公守法的公務員以及台灣的民眾交代？阿扁當年一袋袋鈔票往家裏送、並用「空軍一號」運美鈔出國的時候，便應該知道遲早有今天這個日子；官照賣、錢照貪，然後要求特赦，這個世界還有公理嗎？

　　阿扁的老母親陳李慎也親自上陣，她對電視台的觀眾說：「錢都是媳婦在處理，說我兒子會貪污，很奇怪！」還哭訴說：「阿扁已被關一千多天，人勇勇（健壯）關到全身攏（都）是病……我養豬的豬圈，都比阿扁的牢房大，看得心很痛！」這位八十五歲的老人家更煽情地向馬英九呼籲：「你也有老母，大家都有老母，請可憐我這個老母。」

　　雖說「可憐天下父母心」，扁媽的確是心境淒涼，然而扁媽不應該拿自己與別人的老母親作比較；馬英九的母親生了一個清廉守法的兒子，而扁媽的兒子卻是上至幾億元的賄款、下至幾十元的國務機要費都要「大小通吃」。扁媽應該認清，雖然錢是她的兒媳婦在管，權卻是她兒子在掌握，說阿扁貪污，一點也不「奇怪」，當海外清洗贓款的罪行東窗事發之後，陳水扁也曾在電視鏡頭前向大眾公開道歉，坦承自己「做了法律不容許的事」。至於說牢房比豬圈還小，無疑是把阿扁與豬互相比擬，這樣的比擬似乎不太適宜，須知豬圈裏養的豬能造福蒼生，但搜刮民脂民膏的囚犯卻是禍害人間呀！

　　法國圖盧茲有個男子在猶太學校槍殺多人，因拒捕而在槍戰中被警察擊斃，他父親居然怪責警察沒有活抓他兒子，並聲言要控告法國政府；法國外交部長朱佩評論道：「如果我是這個惡魔的父親，我會因羞恥而閉上自己的嘴。」扁媽應該聽聽法國外長的勸言，既然生了

一個貪贓枉法的兒子，應該羞愧得無地自容，心中也應覺得無顏面對台灣民眾，最好還是「閉上自己的嘴」！

（原載2012年4月20日菲律賓聯合日報「笑談古今」專欄）

幾度夕陽紅：
笑談古今 5

漫談蘇貞昌當選民進黨主席

民進黨於今年元月中輸掉台灣的大選，競選總統大位的蔡英文僅以不足八十萬票落敗於競選連任的馬英九，比起上一屆總統大選中謝長廷輸了二百多萬票，已算得上「雖敗猶榮」；而在這一次立法委員選舉中，民進黨獲得的席位也比上一屆有明顯的增加。儘管如此，民進黨的黨主席蔡英文還是循例提出辭呈，為大選落敗負起責任；經過民進黨內部的一番挽留，蔡答應留任至二月底，去職後由高雄市長陳菊暫時代理黨主席之職務。

五月廿七日，民進黨進行了黨主席選舉，選情異常熱鬧，候選人達五人之多，包括前行政院長蘇貞昌、前台南縣長蘇煥智、獨派的立委蔡同榮和前行政院副院長吳榮義，以及曾經擔任過黨主席的許信良；其間還舉行了兩場候選人政見辯論會，四名候選人聯手攻擊蘇貞昌，令人嘆為觀止。四名候選人一口咬定蘇貞昌之所以垂涎黨主席職位，純粹是覬覦2016年總統大選的民進黨候選人身份；四人並且發出聯合呼籲，要求所有候選人承諾一旦當選黨主席，便須自動放棄2016年總統候選人的競逐，許信良更公開支持蔡英文再度作為民進黨候選人參選2016年的總統大選。針對這一點，蘇貞昌始終不願意表態，泰然接受其他四名候選人的重砲攻擊，只是表示目前談論2016年大選為時尚早。畢竟，蘇貞昌在民進黨內的聲望和影響力是其他候選人所望塵莫及的，儘管受到圍攻，最後他依然脫穎而出，以過半數的選票當選民進黨的新屆黨主席。

民進黨由多個派系組構而成，勾心鬥角乃是家常便飯，而不同立

場的政治主張也經常引發黨內的劇烈糾爭。蘇貞昌雖然成功當選黨主席，但是要統一黨內的理論基礎殊非易事，要策動民進黨內部各派系的衷誠團結更是癡人說夢。蘇為了避免黨內發生糾紛，遂以「政治分贓」的形式來安排黨中央的人事；然而其間不難看得出他著意擴大自己的勢力，極力排斥勁敵蔡英文的黨內親信，距離真正的大團結還有一段遙不可及的路程。

獲蘇貞昌委任為民進黨新任祕書長的是林錫耀；雖然林屬於新潮流派系，但早年即追隨蘇貞昌打江山，稱得上是同一條戰壕裏並肩作戰的戰友。蘇競選台北縣長時，林錫耀受新潮流系指派全力輔選，蘇當選之後論功行賞，委任他為主任祕書，稍後又遞補為副縣長；蘇貞昌轉任行政院長時，林錫耀也跟著他到行政院，先後被委任為政務委員、行政院祕書長、台灣省主席等要職；雖然派系有別，但林錫耀絕對稱得上是蘇貞昌的「左膀右臂」。除了委任林錫耀為民進黨祕書長，蘇貞昌同時委派自己的親信王閔生為辦公室主任兼發言人，有效地控制了黨內的行政系統以及各種資源。

獲蘇貞昌委任為第一副祕書長的是他的嫡系子弟兵林育生，而林主管的乃是黨內最為關鍵的組織工作。另外兩名副祕書長是謝長廷派的李俊毅，主管文宣工作，以及游錫堃派系的林右昌，主管社運工作。從上述正副祕書長人選的安排來看，蘇貞昌除了鞏固自己在黨內的權力堡壘之外，也不得不顧及其它派系的利益，因而他作出有限度的權力分配，營造團結的氣氛；但很明顯，蔡英文的人馬則完全被排擠出民進黨高層幕僚這一個小圈圈。

蘇貞昌起用了陳水扁時代的陸委會主委、駐美代表吳釗燮出任民進黨政策會執行長。依照以往的習慣，這個職位一向都是由民進黨籍的立委兼任，以利進行與立法院黨團之溝通，原本擔任這個執行長職位的是蔡英文忠誠的幹部立委陳其邁，如今以台獨大老辜寬敏的親信、資格老練的吳釗燮取而代之，蘇貞昌這一步棋堪稱是「一石二

鳥」，既可清除黨內的蔡英文「餘孽」，又可討好意見多多的獨派。蘇貞昌這一次在民進黨內部的人事安排，的確是「用心良苦」。

然而，蘇貞昌未來兩年的黨主席任期很難風平浪靜，民進黨內部派系山頭林立、互不相讓，蔡英文的潛在勢力根深蒂固，亦將讓他寢食難安。蘇貞昌是在蔡英文沒有參選的狀況下贏得黨主席的選舉，如果蔡也參選，結果可能完全不一樣。蘇、蔡二人有如周瑜和諸葛亮，無時無地不在進行著明爭暗鬥；此次民進黨舉行黨主席選舉，也同時進行各地區黨部領導人的改選，在台北市，蘇貞昌派系的李建昌出面挑戰陳水扁的親信、原主委黃慶林，蔡英文則發函公開支持謝長廷系的莊瑞雄，結果莊氏遙遙領先其他二人，順利當選為民進黨台北市黨部主任委員。在新北市的競鬥更顯露出蔡英文的魅力，蘇貞昌的子弟兵張宏陸出面競選主委一職，原是大家都看好的候選人，豈料最後得到的票數，還不及蔡英文支持的羅致政所得票數的一半。台北市和新北市是兩個最重要的選區，蘇貞昌坐鎮民進黨中央黨部，這兩個地方的「諸侯」卻聽命於蔡英文，蘇的日子怎能好過？

許信良講得一點也沒錯，蘇貞昌著眼的乃是2016年參選總統的大計，現在爭奪民進黨主席一職便是事先「卡位」，準備控制黨內的資源以及人事關係，為2016年擔任民進黨總統候選人而鋪路。

回想2008年，陳水扁貪瀆的案件逐一曝光，民進黨受到民眾普遍的唾棄，在中央和地方選舉中更是節節敗退；在這種極為艱困的環境下，蔡英文臨危受命，出任民進黨黨主席一職，在近四年的任期內，她成功地帶領民進黨走出陳水扁貪污腐敗的陰霾，並為財困的民進黨找出一條生路，之間還領導民進黨打了幾次漂亮的選戰，受到黨內各派系的敬重，蔡的清新形象也得到甚多民眾的好感。雖然蔡英文輸了今年初的總統大選，目前民進黨內部還有一大批人，包括獨派以及一向與蘇貞昌派系水火不容的謝長廷派系，還有像許信良這樣的「邊緣人士」，都支持蔡英文於2016年重披戰袍、擔任民進黨的總統候選人

再戰江湖。這一次的黨主席競選活動，無形中已變成了蘇、蔡爭奪2016年總統候選人的「前戲」。如今蘇貞昌先拔頭籌，當選民進黨主席，以他三、四十年來在台灣政壇翻滾的江湖經驗，一定想方設法阻撓蔡英文於2016年東山再起。

台灣將於2014年進行「五都選舉」，已經有政論家預測，屆時蘇貞昌會運用黨主席的權力，「徵召」蔡英文競選台北市長；蔡英文如果拒絕，會被詆責不顧民進黨的利益，但若是參選，則陷入蘇貞昌的圈套，因為一旦敗選，無疑將削弱她再戰2016的聲勢，如果她贏得選舉，則必須對台北的選民負起責任而不適宜於2016年遽然離任市長去參選總統。總之，老謀深算的蘇貞昌只要運用黨內的組織和民意，逼蔡英文參選台北市長，不管她拒絕或接受，不管她選輸或選贏，都可以堵阻她2016年參選總統的機會，蘇便可以高枕無憂了。但是在另一邊的戰壕裏，蔡英文身邊也有一批像蘇貞昌那樣深諳政治權術的人擔任著她的軍師謀士，其中便包括有曾被蘇貞昌冠以「奸巧」的謝長廷，而這些人當然不會看著蔡英文任人擺佈而不採取行動。據估計，蔡陣營到時候可能會「以其人之道，還治其人之身」，製造輿論逼使蘇貞昌「回鍋」參選新北市市長；但畢竟蘇是現任黨主席，要擺佈這個黨內的領袖人物難免會「事倍功半」。

民進黨明瞭今年初輸掉總統大選，致命傷是沒有一套清晰而且被選民認同的兩岸政策，因而蘇貞昌一當選黨主席，便決定恢復黨內的「中國事務部」，並準備按照許信良的構想設立「中國事務委員會」這樣一個決策機構，替民進黨擬訂大陸政策。面對兩岸的關係，蘇貞昌的態度似乎比較積極；蔡英文擔任民進黨主席期間，因擔心黨內獨派的反對，一直不敢恢復「中國事務部」，而蘇甫上任便展示出「魄力」來。然而，蘇貞昌的「宏圖大計」行得通嗎？看起來他的構思只不過是「一廂情願」的空中樓閣而已。

首先，只要看看「中國事務部」這一個名稱，北京會有什麼感

受？不稱「兩岸事務部」或「中國大陸事務部」，而是講明你是「中國」，我是不包括在「中國」裏面的「台灣」，用意還不夠清楚嗎？儘管北京願意向台灣綠營伸出歡迎的雙手，但絕對不會接受一個自外於「中國」的民進黨。

蘇貞昌老奸巨猾，打算把民進黨的「中國事務部」交給他的死對頭謝長廷負責；他的如意算盤打得很精，如果謝搞出名堂來，他這個黨主席便可以坐享其成，如果謝搞不出花樣，這一個政敵就從此報銷了。然而，謝長廷也不是傻瓜，雖然蘇貞昌放下身段，與他長時間「誠心懇談」、請他「出山」，謝並沒有答應蘇的要求。退一步想，即使謝長廷答應出馬負責製訂民進黨的兩岸政策，他能夠有所作為嗎？謝的精心傑作是提出「憲法共識」來代替民進黨不肯接受的「一中各表」這個「九二共識」，但謝長廷要與誰「憲法共識」？如果他以為北京會同意「共識」中華民國的憲法，那就未免太幼稚了。

閩南人有句俗語叫「一目要死，一目要吃米」，用來形容蘇貞昌目前的大陸政策再適宜不過；他一面想與北京建立關係，一方面卻又「抱殘守缺」，不肯放棄台獨的神主牌。說到底，如果民進黨不廢棄主張台獨的黨綱，不接受「一個中國」這個「九二共識」的大原則，與北京修好的美夢只會是一場「白日夢」，一切的努力也都只會是徒勞無功。

（原載2012年6月13及15日菲律賓聯合日報「笑談古今」專欄）

蘇貞昌蓄意向北京送秋波

台灣民進黨深刻瞭解，迴避與中國大陸打交道乃是自絕於人，在目前的狀況下，漠視北京無疑令自己變成一隻把頭插進沙堆的鴕鳥，敵視中國大陸更會斷送台灣的經濟命脈。民進黨也清楚知道，今年初輸掉總統大選，便是輸在沒有一套大陸政策，因而蘇貞昌當選民進黨黨主席之後，隨即宣佈將恢復黨內的「中國事務委員會」，以便與中國大陸進行交流活動。但是蘇貞昌就任已經好幾個月，一直見不到他採取任何行動，政論家認為他之所以按兵不動，乃是不願意得罪黨內的深綠獨派分子。近日，蘇貞昌終於採取了動作，宣佈民進黨的「中國事務委員會」正式成立，由他本人掛名擔任召集人。

蘇貞昌這一次「千呼萬喚始出來，猶抱琵琶半遮面」，明眼人都看得出他是受到巨大的壓力而迫不得已「狗急跳牆」。上月間，民進黨大老謝長廷訪問大陸，居然先後獲得海協會會長陳雲林、國台辦主任王毅和國務委員戴秉國接見，讓謝長廷出盡風頭。最近，民進黨前黨主席蔡英文也在台灣政壇拋出一顆威力極大的政治炸彈，要求馬英九總統就社會保險和退休年金的議題召開「國是會議」；雖然蔡英文只是在政壇上搞一些毫無意義的小花樣，但卻替她贏來政治舞台上聚光燈的集中照射。相較之下，悄然無聲、毫無作為的蘇貞昌變成一個比「阿斗」還不如的領導人，身為黨魁卻如此窩囊，今後如何領導群倫？因而蘇貞昌搬出「中國事務委員會」這一個政治噱頭，意圖搶回舞台主角的地位，為自己賺取政治本錢。

然而，只要稍微動一動腦筋，便知道蘇貞昌的如意算盤實在難以

打響。首先，成立「中國事務委員會」勢將令民進黨內部的分裂狀況加劇，雖然蘇貞昌計劃委任蔡英文、謝長廷、游錫堃、陳菊、吳乃仁、邱義仁、柯建銘和賴清德等人為委員以籠絡黨內各派系的頭目，但蔡英文肯不肯「俯就」為蘇「插花」還是未知數，謝長廷已經表態不接受委任，游錫堃不但拒絕接受委任，更公開反對蘇貞昌成立該委員會，民進黨大老之間的裂痕已經暴露無遺。蘇貞昌不顧獨派的大力反對而計劃成立委員會與中國大陸打交道，必定引起黨內強烈的反彈，深綠人士肯定會因此而與蘇貞昌抬槓。民進黨一直以來都認為謝長廷是「中國事務委員會」召集人的最佳人選，但最後蘇貞昌決定自己兼任，謝長廷的「失落感」可想而知，因而當蘇氏邀請他擔任委員時，他不假思索便一口拒絕，蘇、謝兩派的明爭暗鬥方興未艾。由此看來，蘇貞昌搞這個「中國事務委員會」，無意中令民進黨內部的裂痕更形嚴重，存在的矛盾也都浮上了水面。

其次，這樣一個所謂「中國事務委員會」，將令蘇貞昌好夢成空、鎩羽而歸，而且會讓他顏面無存。蘇貞昌癡心妄想，以為他成立這樣一個委員會，北京一定會急不及待與民進黨進行聯絡交流，他沒有意識到自己的行動已經觸犯了北京的大忌。委員會的名稱不叫「大陸事務委員會」或「兩岸關係委員會」，而是清楚寫明「中國事務委員會」，擺明立場告訴北京：「你是中國，我是台灣，河水井水，涇渭分明。」蘇貞昌如此自外於「中國」，玩弄的完全是台獨分子那一套把戲，北京怎會隨著民進黨的音樂起舞？北京之所以願意接待謝長廷，理由是謝近期提出「憲法一中」的主張，與北京所堅持的「一個中國」和國民黨的「一中各表」立場不謀而合；如今蘇貞昌高舉「一中一台」的旗幟，豈有可能得到北京的歡迎？難道要北京的外交部出來做民進黨這個「中國事務委員會」的對口單位？蘇貞昌搞這麼一大堆花樣，準備大張旗鼓成立這個委員會，把民進黨眾山頭及各派系的頭目都拉進來做委員，再把綠營的大老們都請出來做諮詢顧問，但最

終如果敲不開北京的大門,他有何顏面見綠營的「江東父老」?如何向殷殷期盼兩岸關係得以改善的台灣民眾作出交代?

不錯,中共是希望與民進黨進行溝通,但是北京有它基本的原則,那便是大家都在一個中國的框架下坐下來談。蘇貞昌由於必須討好黨內各個派系,始終是逃不過獨派的掣肘,依然要死抱著台獨黨綱,不能夠接受「九二共識」;既然執意空談「獨立主權」,又怎能跨過台灣海峽而進行兩岸交流?蘇貞昌妄圖以「一中一台」的形式與北京「協商」,簡直是「癡人說夢」;不難想像,民進黨這個「中國事務委員會」,最後將是一個自唱自演、形同虛設的機構。

蘇貞昌看到國民黨與共產黨交往頻密,兩黨的高層會議以及「國共論壇」每年訂期舉行,為兩岸帶來和平及穩定的關係,更促進了兩岸的經濟發展和社會繁榮,因而也想步國民黨後塵,希望因設立「中國事務委員會」而獲得北京為他鋪下紅地氈。但觀乎蘇貞昌和民進黨所堅持的主張以及所作所為,設立「中國事務委員會」只不過是演出一場「東施效顰、自我陶醉」的荒唐鬧劇而已,最後一點成果也得不到。

(原載2012年12月3日菲律賓聯合日報「笑談古今」專欄)

幾度夕陽紅：
笑談古今5

漫談謝長廷的「大陸行」

十月四日，曾於陳水扁執政時期擔任過行政院長的謝長廷出發訪問大陸，先到福建東山拜祖，然後到北京進行了一連串的活動。雖然陳水扁和呂秀蓮都曾經訪問過中國大陸，但當時他們尚未「發跡」當上正、副總統，而近年來「登陸」訪問的民進黨知名人士如高雄市長陳菊和雲林縣長蘇治芬等乃是地方首長，因此他們的行程都沒有這一次謝長廷的「大陸行」那麼引人注目。謝曾經代理過民進黨主席，又是現任中常委，算得上是民進黨訪問大陸的最高層次人士。

謝長廷這一次是以台灣維新基金會董事長的身分，應國際調酒協會之邀，前往北京參加國際調酒比賽並擔任貴賓。眾所周知，所謂「國際調酒比賽貴賓」，只不過是謝長廷為了「賣狗肉」而掛出來的「羊頭」而已，事實上，他在中國大陸逗留的四天當中，僅僅在調酒大會的會場出現了半個小時，其它的時間都是用來從事他的拜會及參訪活動。民進黨內部對謝長廷的大陸行意見分歧，他自己也一再聲明此行屬「私人性質」，與民進黨完全無關；但儘管如此，以謝在綠營的江湖地位和影響力，他的「登陸」不能被當作等閒看待。

北京高規格接待謝長廷

北京對謝長廷這一次的訪問釋出了極大的善意，不但國台辦主任王毅接見並予以宴請，海協會會長陳雲林也與他親切會談，而令人感

到意外的是國務委員兼中共中央對台工作小組秘書長戴秉國也安排接見他，進行了一個多小時的長談。

民進黨的黨綱依然保存著台獨的主張，成為該黨與中共之間一道消除不掉的藩籬屏障，謝長廷之能夠得到北京的青睞，緣因他本人比較務實，他一向鼓吹的「憲法一中」口號其實也就是國民黨所標榜的「一中各表」理念，與北京所堅持的「一個中國」政策在基本概念上是一致的。謝長廷也很懂得做一些表面功夫，「登陸」之後馬上到漳州東山去拜祖，以表明海峽兩岸的同胞同根同種、本是一家人，先傳達給北京一個良好的印象。謝長廷在祭祖時頻擦眼淚，照說拜祭父母或者有深厚感情的祖父母難免傷心，涕淚齊下不足為奇，但拜祭遠祖時，除非自己做了一些有辱祖先聲譽的事情而深感愧疚，不然很少人會激動落淚；謝表現出哀慟情緒，不管是真情或是假意，已經給人一個「浪子知返、慎終追遠」的感覺，看在北京領導人的眼裏，相信又替他加了分數。

謝長廷返台後，民進黨內部批評攻擊他的聲音不少，綠營的台獨理論大師林濁水轟他被大陸當局「矮化」，說謝是台灣綠營的「一級人物」，但北京卻只用「四級人物」戴秉國與他會面，級別相差太遠。其實林濁水是在吹毛求疵，謝長廷前往北京訪問，既非代表民進黨，也不是中共官方邀請的客人，只是到北京觀摩調酒比賽而已。進行這種私人活動的訪客，照說如果由海協會會長接見，已經是禮貌周到了，出動戴秉國這位副總理級別的國務委員來接見，可以說給了謝特別的禮遇。

北京善待謝長廷的用意

有些政論家認為北京對謝長廷優禮以待，可能是看到馬英九在民調中的支持度一路下滑，說不定到2016年又來一次政權替換，因此未

雨綢繆，逐步與民進黨建立對話關係；也有一些政論家認為北京對馬英九近期的「親美疏中」態度非常不滿，而且兩岸關係一直停滯不前，因而以善待謝長廷而給予馬一記悶棍。有一個不容忽視的事實便是在馬英九改組內閣之後，北京隨即接受謝長廷到北京訪問，理由顯而易見，在這次的內閣改組當中，馬刻意擺脫連戰和吳伯雄等人的影子，高調表明今後的大陸政策將由他自己主導，而北京在這個關鍵時刻高調接待謝長廷，似乎要清楚地告訴台灣當局一個信息，兩岸關係的推動，最終還是要由北京來拍板。

有人將謝長廷的大陸行說成是民進黨的「破冰之旅」，並與連戰2005年的北京行相提並論，這種說法未免言過其實。民進黨並未授權謝長廷代表該黨與中共接觸，事實上民進黨對謝此行毀多於譽，連黨主席蘇貞昌也與他劃清界線，一再聲明謝訪問大陸完全是他個人的行為；民進黨固步自封，死抱著台獨的神主牌不放，請問冰山要如何衝破？連戰當年的「破冰之旅」成功地把不相往來逾半世紀的國民黨和共產黨最高領導人拉在一起，開啟了兩岸關係的蜜月期，真正是一項改寫歷史的偉大創舉；而謝長廷的大陸行除了替他自己搶到一些新聞鏡頭之外，根本就是一次「一事無成」的旅遊，完全起不了任何作用，怎能夠與連戰當年的北京行相提並論？

民共二黨交往前途黯淡

蘇貞昌就任民進黨黨主席時，聲稱將在黨內設立一個「中國事務委員會」，盛傳將由謝長廷出任主任委員；謝此番出訪大陸，似乎有意要標榜自己有足夠的能力與大陸官員打交道，為出掌民進黨的「中國事務委員會」鋪路。然而，明眼人都看得出來，蘇貞昌一心希望2014年蟬連民進黨黨主席一職，進而奪取2016年民進黨的總統候選人資格，在這個時候，他主要的工作是拉攏黨內的各大派系，製造自己

的勢力基礎；謝長廷高調訪問大陸，引起民進黨內部獨派的尖銳反彈，蘇貞昌沒有理由在這個時候成立「中國事務委員會」，更不可能重用謝長廷，因為如此一來便會得罪黨內的獨派大老以及深綠分子。

「台獨綱領」一天不從民進黨的黨章剔除，中國大陸便沒有可能為民進黨敞開大門，而民進黨內部的獨派氣燄一日不被壓制，也不能企望民進黨會向北京展露出笑容。謝長廷的北京行，最終不過是一趟被旁人高估的私人旅行而已。

（原載2012年10月22日菲律賓聯合日報「笑談古今」專欄）

幾度夕陽紅：
笑談古今5

蕭美琴和郝龍斌的荒唐話

政治人物為了達到自己的目的，往往信口雌黃，編造出荒腔走板的謬論來欺哄民眾以騙取選票。在台灣政壇上，政客們口不擇言的現象並不罕見，特別是綠營的頭頭，從李登輝、陳水扁以降，信口開河已是習以為常，出自他們口中的荒唐話堪稱「罄竹難書」。讓人深感失望的是一些應該富有正義感和是非觀念、具備崇高理想的年青政治領袖，居然也秉承了老政客的壞習慣，而更令人震驚的是連藍營也有政治人物染患上這種「黑白講」的傳染病。

蕭美琴謬論取悅北京，幼稚！

民進黨深切瞭解，蔡英文輸掉今年初的大選，關鍵在於沒有一套大陸政策。全球經濟發展到目前的階段，中國大陸已經是一個舉足輕重的經濟體，特別對台灣來說，經濟的興衰成敗與中國大陸的政經措施息息相關，民進黨敵視中國政府，無異是自絕於人。敗選後，民進黨企圖亡羊補牢，近期動作頻頻，不斷向北京「送秋波」表示善意，黨內青壯派領袖林佳龍、羅致政等都已「登陸」，另一個黨內精英蕭美琴最近也到上海，參加「第三屆兩岸關係和平發展的機遇和挑戰研討會」。

蕭美琴是民進黨的「明日之星」，既是陳水扁的心腹，又是蔡英文的愛將，與現任民進黨主席蘇貞昌也有很密切的關係，因而她的大陸行引起許多人的關注。

蕭美琴在研討會上發言時特別強調「民進黨與大陸並無恩怨仇恨」，想以此來贏取中國朝野對民進黨的好感，進而拉近民進黨與共產黨的關係；不過從這一句話來看，不難看出她的政治意識只有幼稚園程度。蕭美琴以為民進黨與中國共產黨從來沒有在選戰中爭鬥過，更遑論在槍火砲彈的戰爭中交過手，不像國民黨與共產黨有幾十年的恩怨，還有過兵戎相見、互相廝殺的慘痛經驗；她可能癡心妄想，既然國、共這兩個「宿敵政黨」現在可以舉行高峰會議，又可以定期進行洽商會談，「沒有恩怨仇恨」的民進黨不是更應該受到北京的熱烈歡迎嗎？蕭美琴天真的想法令人啼笑皆非，難怪新聞報導說「大陸學者只聽不說話，雙方無法更深入交流」。

　　蕭美琴完全不懂得分辨什麼是「黨爭私怨」、什麼是「民族大義」；黨爭私怨可以一笑泯恩仇，但是民族大義卻是必須旗幟顯明，絕對不容妥協的。民進黨到現在還緊抱著「台獨」的神主牌，在黨章裏面明確主張台灣有「獨立主權」，最近計劃在黨內設立一個機構，專職與大陸方面搞關係，竟取名「中國事務部」，擺出一副涇渭分明的「你是中國，我是台灣」立場。對中國共產黨以及有血性的中國人來說，任何主張台灣獨立、鼓吹分裂國家領土的人便是「賣國賊」，在民族大義的前提下，即使從來沒有私怨，這些人卻都是不共戴天的仇人。相反地，儘管國、共兩黨曾經在戰場上有過你死我活的廝殺，但是在維護國家領土完整的意識上完全一致，兩黨的接觸也是秉持「只有一個中國」的「九二共識」精神來進行。民進黨至今不肯接受「九二共識」，亦即不肯承認中國大陸和台灣是不可分割的國家疆土，怎能希望得到北京的展顏擁抱？蕭美琴只知「民進黨與共產黨並無恩怨仇恨」，卻不知分裂國家的主張已經讓民進黨成為全球炎黃子孫的公敵，中國共產黨又怎會對這一群民族敗類產生好感？

郝龍斌主張釋放阿扁，荒唐！

另一個口出狂言而震驚社會的政治人物是台北市長郝龍斌。在參加綠營「鄭南榕基金會」主辦的活動時，郝氏公開表態，呼促政府讓陳水扁「保外就醫」。郝龍斌是藍營新生代的精英，不但身居要職，還被認定是最有希望的馬英九接班人之一，如今爆出這樣一個炸彈，委實令人驚訝。政論家認為郝龍斌的市長任期即將屆滿，他的大動作是著眼於2016年的總統大選，預先替自己「卡位」。

可能郝龍斌是存心要「見人講人話，見鬼講鬼話」，在綠營的場合，刻意講出一些迎合綠營心意的「鬼話」，只不過這些話出自他的口，總讓人覺得他有點「人不像人、鬼不像鬼」。法務部諮詢過醫療專家小組的意見，認為陳水扁的健康狀態並未符合「保外就醫」的條件，郝龍斌不是醫生，也沒有替陳水扁把過脈，他憑什麼認定有關當局必須讓阿扁走出台北監獄？郝說陳水扁是前任總統，因而應該「從寬考量」；奇怪，不是說「法律之前，人人平等」嗎？阿扁是律師出身，知法犯法，不是應該「罪加一等」嗎？陳水扁身居總統，理應為民表率，如果總統貪腐可以「從寬考量」，豈不是鼓勵所有官員貪贓枉法？

回過頭來想一想，郝龍斌替陳水扁說好話也不足為奇，畢竟陳水扁當總統的時候，曾經委任他當上環保署長。但是郝龍斌應該瞭解，阿扁當年拉攏他，主要是看在他老爸郝柏村在軍隊裏還有不少槍桿子兄弟，而且阿扁需要三兩個藍營的人去幫助他淡化藍、綠兩個陣營之間的衝突，藉以鞏固綠色的政權；郝龍斌如果以為陳水扁對他有「知遇之恩」，值得他「肝腦塗地」去回饋，便未免太幼稚了！

郝龍斌說讓陳水扁「保外就醫」，「不只是司法問題，而是牽動許多綠營支持者情感的社會心理問題」，這句話正好暴露出他果然是為了競選總統大位而費心。郝龍斌一心想討好綠營，連「司法問題」

也可以置之不理,但是他在照顧綠營支持者的「情感」時,有沒有想到也要照顧藍營的支持者以及那些矢志維護公義的廣大社會群眾的「情感」?他有沒有想到,輕易讓阿扁保外就醫,會在藍營和反貪維廉的普羅大眾之中產生怎麼樣的「社會心理問題」?郝龍斌說讓陳水扁「保外就醫」,有「撫平社會傷痕的指標作用」,可見他的分析能力膚淺而偏頗;讓陳水扁走出獄門,藍綠便會結束鬥爭嗎?「社會傷痕」就會因此而消除嗎?很明顯,陳水扁坐牢是他罪有應得,對綠營造成一道傷痕是無可避免的;但放了這個貪贓枉法、禍國殃民的阿扁,豈不是對奉公守法的台灣民眾造成一道更大的傷痕?

奉勸郝龍斌市長,不要為了你的總統夢而破壞掉台灣整體社會的秩序。

(原載2012年8月27日菲律賓聯合日報「笑談古今」專欄)

幾度夕陽紅：
笑談古今5

剖析柯文哲的「一五新觀點」

台灣親民黨主席宋楚瑜近日接受鳳凰衛視專訪，在電視節目中對台北市長柯文哲讚譽有加，高度推崇他的所謂「一五新觀點」。「亞洲週刊」較早在報導柯文哲提出「一五新觀點」時，也盛讚他「以靈活務實的作風，突破中國大陸『九二共識』的緊箍咒，開創出新局面」。

所謂「一五（2015）新觀點」，乃是柯文哲創造出來取代「九二共識」的名詞，內容是說「當今世界上並沒有人認為有兩個中國，所以一個中國並不是問題」。乍聽之下，會覺得「一五新觀點」與「九二共識」的觀念並沒有差別，但如果細加嚼嚼，便會發覺所謂「一五新觀點」不過是柯文哲用來忽悠海峽兩岸的一個新口號，說穿了乃是一個騙局。

要分析「一五新觀點」，不妨先瞭解一下柯文哲其人。柯氏原是台大醫院的知名外科醫生，據說智商高達157，平時頭髮不加梳理，在鏡頭前擺出一副誠實可靠、貌似鄉下人的「純真相」；但就是這種具有高智商又臉似忠厚的人，設置騙局更能把天下人蒙騙得團團轉。

如果看看柯文哲的記錄，1994年陳水扁競選台北市長，柯擔任阿扁的醫學界後援會旗手；2000年陳水扁競選總統，柯氏又擔任台大醫院阿扁後援會召集人。2012年柯文哲全力支持蔡英文競選總統，替她組織後援會進行籌款活動，並擔任「小英之友會」常任理事。陳水扁因貪污案而鋃鐺入獄之後，柯文哲發動相關人士組織「陳水扁民間

醫療小組」並且擔任召集人,不遺餘力推動讓阿扁保外就醫。柯文哲的言行舉止,可以比美任何綠營的中堅分子,他也曾經親口把自己形容為「深綠人士」。但是去年台灣進行「九合一」選舉,柯文哲脫下醫生袍競選台北市長,由於深知選民痛恨台灣政壇的「藍綠惡鬥」現象,便打著「非藍非綠」的旗幟,以超然的無黨派候選人身分參加選戰。為了支持柯文哲,民進黨決定不派候選人參選台北市長一職,綠營全力輔選的跡象非常清晰;但儘管如此,柯文哲依然以「中間獨立人士」的身分蒙騙了台北市選民,成功地登上了市長寶座。一朝大權在握,柯文哲馬上進行「王子復仇」,授權陳水扁貪污案的辯護律師鄭文龍、謝長廷的子弟兵袁秀慧、陳菊的前辦公室主任洪智坤等三名綠營打手組成「廉政委員會」,胡亂調查一陣便肆意指控馬英九在擔任台北市長期間「圖利財團」,叫囂要將有關案件移送法辦,擺明要替陳水扁報「一箭之仇」,柯氏的綠色尾巴早已展露無遺。

當上市長之後,柯文哲面臨一個難題,郝龍斌在擔任台北市長任內,與上海建立了密切的關係,每年輪流主辦「雙城論壇」,並且簽署了十九項合作備忘錄,有效地促進了雙方的經貿往來;柯文哲接長台北市之後審時度勢,表示有意繼續舉辦「雙城論壇」,但上海市長楊雄非常清楚地回應稱,任何交流合作,都必須以「九二共識」為基礎。

柯文哲一向不肯接受「九二共識」,曾經譏諷「九二共識是沒有共識的共識」,並質疑說「為什麼要拿二十二年前的共識作為今天討論的基礎?」柯文哲不但全盤否定「一國兩制」的思維,就任市長後還公開挪揄稱中國大陸和台灣應該是「兩國一制」,引起公眾一陣嘩然;中共的喉舌報章「環球時報」點名加以批判,不但揚言考慮停辦「雙城論壇」,更威脅將杯葛台北主辦的2017世界大學生運動會。為了「亡羊補牢」,柯文哲不得不在今年三月三十日安排了一場特別

的記者會，接受北京新華社和中央電視台，以及台灣中評社的聯合採訪，製造一個場合來公開表態以試圖挽救殘局。

根據「亞洲週刊」報導，柯文哲接受聯合採訪似乎是「套好了招」，記者們的問題顯然老早便提交給柯氏讓他準備答案，因而回答時，「柯文哲逐字逐句念著事先準備的稿子，唯恐出錯」。當記者問到如何看待「九二共識」時，柯文哲推出他的「一五新觀點」，聲稱「當今世界上並沒有人認為有兩個中國，所以一個中國並不是問題」。這一番言論為柯文哲贏來掌聲，輿論界紛紛予以肯定，「亞洲週刊」認為柯氏「做到了民進黨做不到的，也讓外界見識到這位台灣人氣指數最高的首都市長有別於藍綠政治人物的創新思維」；大陸國台辦發言人范麗青也在記者會上聲稱：「柯市長的上述表態，有利於台北市與包括上海市在內的大陸城市交流合作，我們對此表示讚賞。」

其實，大陸的國台辦以及兩岸的輿論界都被柯文哲忽悠了，柯的台獨觀念根深蒂固，他的「綠骨」根本改變不了；可以說柯是一個極端聰明的人，也可以說他無比狡猾，他聲稱「當今世界上並沒有人認為有兩個中國，所以一個中國並不是問題」，只是講述了一項不容否認的事實，卻沒有講出他自己的立場。「亞洲週刊」讚揚「柯文哲創意否定兩個中國」，卻不知道柯氏一向鼓吹的並非「兩個中國」，而是「一中一台」；大家聽到柯文哲承認世界上只有「一個中國」便馬上予以熱烈掌聲，卻沒有人問問柯市長：「你所說的一個中國包不包括台灣？」換句話說，柯文哲的「一五新觀點」只講出他一半的思維，那就是「世界上只有一個中國」，他沒有講出來的另一半思維是「台灣並不屬於這個中國」；如果聽了柯文哲半句話，就認同他的「一五新觀點」，豈不是跌進他精心設計的語言陷阱？

柯文哲當選台北市長之後，隨即委任宋楚瑜為「總顧問召集人」，二人堪稱「臭味相投」，宋為柯的「一五新觀點」背書不足為

奇,但是新聞記者們沒有細加探索便對柯的言詞加以讚揚,實在有失專業精神;國台辦的「讚賞」,是不是也發表得太草率了?

(原載2015年6月12日菲律賓聯合日報「笑談古今」專欄)

幾度夕陽紅：
笑談古今5

新黨秘書長李勝峰口中的

「歷史罪人」宋楚瑜

幾度夕陽紅：
笑談古今 5

不甘寂寞的宋楚瑜又來了

距離台灣大選只有半年的時間，一些不甘寂寞的政客又紛紛冒出頭來。近日來，政壇老狐狸李登輝頻頻曝光，連那個因貪腐而入獄的「過街老鼠」陳水扁也一再「牢壁傳音」；最令人感到意外的是那個被新聞媒體封為「大內高手」的宋楚瑜也半路殺出，既由親民黨基層替他發動連署簽名以競選總統，自己又公開表示可能參選花蓮地區或不分區的立法委員，到底有何政治動向，令人深感撲朔迷離。親民黨還提名多個候選人參加立委選舉，目標是爭取最少有三席立委當選，以便在立法院組成親民黨黨團。宋楚瑜的舉動，無疑在國民黨的後院放了一把火，攪亂了藍營的佈局。

為了避免「藍橘相爭、綠營得利」，國民黨不得不低聲下氣、委曲求全，向宋楚瑜陣營拋出橄欖枝。較早，宋楚瑜由於誣指金溥聰在2000年選舉中做假民調而被金告上公堂，這一次為了向宋釋出善意，金溥聰特別到法院撤銷控告；馬英九也公開表示，包括親民黨在內的泛藍陣營可以共推立委候選人，即使國民黨已經提了名，如果親民黨推出勝算更高的人選，也可以考慮「換馬」；國民黨秘書長廖了以努力奔走、希望安排「馬宋會」，國民黨榮譽主席吳伯雄也毛遂自薦，願意出面充當國親兩黨溝通的橋梁。然而，宋楚瑜對國民黨委曲示好的低姿態完全無動於衷，甚至傲慢地嗤之以鼻；對於國民黨的熱情表態，親民黨聲稱「無法接受國民黨的遊戲規則」、「協商根本成不了局」、「馬宋相見不如不見」，直截了當地把國民黨拒於千里之外。

台灣聯合報在一篇文章裏分析道，宋楚瑜之所以有伺機而動的

新黨秘書長李勝峰口中的「歷史罪人」宋楚瑜

「魔幻」，其中「包含了他權位失落的苦澀、他對馬陣營疏離的憤怒、他難以忘情的"省長好"時代的甜美、乃至今天周遭親朋勸進的湧動，匯成了酸甜苦辣的錯綜情結」。但如果我們轉頭看看連戰和吳伯雄，他們同樣有「權位失落的苦澀」，同樣是受到「馬陣營的疏離」，不過為了藍營的大團結，他們完全不計較個人的得失榮辱，可惜他們這種「顧全大局」的政治家風度，在宋楚瑜的身上根本絲毫也找不到。

宋楚瑜為什麼非攪局不可？台北「聯合報」一針見血點破：「一切都是那2.4億在作怪」。該報指出：「興票案爆發時，宋說這2.4億是國民黨的，如今卻稱這筆錢是他自己的選舉節餘款。國民黨不能在這方面退讓，非但事關是非公義，其實也在愛護宋的名節；倘若宋能將這筆他原稱是國民黨的錢，與國民黨一起捐作公益，他即可洗刷興票案的污名，亦是人格風範的重生與再造。」然而，在金錢與名節之間，宋楚瑜還是選擇了「孔方兄」，因而唯有扳起臉孔與國民黨鬥爭到底。

2006年，宋楚瑜隆重地宣佈，參選台北市長將是他「人生最後一役」，如今卻聲稱他不會在2012年的選舉中「缺席」，最基本的政治誠信已經蕩然無存。有人見宋楚瑜周而復始地在任何選舉中都要插上一腳，便把他形容為台灣政壇的「不倒翁」，其實宋並非「不倒翁」，而是應了閩南人所說的「死了還不懂得要躺下去」的人，用另外一種通俗的說法來形容便是「斷了氣還想繼續扮僵屍」，而看他的所作所為，不折不扣地正是廣東人所稱的「攪屎棍」。

顯而易見，宋楚瑜還活在他那光芒四射的省長歲月中；他沒有想一想，自從被李登輝捅出「興票案」之後，他有贏過任何一場選戰嗎？2000年參選總統敗選；2004年參選副總統，雖有國民黨的加持，最後還是敗選；2006年競選台北市長，敗選得更為狼狽，只獲得五萬多張選票，得票率僅是台北選民的4.14%。宋楚瑜的政治光環早已消

失,然而他還是忘懷不了省長時代的民眾歡呼聲和掌聲。有一位網友留言:「只有這句老話,才能形容宋楚瑜這個人為什麼會這樣的不乾不脆:酒店早打烊,鐵門也拉下,卻還在哪兒留戀徘徊,賴著不走。」很傷心,但卻不能不面對現實,老宋現在已經成了一個「成事不足、敗事有餘」的「政治包袱」。

在網頁上看到宋楚瑜接受「年代新聞」訪問的鏡頭,他除了對國民黨和馬英九政府肆意攻擊誅伐之外,更情深意重地憶述蔣經國先生的德政,顯然要讓普羅大眾把他視為「蔣經國的嫡傳弟子」。不難理解,宋楚瑜想利用台灣民間對蔣經國的懷念,為自己爭取選票,特別是針對老兵和軍眷家屬;然而,聰明的選民應該問一問,如果宋楚瑜真地那麼尊重和愛戴蔣經國先生,為什麼會邀請「逢蔣必罵」的李敖擔任親民黨的立委候選人?如果還想以「蔣經國的弟子」自居,為什麼敢明目張膽把國民黨的錢放進自己的口袋?宋楚瑜的所作所為,已經與蔣經國那剛正不阿、廉潔自愛的作風越走越遠,卻還想利用已逝先人的威信來拉抬自己的選情,實在是令人不齒。

為了從法院取回那筆託交予「國民黨主席」的二億四千萬元「興票案」款項,宋楚瑜與李登輝再次「水乳交融、親密無間」;宋居然向新聞界聲稱「黑金與李登輝無關」,李亦盛讚宋的「行政能力全台最優秀」,真是「活見鬼」!在李登輝擔任黨主席的年代,國民黨最落人口實的污點便是搞「黑金政治」,如果說黑金與李登輝無關,難道是宋楚瑜這個秘書長搞出來的玩意兒?而李登輝既然認為宋的行政能力全台最優秀,當年為什麼寧可延用軍人出身的郝柏村,甚至讓連戰身兼二職,都不考慮委任宋楚瑜出任行政院長?為什麼還要搞「凍省」來冷藏這一個「全台最優秀的行政人材」?

任何人都看得出來,這一次李、宋二人突然「被鏡重圓」,玄機在於李登輝想再次利用宋楚瑜去分裂藍營;宋楚瑜除了靠李登輝的協助吞掉「興票案」那兩億多元之外,還想利用參選而給予馬英九沉重

的一擊。李、宋二人可以說是「烏龜看綠豆，看對了眼」，但是他們能夠得逞嗎？宋楚瑜這幾年來有許多舉止言行早已傷透了深藍人士的心，2005年與陳水扁的「扁宋會」，去年與李登輝進行「李宋會」，然後在李的協助下吞掉國民黨的二億四千萬元新台幣，較早授意親民黨籍的市議員投票支持民進黨的周柏雅，協助他從國民黨手中奪走台北市議會副議長的寶座⋯⋯這些行動，無一不讓藍營人士痛心疾首；難怪深藍的眷村選民義憤填膺，更激發出同仇敵愾的精神，認為宋楚瑜動作越多，藍營的選票便益加凝聚。

宋楚瑜應該認清，他那省長時代的政治光環老早便已消失得無影無蹤，他應該從自己的春秋大夢中醒過來了！

（原載2011年8月12日菲律賓聯合日報「笑談古今」專欄）

幾度夕陽紅：
笑談古今 5

宋楚瑜自揭虛偽的面具

近日來，台灣最轟動的新聞人物是宋楚瑜；報紙上、電台和電視新聞上舖天蓋地所報導的，報紙專欄以及政論節目所評述的，盡皆集中在宋楚瑜出馬競選總統這一件震撼台灣政壇的大新聞。

九月二日，台灣「聯合報」的頭條新聞標題是「宋表態有條件參選總統」，「中國時報」則以「第三勢力推動、宋楚瑜施明德搭配選總統」為首版大字標題。據新聞報導，宋楚瑜主動要求一向挺他的「年代電視」為他錄影，表示「有話要說」，然後在節目中宣佈，如果他得到一百萬人的連署，便會參加明年的總統大選，並說將於九月十五日宣佈副手搭檔人選。

宋楚瑜參選總統的消息，其實早些時候便已傳出，只是宋一直展露出一副「模稜兩可」的姿態，讓政論家和民眾去憑空猜測。上月中，親民黨提名十人作為立法委員候選人，在推介會上，坐在宋楚瑜右邊的是該黨「首席立法委員候選人」李敖，李堅稱宋必須參選總統以便「母雞帶小雞」，宋本身則不置可否，只是曖昧地說，「選總統不是小事情」；過了這幾天，宋楚瑜又突然主動要求電視台開機讓他表態參選，不甘寂寞的心態可想而知。但是，表示參選時宋又開出一個必須獲得至少一百萬人連署的先決條件，這種拉拉扯扯的矯揉造作，簡直像一個「千呼萬喚始出來，猶抱琵琶半遮面」的青樓女子，可惜宋已經「鉛華不再」，即便濃妝豔抹也遮掩不了龍鍾老態。宋楚瑜應該瞭解，政壇是一個很現實的舞台，到了該退隱幕後的時候還留戀不走而想霸佔住舞台的聚光燈，只會換來觀眾的一片噓聲。

新黨秘書長李勝峰口中的「歷史罪人」宋楚瑜

從宋楚瑜參選總統的整個事件上,可以清楚地看出宋的虛偽,他的政治人格已經完全破產,誠信也已蕩然無存。

首先,宋楚瑜指定要一百萬人連署支持他競選總統,才正式宣佈參選;不難理解,他的用意是要向大眾宣示,乃是台灣民眾「盛意」要他出來繼續領導,他才「勉為其難」地「循眾要求」參與競選。事實上,他早已差譴部下嘍囉,到處拜託懇求選民簽名連署,卻依然擺出一副民眾懇求他「東山再起」的形象,實在是虛偽絕頂!許多政論家都呼籲宋楚瑜,要他以許信良為榜樣,坦誠大方地表明自己的立場,想參選就公開表態,不要扭扭捏捏,想參選又說不選,說選又要談條件,還沒有決定參選卻已定下日子宣佈副手人選,豈非不停地在自揭虛偽的面具?

相信大家都記憶猶新,宋楚瑜於2006年參選台北市長,為了爭取選票,他居然施出「孤注一擲」的「苦肉計」,慎重地向選民宣佈,如果他輸了那一場選戰,便將永遠退出江湖。可惜宋的花言巧語騙取不了聰明的台北市選民手中的選票,結果他只獲得五萬餘張選票,僅佔總投票數的4.14%,可以稱得上是徹底的「慘敗」。如果宋楚瑜稍有羞恥之心,便應該悄然下台;如果他稍有自知之明,也應該明瞭自己的政治光環已不復存在,他已經到了必須「知難而退」的時候了;如果他稍有政治道德以及做人的基本誠信,更應該嚴守他信誓旦旦所許下的「輸了台北市長選戰便永遠退出政壇」之承諾。但事實上宋楚瑜在台北市長選戰中輸得灰頭土臉之後,只是跑到美國去造藏了三、四個月,返回台灣沒多久,在他的厚臉皮上擦抹一下泥灰,便又重出江湖;如今更以台灣的「救世主」自居,想要當上最高領導人的寶座,如此言而無信,宋楚瑜還有什麼「政治誠信」可言?

宋楚瑜告訴新聞媒介,台灣現在已經陷入了「藍綠惡鬥」的「絕境」,他理直氣壯地宣佈要跳出藍綠的框框,為民眾開創一個沒有顏色分別的新境界。然而,豪言壯語言猶在耳,宋楚瑜便向馬英九下了

戰書，要與馬「單打獨鬥」來一場辯論，誰贏了就代表泛藍參加2012年的總統大選。剛說完台灣的藍綠對壘令他痛心疾首，轉頭又想當「泛藍共主」，世界上的虛偽莫大於此，試問宋楚瑜的「政治人格」何在？

要競選總統當然需要一大筆經費，未免又讓人連想起宋楚瑜不久前從法院領回的那一筆二億四千萬元新台幣的「興票案」鉅款。宋厚顏無恥地宣稱這一筆錢是他競選省長時的「剩餘款」，但是普羅大眾並沒有忘記，2000年初「興票案」曝光時，宋楚瑜把二億四千萬元從他兒子宋鎮遠開設於中興票券的戶口裏提出來，存進法院以便交還給「中國國民黨主席李登輝」，他公開宣佈這筆款項是國民黨的錢，以「秘書長專戶」的形式用來照顧「蔣家遺屬」。2004年，宋楚瑜又向法院提出申請，要把「興票案」鉅款的受益人李登輝更改為時任國民黨主席的連戰；可是才過了幾年，與李登輝舉行「樓台密會」之後，宋楚瑜竟然把錢放進自己的口袋，國民黨的錢變成了他的「選舉剩餘款」，「秘書長專戶」變成了「宋鎮遠專戶」，照顧「蔣家遺屬」的錢被用來照顧「宋達將軍遺屬」。普羅大眾並沒有忘記，當年說「興票案」的鉅款是「國民黨秘書長專戶」、目的是要「用來照顧蔣家遺屬」這些話，都是出自宋楚瑜之口，如今出爾反爾，請問他要如何自圓其說？虧他還有臉皮去面對社會大眾！

宋楚瑜一再自揭虛偽的面具，這樣一個完全沒有誠信、沒有政治人格的政客，也想染指台灣最高領導人的地位，真是台灣政壇的恥辱，也是台灣民眾的悲哀和不幸。

（原載2011年9月7日菲律賓聯合日報「笑談古今」專欄）

新黨秘書長李勝峰口中的「歷史罪人」宋楚瑜

宋楚瑜參選李登輝最高興

宋楚瑜選擇高調宣佈參選總統，真正的理由只有他自己知道，但外界卻有種種不同的臆測。

許多政論家試圖從宋楚瑜的言詞中捉摸他參選的目的，例如他向媒介抱怨，說馬英九執政三年多來，從沒有找過他或其他泛藍陣營的大老商談國事，有人因而認為宋是不甘被冷落才跳出來「搞局」。宋楚瑜不像連戰和吳伯雄那樣懂得「韜光養晦」，也不像新黨主席郁慕明那樣為顧全大局而「忍辱負重」，他是一個「不甘寂寞」的傳統政客，心中念念不忘的還是當年做省長的光芒和掌聲，最害怕的便是被人遺忘，因此才會一再在台灣政壇激起千層浪。

政論界也注意到，宋楚瑜在近期的言談中，一再提起2000年的「假民調」，令人猜度宋此次的行動，用意可能是報馬英九的「一箭之仇」。宋楚瑜一直認為他本可以在2000年的總統大選中擊敗陳水扁和連戰而登上總統寶座，但因為馬英九、劉兆玄和金溥聰等人在選前發表所謂「假民調」的數字替連戰拉票，讓他功虧一簣，最後以三十一萬票之微輸給陳水扁。接著在2004年總統大選中，國民黨與親民黨團結整合，連戰和宋楚瑜的正副總統搭配一路領先，直到選前一天，陳水扁施展苦肉計，用「兩顆子彈」換來二萬多票的險勝。連、宋領導的泛藍陣營認為陳水扁是使用欺詐的手段贏得選舉，因而提出「選舉無效」的抗辯，並準備在格蘭大道作長期之示威抗爭，要求中央選舉委員會重新進行投票。但是，時任台北市長的馬英九以維持治安為名，迫藍營停止示威活動，並在總統府前面的廣場進行清場，讓陳水

扁順利就職連任。當年就有人認為馬英九不希望連、宋當選，因為如果連戰和宋楚瑜各當八年總統，馬便要等十六年後才有機會問鼎總統寶座，但如果陳水扁連任總統，四年後馬英九便可以直接參加總統大位的選舉了。宋楚瑜認為他這一生兩次與總統和副總統的大位「擦身而過」，都與馬英九有直接關係，難怪他把這一筆「窩心賬」都記在馬的頭上。

去年宋楚瑜前往上海擔任世界博覽會貴賓期間，馬英九的愛將、時任國民黨秘書長的金溥聰高調表態，稱國民黨一定會追究「興票案」的二億四千萬元款項，不能夠以「和稀泥」的態度來處理事件。消息一傳開，令作為中國領導人座上賓的宋楚瑜感到尷尬不堪，老羞成怒下自然又把這一筆賬記在馬英九的頭上。新仇舊恨，宋、馬之間樑子結得很深，如果說宋楚瑜伺機報復，故意在這一次選舉中拉馬英九的後腿，不無可能。

其實，在台灣參加選舉乃是一門頗賺錢的生意。陳水扁貪腐掠取鉅款，最後把曝光的「海角七億」稱為「選舉剩餘款」；無獨有偶，「興票案」中寄存法院的二億四千萬元，也被宋楚瑜說成是「選舉剩餘款」而放進他自己的口袋，可見參加選舉比王永慶開工廠賺錢還要快。政客參加總統選舉，除了向企業家廣收「競選贊助費」之外，獲得指定票數之後，候選人可以得到中央選舉委員會每票三十元新台幣的補助費；如果政黨提名的立法委員總得票率超過百分之五，中選會每年還會發給該政黨每票五十元的補助費。宋楚瑜是一個精打細算的人，參選總統乃是一條發財路，如果真地發揮了「母雞帶小雞」的效應，為親民黨的立委候選人爭取到百分之五的選票，他的政黨每年便有另一筆豐厚的收入了。

當然，如果單以「發財」來衡量宋楚瑜參選的動機，未免太小看他這一隻政壇的「老鳥」。在下一屆的立法院裏，若是國民黨籍和民進黨籍的立委人數都不過半，親民黨的少數立委便「舉足輕重」了；

靠過來，國民黨是多數黨，靠過去，多數的卻是民進黨，到時候還不輪到老宋「待價而沽」，甚至「呼風喚雨」？

　　台灣政壇是一個令人眼花繚亂的萬花筒，由於變化萬千，難免經常有「陰謀論」的出現。有人說宋楚瑜參選總統，完全是出於李登輝的慫恿擺佈，甚至稱李想牽線讓宋楚瑜和施明德聯手，以「第三勢力」的嶄新姿態出現在台灣選民的眼前；這一項猜測並非空穴來風，較早李登輝曾經分別與施明德和宋楚瑜晤面長談，以「憂國憂民」的心態暢論治台之方，引起社會大眾的關注。李登輝是一隻「政壇老狐狸」，陰險的招數往往令人防不勝防；民進黨的總統候選人蔡英文是他的老部下，又是他那一套「兩國論」的抓刀人，二人自然是「一個鼻孔出氣」，單看李登輝紆尊降貴，親自出馬游說中央銀行行長彭淮南出任蔡英文的副總統搭檔，又到處以「棄馬保台」的口號來打擊馬英九，就可以看出他賣力替蔡英文競選的一番苦心。李登輝近期頻頻公開發表意見，既讚宋楚瑜是「全台灣行政能力最高的人」，又指稱宋楚瑜不應該競選立法委員，因為對他來說那是太小的職位，認為「他應該做大一點的」，這些話聽在宋的耳裏，他豈能不「心猿意馬」？唆使宋楚瑜競選總統將會再一次令藍營分裂，無疑是保送蔡英文進總統府的捷徑；為了達到這個目的，說不定李登輝還答允會資助老宋大筆的競選費用。

　　宋楚瑜是一個不折不扣的老政客，明知道贏不了選舉，卻依然堅持參選到底，心中自然有他自己的盤算。有人猜測，宋楚瑜現在先搞風搞雨，或許等到一個適當的時候，他會宣佈為了藍營的整體利益而退出競選，既做英雄，又可以透過中間人私下談條件，即使沒有一官半職，國民黨總不能不交換一個「人情」，至少不要再追究「興票案」那筆款項了。

　　　　　（原載2011年9月9日菲律賓聯合日報「笑談古今」專欄）

幾度夕陽紅：
笑談古今5

宋楚瑜不配稱蔣經國弟子

宋楚瑜把自己視為台灣的「救世主」，口口聲聲說他關心台灣的前途和民眾的福祉；他聲稱如果由馬英九繼續執政會令人「揪心」，如果換上蔡英文又讓人「不放心」，因此才決定「挺身而出」。這種動聽的言辭騙得了一小部份選民，卻騙不了政論家和稍有政治意識的民眾。

宋楚瑜是不是真地像李登輝所說的「行政能力全台最強」？當然不是，別的不說，就看近日台灣遭受「南瑪都」颱風吹襲，宋特別致電他的老部下花蓮縣長傅崑萁，提出「宋三點」來指示救災：一、加強各地防颱準備；二、有效預置及運用各地救災資源；三、防止強風豪雨造成人命損傷。天啊，宋楚瑜的行政能力原來這麼強！怪不得有網民留言問，如此「老生常談」的「救災重點」，好像全世界就只有他懂，到底是宋省長幼稚，或是他把傅崑萁縣長當成白痴？

宋楚瑜應該照照鏡子，歲月無情，他已經不再是當年那個風度翩翩的「宋省長」了，只要聽他近期所說的什麼「黑金政治與李登輝無關」、「凍省不是李登輝的主意」，或甚至早幾年跑到總統府去「扁宋會」，企圖與扁政府合作並希望獲得陳水扁委以重任，便可以看出宋的頭腦退化得比雷根總統還要快。臉皮奇厚的宋楚瑜竟然認為台灣要靠他來打救才有希望，這位過氣的老省長應該醒醒了。

宋楚瑜還說，他出來競選總統是要搞「第二次寧靜革命」；他所指的「第一次寧靜革命」乃是當年他臨門一腳、協助李登輝奪取國民黨主席寶座，美其名說是把台灣的政局從「威權」進化到「民主」的

體制。針對這一點,新黨說得好,所謂「第一次寧靜革命」滋生出台灣的「黑金政治」,更點燃了「台獨」的熊熊大火;如今宋楚瑜要搞「第二次寧靜革命」,是不是想再度配合李登輝,讓「黑金政治」在台灣復辟,並在「台獨」的火焰上添柴澆油?

台灣民間對故總統蔣經國先生感恩戴德、念念不忘,所有深藍人士,特別是退伍老兵和軍眷,懷念蔣經國的熱忱並沒有隨時光的消逝而沖淡,甚至綠營人士對蔣經國也同樣只有稱讚、沒有惡言。宋楚瑜深知民眾這一種情懷,於是在任何場合都以蔣經國的「嫡系弟子」自居,講得好像只有他才能延續蔣經國的德政以及清廉的作風。其實這是一種極端虛偽和卑鄙的「障眼法」。

不錯,宋楚瑜曾經是蔣經國先生的貼身秘書,相信也接受過蔣經國那種高尚人格的薰陶,但是,當宋楚瑜跳進李登輝的大染缸,早已把蔣經國的教訓忘得一乾二淨。蔣經國會容許他的「嫡系弟子」把國民黨的黨款佔為己有嗎?蔣經國會容許他的弟子充當「大內高手」來操弄權力而弄得國民黨四分五裂嗎?蔣經國會容許他的弟子與提倡「兩國論」的李登輝以及推動「一邊一國」的陳水扁商談合作嗎?如果宋楚瑜要以蔣經國的嫡傳弟子自居,他為何邀請李敖擔任親民黨的首席立法委員候選人?難道他忘掉李敖是「逢蔣必罵」,而且往往挑最惡毒的字眼來罵兩位蔣故總統?明眼人都看得出,宋楚瑜表面上尊崇蔣經國,甚至用哽咽的聲音來回憶蔣經國,但其實他是「口中尊蔣、心中無蔣」,不過是想利用蔣經國在台灣民眾心目中的完美形象來包裝自己,藉此騙取選票而已。這種歪曲是非、盜用已逝先人的名望來「自我膨脹」的做法,非但虛偽,更屬無恥,是對先賢最大的不敬。

宋楚瑜最近在一個公開場合上語無倫次地告訴聽眾:「不管是白貓黑貓,總之不要波斯貓」;當然,任何人都聽得出他是用「波斯貓」來揶揄馬英九「中看不中用」。此語一出,全台嘩然,雖然宋隔

天便作出道歉，但是他那種口不擇言的輕佻作風，讓民眾對於他的頭腦是否隨著年齡而老化又增加了一分疑問。宋楚瑜似乎特別喜歡貓，今年初台灣進行「五都選舉」，他幫前民進黨高雄縣長楊秋興拉票時也是大談「白貓黑貓」，其實宋應該反省一下，自己擔任國民黨秘書長時，把兩億多的黨款存進他兒子的戶口，如此「監守自盜」，豈不是成了在廚房裏偷吃魚腥的「饞嘴貓」？

宋楚瑜表態參選之後，最讓社會公眾感到興趣的，便是猜測誰會成為他的副手競選夥伴。在宣佈「有條件參選」的時候，宋假惺惺地說他的副手首選依然是2000年的搭檔張昭雄醫生，但隨即又說張老給他「空間」另覓對象。回想當年，時任長庚醫院院長的張昭雄乃是「台灣首富」王永慶三十多年的老部下，宋楚瑜明知首富定必在經濟上全力支持忠心耿耿的老跟班，因而毫不猶豫以張為競選拍檔；如今首富已駕鶴西歸，張醫生的「剩餘價值」今非昔比，「金錢掛帥」的宋楚瑜當然會另找「空間」了。

報載李登輝力推宋楚瑜與施明德搭配競選，相信可能性微乎其微；不談別的，宋、施二人都是「心高氣傲」的人，到底應該是「宋施配」或是「施宋配」，便是一個解決不了的問題。其實明瞭李登輝個性的人都會知道，李不會誠心誠意推動施明德與宋楚瑜聯手參選，因為宋施搭配不單止衝擊藍營，部分淺綠的選票也可能流向施明德，那是李登輝所不願見到的。李登輝最希望看到的是宋楚瑜邀得王金平或者是連戰的兒子連勝文這樣的藍營人士作為副手搭檔，如此一來，藍營便徹底瓦解了。如果深藍人士不上當，李登輝還可以向宋楚瑜推薦他的愛徒、王永慶的兒子王文洋；富爸爸死了還有富兒子，宋應該「見獵心喜」吧？王文洋早就醉心政治、躍躍欲試，甚至花費鉅款購買新聞媒體為進軍政壇而鋪路，叫他花十億八億陪宋楚瑜癲一番，應該沒有問題。

宋楚瑜想當官想得快發瘋了，錯在他沒有趕在蔡英文宣佈副手人

選之前,找李登輝當媒人,替他安排一個「蔡宋配」。不過,相信李登輝不會老糊塗到這種地步,他用「台灣行政能力最強」的讚詞來麻醉老宋,企圖利用宋來製造藍營的分裂,但轉頭一定會安慰蔡英文,指出宋楚瑜乃是過氣的「政治垃圾」,不足為憂,唯一的剩餘價值便是利用他去促成藍營的分裂、拉低馬英九的選票了。

(原載2011年9月12日菲律賓聯合日報「笑談古今」專欄)

幾度夕陽紅：
笑談古今5

從宋楚瑜想到湖南人內鬥

以前聽到一位老人家說，福建省的簡稱「閩」字「門內有一條蟲」，道破了福建人自相排擠的劣根性；他指出，位居高官要職的福建人從來不會想到要提拔自己的老鄉，反而福建人在同鄉之間扯後腿、搞內鬥，卻都是拿手好戲。老人家的話，姑妄聽之，但是看看歷史並注意一下時事，卻發現湖南人更是搞內鬥的高手。

上世紀五十年代末，毛澤東推行「總路線、大躍進、人民公社」的所謂「三面紅旗」經濟政策，結果是神州大地陷入一片淒風苦雨、愁雲慘霧的狀態，據統計，全國餓死的老百姓不下三千萬人。1959年，在中共中央召開的「廬山會議」中，毛澤東收到他的湖南同鄉彭德懷所寫的一封長信，細述他下鄉調研所看到的慘狀，直諫指稱「三面紅旗」是錯誤的政策。這一下子激怒了老爺子，那管你老彭是「開國元勳」、是僅次於朱德的第二號大元帥，又那管自己曾經為誇讚這個老同鄉而題過詩詞「誰敢橫刀躍馬？唯我彭大將軍！」，總之你反對我的政策，你便是「反黨反革命」，你的立場便是「右傾機會主義」，最後這位追隨自己打江山的老戰友被打進了十八層地獄。即使與彭德懷同受整肅的人後來都得到平反，老彭卻始終翻不了身，一直到了文革期間還要繼續受批鬥，最後含冤而死。這一場「湖南人的內鬥」，終於令彭德懷賠上了他那條在抗日戰爭、國共內戰，以及抗美援朝戰場上打不死的老命。

還有一場「湖南人內鬥」，不但精彩絕倫，也最驚天動地，不單止令十億中國人民生靈塗炭，甚至影響到全世界和全人類的生態，那

便是毛澤東為了把他的湖南同鄉劉少奇「鬥臭鬥垮」而發動的「無產階級文化大革命」。

在「三面紅旗」徹底失敗後，中國的經濟百孔千瘡，社會動盪不安，毛澤東不得不表態讓位，辭去「國家主席」的職位。同鄉兼戰友劉少奇非但沒有堅持挽留老毛，更「當仁不讓」地接任「國家主席」一職，而且做得有聲有色，不但挽救了瀕臨崩潰的經濟，也恢復了社會的秩序以及國民的信心。任職國家主席期間，劉少奇還帶著第一夫人王光美風風光光地到印尼、緬甸、柬埔寨、越南、朝鮮、巴基斯坦、阿富汗等國家進行國賓訪問，風頭遠勝老鄉毛澤東和他的妻子江青，豈料因此招來殺身之禍。

1966年，毛澤東發動了「無產階級文化大革命」，矛頭直指「黨內頭號走資本主義道路的當權派」劉少奇。劉除了是頭號走資派以外，還被冠上了「埋藏在黨內的叛徒、內奸、工賊」、「罪行累累的帝國主義、資本主義和國民黨反動派的走狗」等各種銜頭和罪狀；劉少奇既然如此「惡貫滿盈」，焉有苟且偷生的機會？飽受折磨的劉少奇不但妻離子散，更被打得遍體鱗傷，牙齒也只剩下七枚；垂危之際被強送到河南開封，死時赤身裸體，身邊一個親人也沒有，遺體於深夜被送到火化場，運載的吉普車太小，劉的雙腳伸露在車廂外，骨灰罐上寫的是「劉衛黃」這個假名。一個受全國人民擁護和愛戴的「國家主席」，可以在一夜之間變為萬民唾罵的「叛徒、內奸、工賊」，原因很簡單，這是兩個湖南人的內鬥。一直到毛澤東死後的1980年，劉少奇才得到平反，才再次成為「偉大的馬克思主義者、偉大的無產階級革命家、政治家、理論家，開國元勳、黨和國家的主要領導人」。

在台北，現在也上演著一齣「湖南人內鬥」的鬧劇，這兩個湖南佬，一個叫馬英九，另一個叫宋楚瑜。馬英九本以為可以統領台灣的藍營競選連任總統，迎戰綠營的蔡英文，豈料「半路殺出程咬金」，

宋楚瑜突然宣佈參選攪局，令藍營呈現分裂的態勢，也令台灣明年元月份的總統大選滋生出不明朗的變數。

　　宋楚瑜挑戰馬英九，最高興的人當然是李登輝。李登輝是一個陰險奸狡的「政壇導演」，他在1994年首次製造國民黨分裂，不理會當時聲望如日中天的趙少康的感受，推出自己的心腹黃大洲競逐台北市長，逼趙少康與甚多國民黨精英脫黨另組「新黨」，結果瓜分了藍營的選票，因而保送陳水扁當選台北市長。2000年，李登輝再度製造國民黨分裂，一手操弄連戰與宋楚瑜分別競逐總統大位的內鬨局面，最後宋脫黨另組「親民黨」，再次瓜分了藍營的選票，保送陳水扁進入總統府。如今，當民進黨的政治前途被陳水扁玩弄得奄奄一息、民進黨的光芒因陳水扁的貪婪而黯然無光時，李登輝這隻老狐狸又想重施故技，依樣畫葫蘆地慫恿宋楚瑜出面瓜分馬英九的藍營選票，企圖把蔡英文也保送進總統府。宋楚瑜並非傻瓜笨蛋，豈會不明白李登輝的居心？但一來對「湖南老鄉」馬英九早已含恨在心，加上李登輝幫助他從法院領取屬於「國民黨主席」的二億四千萬元新台幣，放進自己的口袋，宋楚瑜懂得「投桃報李」，當然要聽從李登輝的安排了。

　　近日台灣名嘴陳文茜爆料，宋楚瑜首先找上她，要她擔任副總統競選搭檔，但陳文茜說2004年從立法委員職位上退下來時，她已經宣佈退出政壇，因而婉拒了宋的邀請。陳文茜這一段話，難免讓人聯想起宋楚瑜於2006年競選台北市長時，也同樣宣佈如果敗選便「從此退出政壇」，可是慘遭「滑鐵盧」之後卻食言而捨不得離開政壇。陳文茜說一不二，堪稱是「女中大丈夫」；宋楚瑜卻是出爾反爾，真是連女人都不如。

　　陳文茜還爆料，宋楚瑜第二個目標便是找威盛集團董事長王雪紅出任他的競選搭配，同樣遭到婉拒。王雪紅是「台灣首富」王永慶的女兒、號稱「台灣第一富婆」，宋楚瑜找上這樣一位富可敵國的商人來當選伴，可見他早已把參選總統看成一門賺錢的生意。

新黨秘書長李勝峰口中的「歷史罪人」宋楚瑜

　　在到處碰壁之後，宋楚瑜最後宣佈由政壇上名不見經傳的台大教授林瑞雄出任他的副總統競選搭檔；他振振有詞地說，台灣的政治骯髒不堪，因而他挑選專長「公共衛生」的林作為選伴。其實，林瑞雄的第一項「公共衛生」工作，應該是清理宋楚瑜身上的污泥，安排那一筆「興票案」的鉅款物歸原主。

　　台灣是一個民主社會，宋楚瑜可以隨意發動一場「湖南人內鬥」，只希望台灣不會因此而再一次進入另一個兩岸對峙的「綠色黑暗年代」。

　　（原載2011年9月28日菲律賓聯合日報「笑談古今」專欄）

幾度夕陽紅：
笑談古今5

宋楚瑜貫徹始終做歷史罪人

說宋楚瑜是「歷史罪人」，而且是一個「貫徹始終」的「歷史罪人」，絕非誇大其詞，而是活生生的事實。支持宋楚瑜的人認為他是一個非常能幹的人，但是不齒宋楚瑜所作所為的人卻說他是一個卑鄙小人；最可怕的現象是如果有一個既能幹又卑鄙的人，卻又甘心做「歷史罪人」，他對歷史和民族所造成的破壞力，一定比尋常人來得嚴重，後果也特別可怕。

蔣經國先生於1988年初逝世，總統一職當然由時任副總統的李登輝繼任，但是當時有一項更重要的關鍵課題，便是由誰來領導國民黨這個實際的權力機構。國民黨的高層原本希望先由中央常務委員會集體領導一段時間，蔣夫人宋美齡也提出書面意見，認為蔣經國甫去世，不適宜急於立刻指派黨的接班人；然而，一個並非中常委、在中常會也沒有發言權的「列席者」突然發飆，「慷慨陳詞」之後更「拂袖而去」，逼使國民黨中常會臨時改變初衷，將李登輝加冕為國民黨主席。取得國民黨主席大位之後，李登輝擁有國民黨龐大的組織和資源，因此得以為所欲為，執政十二年期間，不但將蔣經國為台灣締造的繁榮和安定破壞得面目全非，更以「黑金政治」取代了蔣經國苦心創下的清廉政風。李登輝又將國民黨的黨產毀壞殆盡，還一而再製造黨內的分裂，暗中培植主張台獨的民進黨，終令國民黨喪失執政權而淪為在野黨。李登輝完全拋棄蔣經國「以三民主義統一中國」的理念，鼓吹「兩國論」，製造海峽兩岸的緊張氣氛，數典忘祖地企圖促成中華民族和國家領土的長久分裂。那個在國民黨中常會激昂咆哮，

新黨秘書長李勝峰口中的「歷史罪人」宋楚瑜

「臨門一腳」幫李登輝奪得國民黨控制權而為台灣和中華民族帶來災難的「歷史罪人」，便是時任國民黨副秘書長的宋楚瑜。

台灣於2000年舉行總統大選，國民黨順理成章以時任副總統的連戰作為總統候選人，民進黨則推出陳水扁作為連戰的競爭對手。照說，藍營的支持者比綠營多，民進黨是沒有可能從國民黨手上奪走江山的，但是在政壇老狐狸李登輝的精心策劃下，一員藍營的大將「揭竿為旗」，以獨立候選人的身分參與競選，攤分了藍營的選票而把陳水扁送進總統府。陳水扁沐猴而冠之後，貪贓枉法、胡作非為，把「亞洲四小龍」之首的台灣，搞得經濟蕭條、滿目瘡痍；同時在島內散播種族仇恨，造成社會動盪，更以「一邊一國論」在台灣海峽興風作浪，為謀求政治本錢而不惜撕裂國家民族。那個中了李登輝奸計而幫他「顛覆」國民黨並分裂泛藍陣營，進而保送陳水扁進入總統府來禍害台灣和中華民族的「歷史罪人」，又是這個意氣用事的卸任台灣省長宋楚瑜。

十二年後的2012年，台灣再一次舉行總統大選，國民黨由現任總統馬英九競選連任，而失去江山卻又磨力霍霍的民進黨則推出其黨主席蔡英文為候選人。根據民意調查，馬英九的得票率一路領先蔡英文，只不過差距時大時小，頗不穩定；豈料「半路殺出程咬金」，另一個高舉藍營旗幟、拿蔣經國的名字當招牌的人也跳出來宣佈參與總統競選，勢將再次製造藍營的分裂，令馬英九的選情告急；這個不惜做「歷史罪人」的，便是親民黨主席宋楚瑜。

新黨秘書長李勝峰說得好，宋楚瑜無端攪局，一旦讓蔡英文「漁翁得利」而僥倖當選，宋楚瑜將成為台灣和中華民族的「罪人」，如果馬英九順利當選連任，宋將成為台灣政壇的「廢人」。宋楚瑜似乎活學活用了孫中山先生那一句「一心一德，貫徹始終」的遺訓，可惜他是「一心一德」想破壞藍營的團結，「貫徹始終」做歷史的罪人。

宋楚瑜的臉皮夠厚，說的話都不算話。在2006年的台北市長選舉

中,國民黨以團結藍營為大前提,勸退了參與競選的原副市長葉金川和立委丁守中,提名原屬新黨但在民調中領先的郝龍斌為候選人;民進黨則拼足全力,以該黨的「天王」級大將、擔任過行政院長的謝長廷為候選人,想一舉壓垮藍營提名的小將。當時,宋楚瑜再次發揮了他樂做「歷史罪人」的本色,不惜摧毀藍營的團結而參與市長競選。為了爭取「同情票」,宋楚瑜向新聞界以及台北市民隆重宣佈,這一次的選舉是他「政治生涯的最後一戰」,說競選台北市長是他的「封刀之作」,當選了只做一任,而一旦落選,就永遠退出江湖。結果是在那一次的選舉中,宋楚瑜僅僅得到五萬多張選票,相比當選的郝龍斌得到了近七十萬票,實應感到無地自容;然而,宋楚瑜食言失信,不但沒有信守諾言「封刀」退出政壇,如今居然想挑戰台灣最高領導人的職位,厚顏無恥莫過於此。

　　宋楚瑜於今年九月一日宣佈參選總統時,提出一個先決條件:必須獲得一百萬人連署支持,才會正式參選。雖然宋營費盡九牛二虎之力,目前亦僅得到三十多萬份連署證書,那個一百萬人連署支持的條件根本達不到,但是宋卻堅持參選到底,再一次做一個食言失信的小人。只經過短短兩個月的時間,言猶在耳,宋怎麼又忘了自己的承諾?宋楚瑜的變卦,並非他患上健忘症或者老人癡呆症,只是他再度將「言而無信」的政客本色發揮得淋漓盡致而已。

　　其實,宋楚瑜「講話不算話」的記錄多得很,2000年發生「興票案」時,宋把他兒子戶口裏的二億四千多萬元新台幣交給法院,聲明該筆錢乃是國民黨的款項,2004年他還向法院申請將該款的受益人由國民黨原主席李登輝改為新任主席連戰,依然說錢是國民黨的錢;但是2010年從法院把錢提領出來放進自己的口袋時,宋楚瑜突然改口,說這一筆錢是他的「選舉剩餘款」。如此明目張膽把黨款據為己有的貪婪之輩,又怎會在乎做「歷史罪人」?

　　　　　(原載2011年11月7日菲律賓聯合日報「笑談古今」專欄)

宋楚瑜一心要拆馬英九台

較早的民調顯示，馬英九的得票率一直領先蔡英文，相差大約在5%左右，但由於宋楚瑜的參選，選情發生變化，馬英九與蔡英文的得票差距拉近了；根據台灣智庫的最新民調，馬英九目前的得票率只有39.5%，蔡英文38.6%，二人相差不到1%，馬隨時都會有「陰溝裏翻船」的危險；而宋楚瑜的得票率是12.8%，被遠遠地拋在馬與蔡的後面。

政壇風雲瞬息萬變，台灣2012年的總統大選充斥著許許多多的「未知數」，但是宋楚瑜的執意參選卻有兩個「已知數」：第一，他一定輸，而且會輸得很難看；第二，他的參選，一定會嚴重地影響到馬英九的得票率，讓原本是必輸無疑的民進黨候選人蔡英文得到了一線的勝算機會。

宋楚瑜是一個聰明人，他怎會不知道有一大部分替他聯署提名的人乃是等著看藍營「鷸蚌相爭」的深綠人士？他怎麼會不知道自己當選總統的機會是零？然而他堅持競選到底，理由何在？政論家們對這一方面有不同的解讀，真正的動機可能只有宋楚瑜自己心裏才明白。從各方面的分析來看，宋楚瑜明知不可為而為，真正的目的不外有兩個：一，把馬英九拉下馬；二，為親民黨的立法委員候選人造勢，力爭獲取足夠的席位，成為立法院舉足輕重的少數黨。

先談談宋楚瑜一心想讓馬英九倒台的背後因由。有人批評馬英九「剛愎自用」，不懂得尊重藍營的大老們，並指出自從他就任總統以來，一直冷落宋楚瑜，所以宋才會費盡心機來拆他的台。其實這也是

宋楚瑜替自己「圓場」的理由之一，他說馬英九完全不放藍營的大老們在眼內，並且舉出連戰、吳伯雄以及新黨主席郁慕明作為例子，來數落馬的「驕橫傲慢」。平心而論，馬英九刻意與藍營的大老們保持距離，反而對藍營的公敵李登輝必恭必敬，也經常做出一些討好綠營的動作，確實令「親者痛、仇者快」，但這就足以構成宋楚瑜「籠裏雞作反」的理由嗎？在關鍵時刻，連戰和吳伯雄都站到馬陣營的選戰前線，新黨也在默默中互相配合，為確保藍營的勝利而共同努力；宋楚瑜曾於2004年為了藍營的團結以及選舉的勝利而不惜向民眾下跪，如果說現在僅是為了自己被冷落便決心撕裂藍營，道理講得通嗎？

　　又有人說，宋楚瑜故意扯馬英九的後腿，是要報馬英九的「一箭之仇」，因為宋認為2000年的總統大選中，若不是馬英九的「假民調」，他的票數會多過陳水扁而贏得大選；而2004年陳水扁以「兩顆子彈」的荒誕鬧劇贏得連任，連戰和宋楚瑜發動的「選舉無效」示威抗議得到越來越多的支持聲音，但時任台北市長的馬英九卻命令終止示威活動，並飭令警方清場。宋楚瑜認為他這一生與總統和副總統的職位「擦身而過」，都是馬英九這個「剋星」所害，因而心中遂生「此仇不報非君子」的念頭。這種想法未免有點牽強，李勝峰說的「宋參選的結果，會令他變成民族罪人或政壇廢人」那一套理論，以宋楚瑜在政壇打滾數十年的經驗，豈會不心知肚明？為了報私仇而參選，實在是師出無名，何況勝選無望，他這種一意孤行、參選到底的做法等於是自絕於人，宋應該不會愚蠢到這種地步。

　　還有人說，宋楚瑜堅持參選，是因為國民黨聲稱要追究「興票案」的二億四千八百萬元新台幣；這一種說法也是講不通，難道宋一攪局，國民黨就會原諒他吞佔黨款的罪愆？如果那兩億多的款項對宋那麼重要，他應該拿著錢悄悄地從政壇上消失，他心裏比任何人都清楚，如此高調與整個藍營為敵，國民黨還會放他一馬嗎？

　　當然，宋楚瑜說得很好聽，他說自己參選的原因是由於「馬英九

無能,對蔡英文又不放心」,這根本是政客自欺欺人的說詞。先不要辯論馬英九是否「無能」,宋楚瑜應該想一想,民進黨的陳水扁執政八年,掀起了島上的種族敵視,撕裂了社會的和諧與安寧,把台灣的經濟搞得百孔千瘡,令老百姓民不聊生,其間更頻頻製造海峽兩岸的緊張關係,難道民進黨的執政才是宋心目中的理想政局?宋楚瑜有自知之明,他根本沒有當選的勝算,而他的參選只會增加民進黨再度執政的機會,難道他認為蔡英文比馬英九更有能力執政?難道他對民進黨陳水扁執政的八年比對馬英九這三年多來的政績更加滿意?

「維基解密」(WikiLeaks)網站近日透露,美國前駐台代表楊甦棣(Stephen M. Young)在一封2006年發給國務院的電報上,報告他與宋楚瑜晤談的情況,直截了當地把宋評論為一個「奸詐而且沒有原則的人」,並且將宋形容為「一條想左右藍營的狗尾巴」,真是「入木三分」。究其實,宋楚瑜此次執意參選總統,並非真地像他所說那樣具有崇高的理想和偉大的目的,既非為了台灣老百姓的福祉,更不是什麼以民族的前途著想,最合理又合邏輯的推論,宋楚瑜的參選旨在破壞馬英九的連任機會,而他之一心一意要拉馬英九下台,極大可能是與李登輝有不可告人的密約,李協助宋從法院取出「興票案」的鉅款據為己有,而宋則堅持參選以助李登輝達到分裂藍營並保送蔡英文進總統府的目的。宋楚瑜為了滿足自己錢與權的慾望,埋沒良心出賣藍營的江東父老,更不惜把台灣寶島推向玉石俱焚的邊緣,真是其心可誅!

(原載2011年11月9日菲律賓聯合日報「笑談古今」專欄)

宋楚瑜把靈魂賣給李登輝

李登輝癡心妄想,企圖切斷台灣寶島與神州大陸的臍帶,造成中華民族以及國家領土的分裂,為了達到此一目的,他施展的奸狡詭詐手段可稱無所不用其極。李登輝三番兩次製造國民黨的分裂,成功地幫助民進黨於2000年篡奪了台灣的執政權;李原寄望民進黨偷天換日,把他的「台獨」理念付諸實現,然而民進黨的領導階層都是一些不長進的傢伙,搞選舉、搞宣傳是高手,治國理民卻像「老鼠拉龜」,而陳水扁這一班沐猴而冠、掌控台灣命脈的高官又都是貪贓枉法、禍國殃民的政客,讓台灣民眾受盡生活的煎熬,李登輝的「台灣國」美夢自然也就破滅了。

國民黨於2008年重奪執政權之後,馬英九政府促成了海峽兩岸的和平共處,兩岸的經濟、文化、宗教、慈善以及各種社會活動,都有緊密和融洽的交流合作;大三通的實施、ECFA的簽署、學生的交換和學位的互認、大陸遊客訪台的自由行、高官互訪以及官方和民間各形各色的交往,大大縮短了兩岸的距離。眼看著海峽兩岸關係風和日麗,李登輝如坐針氈,無時無刻不在盤算著整垮國民黨的執政班底,以便把政權再一次移交給他那些搞「台獨」的徒子徒孫。早些時候,李登輝企圖挑撥以立法院長王金平為首的國民黨「本土派」與「外省籍」的馬英九分庭抗禮,好在王金平有別於李手下像黃昆輝、黃主文那幾個聽話的嘍囉,他明斷是非而沒有掉進李登輝的陷阱,因此李的如意算盤也就打不響了。但是李登輝不愧是政壇的老狐狸,一計落空、一計又生,他終於想到了十多年前被他利用來分裂國民黨、並助

民進黨奪得江山的那一顆「棋子」——宋楚瑜。

2009年四月間,馬英九邀請李登輝到總統府參加故總統蔣經國先生誕生一百週年的「中樞紀念大會」,李事先即關心宋楚瑜是否會出席參加,並在會前與宋進行了交惡十年來的首次晤談,之後宋楚瑜又專程前往陽明山翠山莊拜訪李登輝,二人一談便談了兩個多小時;在電視鏡頭上看到,密談後的李登輝親送宋楚瑜到門口坐車,這兩個十年來「恨之入骨」的仇人,突然間又笑容可掬地「情同父子」了。接著,李登輝和宋楚瑜合演了一齣鬧劇,由宋到法院去狀告老李,李則不作任何答辯,讓宋順利贏了官司並從法庭領走「興票案」中的二億四千八百萬元新台幣。演過這齣戲之後,魔鬼突然變成了天使,宋楚瑜向新聞界宣稱,令他失去政治舞台的「凍省」行動並非李登輝的主意,令他身敗名裂的「興票案」也不是李的計謀,而李登輝則公開稱讚宋楚瑜為「全台灣行政能力最強的人」。令人眩目的是十年前,李、宋二人異口同聲指稱二億四千八百萬元是國民黨的錢,李登輝說該筆款項是宋楚瑜從國民黨黨款裏偷走的,宋則堅稱錢是李交託他保管的「秘書長專戶」存款,是用來接濟蔣家遺屬的專款;但是經過翠山莊密會之後,二人突然改口並且異口同聲指稱那一筆鉅款是宋楚瑜的錢。國際間經常有「洗錢」的犯罪勾當,過程頗為複雜,但是李登輝和宋楚瑜二人只用自己的口水,便成功地把兩億多台幣「洗錢」漂白,堪稱天下奇聞。

李登輝和宋楚瑜在陽明山的密談中,有沒有商量到台灣的選舉事宜,只有他們兩個人自己知道。大家有目共睹的,是當外間盛傳宋楚瑜要競選立法委員時,李登輝下了一招「指導棋」,說宋「應該選更大的」;而宋楚瑜也似乎言聽計從,隨即宣佈競選總統,即使明知不可能贏也要選到底,與李登輝那個「棄馬保台、誓拆國民黨台」的計劃配合得天衣無縫,怎不令人遐想萬千?

李登輝一面鼓勵宋楚瑜競選總統,一面卯足全力支持民進黨的蔡

英文,「司馬昭之心,路人皆知」,宋楚瑜豈會懵懂無知?宋之所以「勇往直前」,臨懸崖而不勒馬,道理很簡單,所謂「投桃報李」,為了「二億五」,豈會在乎做一回「二百五」?

宋楚瑜堅持參選總統,乃是蓄意要倒馬英九的台;除此之外,可能還有另一個野心,那就是李敖所說的「母雞帶小雞」的心態,想替親民黨提名的立委候選人爭取選票,多幾個人當選而得以在立法院組成親民黨的黨團。宋楚瑜奢望在下一屆的立法院裏面,國民黨籍和民進黨籍的立委都不過半,親民黨籍的立委便可以順理成章地成為「關鍵性」的少數,靠到反對黨那一邊便可以隨時倒閣或杯葛預算,令政府癱瘓無助;到時候執政黨如果要讓政府順利運作,不能不俯首與他作「權力交易」。說不定宋還透過李登輝與綠營暗訂盟約,全力搞垮馬英九、協助蔡英文當選總統,然後委任他為行政院長或授以其它職位。為了錢與權,「利慾薰心」的政客可以出賣自己的良心和靈魂,委實令人心寒。

李登輝於1998年凍省,拆掉宋楚瑜的政治舞台,奪去了他的「權勢」;2000年掀起「興票案」的風波,斷絕了宋的政治前途,玷汙了他的「聲譽」;2010年慫恿並協助宋吞佔國民黨鉅款,更是賤賣了他的「靈魂」。宋楚瑜甘心情願「與魔共舞」,聽從李登輝的指點,再一次以參選來製造藍營的分裂,他將會一如新黨秘書長李勝峰所說,永遠背上「台灣和民族罪人」的臭名,出賣了他的「人格」。

所有關心台灣前途以及希望看到中華民族和諧、台海和平穩定、兩岸繁榮發展的人士,都不應該再保持緘默,不但要斥責李登輝以顛覆國民黨政權來達到他破壞兩岸關係、助長台獨氣焰的狼子野心,更要揭露宋楚瑜為了錢財與權力而甘願「為虎作倀」的醜惡真面目;讓民眾清楚瞭解,把選票投給宋楚瑜無異投給蔡英文,也等於協助李登輝陰謀得逞,現在是時候用選票把宋楚瑜丟進政治的垃圾箱了!

(原載2011年11月11日菲律賓聯合日報「笑談古今」專欄)

新黨秘書長李勝峰口中的「歷史罪人」宋楚瑜

為何說宋楚瑜是「二百五」？

台北的中央選舉委員會宣佈，宋楚瑜為競選總統而提交的四十六萬多張連署證書中，經審查後有九成多屬合格有效，因而宋與其副總統候選人拍檔林瑞雄取得競選的資格。親民黨發言人、台北市議員黃珊珊向新聞界宣稱，宋楚瑜「一定會參選，不會辜負這些連署人的期待」。

宋楚瑜心裏很清楚，最熱衷替他連署的是台灣的綠營人士，特別是深綠的台獨份子，在那些公開發動替宋連署的人士當中，便包括了一直以來磨拳擦掌要拆國民黨招牌的「台灣國聯盟」；雖然民進黨表面上說不鼓勵黨員幫宋連署，但暗地裏搞什麼花樣，大家「心照不宣」。綠營替宋連署的用意不難猜測，他們希望看到的是藍營「自相殘殺」，是宋楚瑜與馬英九的「鷸蚌相爭」，好讓民進黨的總統候選人蔡英文可以「漁翁得利」，獲保送進入總統府，就像2000年宋楚瑜與連戰分割藍營的選票而促成陳水扁當選一個模樣。

李登輝癡心期待的便是台灣再度變天，讓台獨分子回朝掌控政權；他既然幫宋楚瑜從法院拿走原屬國民黨的二億四千八百多萬元新台幣，放進宋的口袋，宋又怎能辜負這個「恩公」的期待？下一次黃珊珊見到記者，應該改一改口，把她所說的那句話改成：「宋主席一定會參選到底，絕不辜負綠營連署人和李前總統的期待。」宋楚瑜向新聞記者說：「台灣人民的聲音我聽到了，台灣社會的期待我看到了。」想來想去，總覺得這句話有點不對勁，宋楚瑜似乎應該說：「李登輝的聲音我聽到了，綠營的期待我看到了。」

宋楚瑜提交連署證書後，蔡英文向記者表示，宋是一個「可敬的對手」；當然，如果有一個對手，參選的目的不在他自己贏，而是一心要幫你贏，你一定覺得他不但「可敬」，還很「可愛」，不是嗎？

宋的「知己」陳文茜在電視節目中如此說：「國民黨錯過了挽留宋楚瑜的機會。」可惜陳文茜沒有講清楚，到底「挽留」宋楚瑜的條件是什麼？除了不再追究二億五，是否還要為他保留行政院長的職位，再加上十多個立法委員的配額？

根據中國時報報導，宋楚瑜強調，「以馬英九目前的民調很可能會落選，但宋林配的民調一直穩定維持在至少10%以上，只要藍軍的選民轉而支持宋楚瑜，把馬英九的30%加在他身上，就能夠當選。」叫一個持有30%選票的候選人退選，轉而支持一個只有10%支持率的候選人，宋楚瑜的臉皮真夠厚；聽到他這一番論調，難免聯想起當年汪精衛也是如此想：「如果蔣介石把政權交給我，天下就太平了。」

根據報紙報導，宋楚瑜在台南新營的選舉造勢中，開出一張「八六五計劃」的競選支票，答應若是他當選總統，每一個新生的嬰兒每個月都可以得到八千元的補助款，二至三歲小孩每人每月補助六千元，四至五歲的小孩五千元。看起來宋楚瑜想當選已經想得快發瘋了，因此隨意開出空頭支票，其實他應該答應選民，一旦當選便馬上把政府的外匯儲備全部拿出來分給民眾，相信如此可以讓他得到更多的選票。

宋楚瑜還承諾，一旦他當選，每兩位八十歲以上的老人，政府就會安排一個人專門負責照顧他們，並說他和副總統選伴林瑞雄「已經找到財源」，可以解決老人家的醫療照顧問題。宋楚瑜已年屆七旬，他的拍檔林瑞雄更已八十在望，不知道二人有沒有先替自己物色一個負責專門照顧的褓姆？宋說他已經找到財源，一點也不奇怪，只要看他在「興票案」中運用「五鬼運財」的手法，一下子便把二

新黨秘書長李勝峰口中的「歷史罪人」宋楚瑜

億五放進自己的口袋,的確是「生財有道」,至於是「正道」或是「歪道」便不重要了。宋楚瑜較早暗諷馬英九時說:「不管是白貓黑貓,總之不要波斯貓」,其實如果他把自己包裝成一隻手握兩億五的「招財貓」,說不定會更引起民眾的注意和好感,為他多爭取幾張選票。

頗有正氣的新黨主席郁慕明講得好,他說宋楚瑜如果熱愛中華民國,就應該「保中」,而要「保中」便必須「挺馬」,「倒馬保蔡」絕對不是「保中」人士應該做的動作。郁慕明還向宋楚瑜放言,如果不滿意馬英九或國民黨的執政,就應該去競選立法委員,到立法院去改造國會、監督馬英九、制衡國民黨,而不是去競選他根本贏不到的總統大位,造成藍營內部「鷸蚌相爭」而讓否定中華民國的民進黨和蔡英文「漁翁得利」,這樣做便是「損人不利己」了。郁慕明大義凜然,但宋楚瑜怎聽得入耳?再說,堅持競選可能是與李登輝談好的條件,既然有二億五放進自己的口袋,想想如何討好李登輝才是最重要的任務了。

本專欄上星期五的文章裏寫道,宋楚瑜為了「二億五」,不在乎做一回「二百五」,有讀者要求解釋一下「二百五」的意思。其實「二百五」有幾種不同的含義,不過有一則典故,倒是很適合用來說明為什麼稱宋楚瑜為「二百五」。

傳說有一個老秀才,一生庸庸碌碌、一事無成,到他老年的時候,老婆才為他生下一對雙胞胎兒子,因為感到人生成敗無常,便把大兒子取名為「成事」,小兒子取名「敗事」。有一天,老秀才出門前,叫老婆督促兩個兒子寫字,規定大兒子寫三百個字,小兒子寫二百個字;誰知大兒子「成事」偷懶,只寫了二百五十個字,而小兒子「敗事」卻勤奮有加,也寫了二百五十個字。傍晚時分,老秀才回家,詢問起兩個兒子在家裏做功課的情形,老婆向他提出報告:「成事不足,敗事有餘,兩個都是二百五」。

一直以來,宋楚瑜的所作所為便是「成事不足,敗事有餘」,說他是「二百五」一點也不委曲他!

(原載2011年11月18日菲律賓聯合日報「笑談古今」專欄)

新黨秘書長李勝峰口中的「歷史罪人」宋楚瑜

揭開宋楚瑜的「正藍」假面具

「政治家」和「政客」的差別在於政治家為民眾謀福利，是「坦蕩蕩」的君子，而政客卻是一心鑽營個人的權勢和利益，是「偽君子、真小人」。看到親民黨主席宋楚瑜最近在台灣政壇的言行舉止，不免對政客的「假面具」和「真面目」，有了更深一層的認識。

宋楚瑜執意參選總統，任何人都知道他當選的機會是零，唯一可以取得的效果是分裂藍營，拉低馬英九的得票率，甚至有可能導致蔡英文「漁翁得利」而奪得總統寶座，把台灣帶進「第二輪的陳水扁時代」。宋楚瑜的居心令人費解，他的許多動作也讓人深感迷惑，政論家黃光芹說得一點也沒錯，橘營（親民黨）的做法，給人的感受就是「宋楚瑜好鬥、好權謀、好操作」。

在電視鏡頭前，宋楚瑜正氣凜然地批評道：台灣多年來糾纏在藍綠惡鬥之中，令人厭倦；然後他激昂高呼：「夠啦！夠啦！」表明他要做一個「跨越藍綠」的領袖人物。然而，宋近日來的一些言詞和行動卻委實讓人「嘆為觀止」；填交參選表格之後，他馬上跑去向兩位蔣故總統「謁陵祭告」，每次見記者時總有幾個身穿青天白日滿地紅旗的青年站台做佈景，接受外國記者訪問時又鼓吹統一，不知道他搞作的是那一門的「跨越藍綠」？政論家石齊平一針見血指出，宋楚瑜搞這一連串小動作，乃是要表示他「承繼了正藍的傳統」，藉以爭取深藍的選票。選民們應該認清並提防宋楚瑜這種「忽橘忽藍、不藍不綠」的「變色龍」本性，「正藍」的人士更不可以被「披著羊皮的豺

151

狼」所瞞騙。

近期宋楚瑜舉行新聞發佈會時，總會安排十來個年青人穿著青天白日滿地紅旗的上衣排列在他身後，讓電視的鏡頭把這一個畫面傳播至台灣的每一個角落，製造自己「維護中華民國」的形象，目的不外是要討好藍營的選民，掠奪深藍人士的選票以挖馬英九牆角。稍有思想的人們都心知肚明，宋楚瑜的攪局只會抱著馬英九「同歸於盡」，保送那個否定中華民國的蔡英文上壘，這怎能稱得上「維護中華民國」呢？中國大陸有一句口頭禪叫「打著紅旗反紅旗」，而觀之宋楚瑜的所作所為，正是「打著藍旗反藍旗」的卑鄙勾當。

宋楚瑜到中央選舉委員會遞交參選表格之後，隨即驅車前往大溪慈湖拜謁老總統蔣中正陵寢，然後又到頭寮蔣經國陵寢謁陵，據記者報導，宋「一度眼眶泛紅，神情凝重」。看來宋楚瑜還真是一個七情上臉的戲子，其實他的用意再清楚不過，他要藉著演出這一場戲，向退伍的老兵和軍眷，以及所有藍營的人士表示：「我老宋乃是二蔣的嫡傳弟子，流的是正藍的血」，這種假惺惺的表態與「汪精衛拜祭中山陵」沒有兩樣，想一想都令人覺得反胃欲嘔。兩位蔣公苦心經營國民黨，宋楚瑜卻協助李登輝篡位奪權、製造分裂，幾乎摧毀了國民黨的百年老店；宋楚瑜還與李登輝互相勾結，連國民黨的黨款也變成私人財產，還敢以「正藍」自居？十年前宋楚瑜親口聲明「興票案」的二億多元台幣是國民黨設立的「秘書長專戶」，用來照顧蔣家遺屬，十年後卻把錢放進自己的口袋，置蔣家遺屬於不顧，還有什麼面目前往兩位蔣公的靈寢謁陵？在這一次選舉中，宋楚瑜特別邀請作家李敖作為親民黨不分區立法委員首席候選人，而李敖一生以攻擊漫罵二蔣為樂事，宋既與李敖「臭味相投」，還有什麼顏面敢自稱是蔣經國的「嫡系傳人」？

幾個月前，當不甘寂寞的宋楚瑜表示將「東山再起、捲土重來」的時候，記者們請他就「統獨」問題發表觀點，宋毫不猶疑地答稱

新黨秘書長李勝峰口中的「歷史罪人」宋楚瑜

「統獨」乃是「假命題」，不值一提；但到英國廣播公司訪問他的時候，他卻又大力鼓吹兩岸統一，來打擊主張維持現狀的馬英九，宋不但批評馬所標榜的「不統、不獨、不武」違憲，還譏諷馬所說的兩岸會「終極統一」是「說了等於沒說的廢話」。宋楚瑜如此高調批馬並鼓吹統一，目的不外在搶馬英九的「藍票」；但是在十二月三日的總統參選人辯論會中，宋又呼籲北京應該尊重台灣人民希望保持現狀和「當家作主」的意願，試問這與馬英九的主張有什麼差異？宋楚瑜反反覆覆的言詞，根本就是拿「統一」做為政治操作的工具，並且以幻覺來愚弄深藍人士，目的只是騙取他們的選票而已。

宋楚瑜告訴記者：「我不是歷史罪人，我是民族英雄。」這句話讓人有「丈二金剛，摸不著頭腦」的感覺。一個千方百計要扳倒馬英九、而最終會把滿腦「台獨思想」和「一邊一國論」的蔡英文送進總統府的人，怎麼會變成「民族英雄」？再想一想倒也不覺得奇怪，明末吳三桂引清兵入關，振振有詞地說是要協助大明王朝平定闖王李自成的叛亂，不也認為他自己是「民族英雄」嗎？可笑的是被關在監獄裏的陳水扁講的話似乎最中肯，他把宋楚瑜標籤為「民進黨重新執政的推手」，真是形容得天衣無縫。奉勸所有準備投票支持宋楚瑜的選民們，應該進一步分析一下這個自詡為「民族英雄」的真面目。

宋楚瑜幾年前獲北京當局安排在清華大學發表演講，他曾經說過一段鏗鏘之詞：「歷史是面鏡子，而不是根繩子。鏡子讓人看清自己的作為，不要犯同樣的錯誤；而繩子則是一種糾纏，影響人的理性思考。」很可惜，宋楚瑜似乎把自己講的話忘得一乾二淨，他沒有用歷史的鏡子來看清自己的作為，反而被利慾的繩子糾纏到不能用理性來進行思考。可悲！可嘆！不知道宋先生還要糾纏到什麼時候？

（原載2011年12月7日菲律賓聯合日報「笑談古今」專欄）

幾度夕陽紅：
笑談古今 5

投宋楚瑜票等同投給蔡英文

距離台灣的總統大選只剩下十天的時間，依照台灣的選舉法，從現在開始，任何機構都不能公佈與選舉有關的民意調查報告，以防止有人故意製造民調報告來影響選民的投票意向，因而從這一刻開始，已經不可能再瞭解到選民對候選人接受度的變化。根據最後的民意調查報告，國民黨候選人馬英九與民進黨蔡英文的得票率非常接近，雖然馬英九有輕微的領先優勢，但也是在民意調查的誤差範圍之內，這一項「領先優勢」更可能因為任何突發事件而隨時化為烏有；對馬英九和國民黨來說，此次的選舉至今依然是一場「生死未卜」的搏鬥。

本來台灣的藍、綠兩大陣營都有一些「死忠」的基本票源，也都大約是四成多一點，而按照以往的投票記錄來看，藍營的基本票多於綠營，如果兩大陣營的「擁躉」全都「傾巢而出」前往投票，藍營的候選人應有獲勝的把握。過去藍營遭逢選舉的失敗，不外三個原因：一因藍營分裂，令綠營有機可乘，如2000年大選時，親民黨的宋楚瑜與國民黨候選人連戰分庭抗禮，「鷸蚌相爭」之下頓令民進黨候選人陳水扁「漁翁得利」；二是藍營選民「含淚不投票」，在藍營投票率奇低時便「保送」了綠營的候選人當選，如近三年來由於馬英九一心要做「全民總統」，因而「態度曖昧、敵我不分」，傷透藍營人士的心，以致在幾次地方選舉以及議員的補選中，都因藍營選民提不起勁前往投票而頻頻失利；三是「突發事件」影響投票的氛圍，如2004年的「兩顆子彈」令中間選民以同情票把陳水扁送回總統府。

新黨秘書長李勝峰口中的「歷史罪人」宋楚瑜

今年的大選攸關海峽兩岸的關係以及台灣的前途,因而藍營的選民即使對領導階層有所不滿,以大局為重也會出來「含淚投票」的;而目前國安單位也採取極為嚴密的保安措施,以防發生任何突發事件。在這種情況下,馬英九順利連任本來是毫無疑問的,偏偏「半路殺出一個程咬金」,不甘寂寞的宋楚瑜也來插一腳;雖然老宋口口聲聲說他是「藍綠不分」,但實際上不停在挖馬英九的牆腳,爭奪藍營的選票,難保2000年「保送陳水扁」的荒謬劇不會再度重演。台灣的政論家們如胡忠信和黃光芹等人替選戰算了一筆賬,以目前民調中馬英九和蔡英文的得票率來計算,如果宋楚瑜在全台灣一千三百萬選民當中得到百分之五的支持,亦即獲得六十五萬張選票,那馬英九便不得不「下崗」了。固然,藍營目前全力打擊蔡英文的誠信和施政理念來爭取中間選民的支持這一項工作確實重要,但更重要的是如何讓藍營的選民深切地瞭解目前的處境,認清「投票給宋楚瑜等於投票給蔡英文」的事實,進而全面「棄宋保馬」,才能粉碎綠營重奪江山的美夢。

宋楚瑜剛宣佈參選總統的時候,民意調查顯示他大約有百分之十五的支持率,經過這幾個月的折騰,他不但沒辦法抬高支持度,在最新的民調中得票率更跌到個位數,有一份民調報告指出宋僅有百分之五的支持率。任何稍有理智的人都知道,宋楚瑜要當選總統乃是「癡人說夢」,但他的參選卻極有可能導致馬英九落選;絕大多數藍營的人士都希望宋以大局為重,宣佈退選以促成藍營的團結,但是宋楚瑜堅持參選到底,更放言「寧做戰死的將軍,不做投降的勇士」。其實宋楚瑜是往自己臉上貼金,他是哪一門的「將軍」?要確確實實地形容他的心態,應該是「寧做藍營的叛徒,不做回頭的浪子」,叫人為他的「臨懸崖不勒馬」而噓唏不已。

為什麼宋楚瑜這個聰明人寧願做歷史罪人也不宣佈退選呢?我們不難作出三種臆測:一是宋從心底埋怨馬英九早年斷送了他當上總統

和副總統的機會,近年又沒有對他這個前輩優禮尊崇,新仇加舊恨,因而誓要拉馬英九下台;二是宋楚瑜與李登輝有所交易,李幫宋領取「興票案」中寄存在法院的二億四千八百萬元國民黨黨款,據為己有,而宋則許諾配合李登輝的「棄馬保台」詭計而製造藍營的分裂;三是以「母雞帶小雞」的策略,企圖讓親民黨有足夠的立法委員當選,在立法院成為「關鍵性的少數」來進行他的「政治勒索」。不論宋是存著那一種企圖,都是令人不齒的心態,這個「國民黨罪人」居然還有面目跑去向二位蔣故總統謁陵稟告,真是「其心可誅」,其實他應該跪在蔣經國陵前自己了決以謝藍營父老。

在選情膠著的狀態下,據傳藍、綠兩大陣營都將打出最後一張王牌,藍營的王牌是人氣極高的馬英九太太周美青,而綠營則是近日因腸癌而開刀的九旬老翁李登輝。九十年代蘇貞昌競選台北縣長而敗象畢露時,患癌的前民進黨立委盧修一扶病站台助選,更在台上倏地下跪拜票,令蘇貞昌敗部復活,以二萬餘票險勝當選。2000年宋楚瑜在競選大會的台上,也突然跪下為馬英九競選連任台北市長而拜票,從此「聲淚俱下、屈膝一跪」竟成了台灣選舉的「必勝招」。政論家們有鑒於此,懷疑迫近選舉日,李登輝會不會由人攙扶著替蔡英文站台,然後也撲通一聲跪下來,替蔡爭取中間票以及同情票?

熟悉李登輝為人的政論家胡忠信認為,李一定會出面替蔡英文站台助選,但以他高傲的個性來看,應該不會下跪;只不過李登輝現在有如「風中殘燭」,只要他一站台,無疑地將替蔡英文鞏固了綠營的基本盤,並且爭取到一些中間選票。但是從另一個角度來看,老李的出現勢將引起藍營的反彈,刺激藍營人士踴躍前往投票支持馬英九,因而李登輝到底會成為蔡英文或是馬英九的助選員,尚屬未知之數。

國民黨的競選團隊至今還是對宋楚瑜客客氣氣,儘管宋不遺餘力對馬英九進行猛烈攻擊,國民黨並未採取任何反擊的動作;其實國民黨應該認清,宋乃是馬英九的致命傷,此時此刻,必須清楚地展示給

選民看,支持宋楚瑜便是中了李登輝分裂藍營的詭計,等同要保送蔡英文進入總統府;如果藍營人士以及真心愛護台灣的選民沒有覺醒,那台灣的前途便算走到盡頭了。

(原載2012年1月4日菲律賓聯合日報「笑談古今」專欄)

幾度夕陽紅：
笑談古今5

解讀宋楚瑜的滿口荒唐話

政客最怕被民眾遺忘，而宋楚瑜這個政壇老油條就因為不甘寂寞，硬要在今年的總統大選中插進一腳；他明知自己要當選乃是「天方夜譚」，也明如他的參選會令台灣藍營分裂，更有可能導致馬英九落選而讓民進黨的蔡英文奪得執政權，但卻堅持競選到底。正如新黨領袖李勝峰所斷言，這一次選舉之後，宋楚瑜要麼將成為萬劫不復的「歷史罪人」，要麼會變成神憎鬼厭的「政治廢人」。

在尋覓副總統競選拍檔時，宋楚瑜先後受到媒體名嘴陳文茜和王永慶女兒王雪紅的拒絕，最後找到年紀比他還大的台灣大學公共衛生系名譽教授林瑞雄。找出這樣一個在政壇上名不見經傳的老人家來做競選拍檔，可見已經沒有太多人願意陪老宋「顛三倒四、搞風搞雨」了。

宋楚瑜解嘲說，找林瑞雄當競選夥伴的理由是「台灣政治像一攤污水，因此要找公衛專家解決問題」。宋這一句話好像是有感而發，別的不說，「興票案」便是「一攤污水」，宋楚瑜在眾目睽睽之下演出一齣「五鬼運財」的把戲，把他原本親口聲稱是「國民黨秘書長專戶」的二億四千八百萬元國民黨黨款放進自己的口袋；這種監守自盜的勾當可謂「臭氣沖天」，令人思之欲嘔，不知道林瑞雄這位公共衛生專家可不可以「牛刀小試」，清理一下「興票案」這「一攤污水」？

宋楚瑜很會煽動群眾的情緒，他猛烈批評藍、綠兩大陣營的對峙，然後對著電視鏡頭大喊兩聲「夠啦！夠啦！」在候選人電視辯論

會上,馬英九與蔡英文詞鋒相對,宋楚瑜取巧地加上一句:「又來了!」在電視機前佔盡便宜。

其實,這兩句評語應該回送給宋楚瑜。宋於2000年競選總統落選,2004年競選副總統再次落選,2006年連台北市長也不放過,參選時他信誓旦旦保證,如果落選台北市長便永遠退出政壇;結果他不但輸了,而且輸得非常慘,只拿到全台北選民百分之四的選票。可是宋楚瑜並沒有遵守諾言退出政壇,現在又跳出來攪局,選民們不免要感嘆地說一句:「又來了!」而深受其害的藍營人士更要對他怒吼:「夠啦!夠啦!」

在電視訪談節目中,宋楚瑜大言不慚地自詡他的兩岸政策得到大眾的信任,連綠營也對他很「放心」。宋還沾沾自喜聲稱,蔡英文的新竹地區競選主任林光華也對他極為讚許。

其實綠營求神拜佛,就是希望宋楚瑜競選到底,繼續分裂藍營來拉低馬英九的得票率,以便保送蔡英文走進總統府;為了達到這個目的,綠營當然會說盡好聽的話詞把老宋留在競選的遊戲中,想不到「政壇老油條」宋楚瑜居然會糊裏糊塗地沉醉在綠營的迷魂湯裏。

如果綠營對宋楚瑜那麼「放心」,何不徵召他作為民進黨的候選人?如果林光華對他那麼欽敬,何不倒戈當老宋的競選主任?一直以來都以為宋楚瑜絕頂聰明,原來竟是一個容易受騙的政壇笨蛋。

前民進黨主席施明德質疑,到底宋楚瑜是選真的或選假的?他懷疑宋是「掛羊頭、賣狗肉」,只是為了替親民黨搶幾個立委的席位而出來攪局;施明德更痛批這種作法是「只顧自己利益,一點都不在乎民主政治」,認為「人民對宋楚瑜的政治人格會有意見」。對此,宋激動地回應:「如果是選假的話,應該要到精神病院去了吧!」並說謝謝施明德的一席話,讓他「能有再一次機會向所有民眾說明,他有決心來奉獻」。

宋楚瑜似乎應該說，施明德讓他有機會再一次向李登輝表達心意，為了感謝老李協助他領出「興票案」鉅款，因此「決心」為老李的棄馬保台陰謀「奉獻」到底。看宋楚瑜的所作所為，正符合了他自己所說的：「應該要到精神病院去了吧！」

馬英九提出「宇昌案」來質詢蔡英文的所謂「清廉形象」，宋楚瑜對此特別敏感，揶揄說若不是「國民黨對選情有焦慮」，不應該在這個時候「窮追猛打宇昌案」，還莫名其妙地教訓國民黨「不可以用抹黑打壓手法贏得選舉」，他說藍、綠兩陣營成天拿「宇昌案」來吵，「人民感到厭倦」。

正奇怪宋楚瑜為何是非不分，竟然為蔡英文在「宇昌案」的不法勾當護航，突然看到台灣報紙將「宇昌案」與「興票案」對照比較，分析兩案的異同，才恍然大悟。宋楚瑜「對號入座」，談到宇昌案偷公帑，不免令人聯想起興票案偷黨產，所謂「癩子怕人揭帽子」，難怪！

在總統候選人電視辯論會上，宋楚瑜左批蔡英文、右批馬英九，趾高氣揚地說：「我的左手貪腐，右手無能，你們什麼時候聽說過我的省府團隊貪腐或無能？」

宋楚瑜一直走不出歷史的「時光隧道」，到現在還活在二十年前的省長光環中。不錯，當年的省府團隊並沒有貪腐的記錄，但老宋不要忘記，省府團隊一解散，馬上便發生了令人目瞪口呆的「興票案」；宋楚瑜奢言法院已經就此案件「還他清白」，但是別忘記，當時他把錢寄存法院時慎重聲明款項是屬於國民黨的，請求法院把款項交還給國民黨主席，但如今卻把錢放進自己的口袋，何來「清白」？宋楚瑜現在翻口說「興票案」的二億四千八百元是「省長選舉節餘款」，與陳水扁解釋他的海外存款完全是同一口徑，這還不是貪腐？

不錯，當年的省府團隊能力夠強，但宋楚瑜不要忘記「歲月不饒

人」，他的能力還存在嗎？只要看看去年台灣遭受「南瑪都」颱風吹襲時，已經決定參選的宋楚瑜抓住機會搞宣傳，致電他的老部下花蓮縣長傅崐萁，提出「宋三點」來指示救災：一、加強各地防颱準備；二、有效預置及運用各地救災資源；三、防止強風豪雨造成人命損傷。網民們詰問，如此「老生常談」的「救災重點」，宋楚瑜怎麼好意思拿出來下「指導棋」？到底是宋省長幼稚，或是他把傅縣長當白痴？宋省長的「能力」，老早便已消失得無影無蹤了。

宋省長，「廉頗老矣，尚能飯否？」是時候退出江湖、歸隱山林了；與其在社會上搞風搞雨、招人厭煩，倒不如收聲匿跡，讓人家記住你昔日的形象。

（原載2012年1月11日菲律賓聯合日報「笑談古今」專欄）

幾度夕陽紅：
笑談古今 5

宋楚瑜新書不提李登輝

根據台灣「聯合晚報」報導，親民黨主席宋楚瑜為紀念妻子陳萬水辭世一周年，即將出版一本新書，以「如瑜得水：影響宋楚瑜一生的人」作為書名。報導稱，宋在書中論及影響他一生的人，除了太太陳萬水之外，還有他父親宋達和蔣經國總統，但卻隻字未提李登輝。

宋楚瑜著書緬懷亡妻及亡父，其真情摯意不容質疑；然而，書中提到蔣經國卻不提李登輝，難免令人費解。眾所周知，在宋楚瑜一生當中，李登輝對他的前途和命運所產生的影響，遠遠超過蔣經國，談論「影響一生的人」而不提李登輝，這一本書便不能說是一部沒有瑕疵的著作了；著書而作出如此取捨，可以想像宋楚瑜落筆時內心的糾結。

蔣經國任用宋楚瑜為秘書兼英文翻譯，還提拔他先後出任行政院新聞局長和國民黨副秘書長，可以說對他有「知遇之恩」，被形容為「影響他一生的人」無可厚非。而李登輝一上台，隨即把宋楚瑜擢升為獨當一面的國民黨秘書長，之後又將他委任為台灣省主席；省政府改制後，李更出面勸退吳伯雄這一位台灣本省藉精英，讓宋楚瑜順利當選為台灣省首任民選省長，宋也因此攀上了他政治生涯的最高峰。豈料在宋楚瑜「春風得意馬蹄疾」的時候，李登輝突然來一招「凍省」，撤除了宋的職務，令他從政治巔峰跌進人生的谷底，接著又千方百計排斥他，迫得他要離開國民黨，自組親民黨以事抗衡；在總統大選之前，李登輝又炮製出「興票案」，揭露宋楚瑜私貪國民黨公

新黨秘書長李勝峰口中的「歷史罪人」宋楚瑜

款,令宋的聲譽一落千丈,自此之後,宋參選各種公職屢戰屢敗,只能長期「在野」。無可否認,李登輝操控了宋楚瑜的政治前途,為他安排了一輛政壇「過山車」,讓他在官場宦海裏大起大落;這樣的一個李登輝,難道還稱不上是「影響他一生的人」?

據報導,宋楚瑜在他的書裏寫道,蔣經國讓他「看到何謂政治上的高度」;他舉例說在解嚴之前,蔣經國就已經有計劃、有步驟地採取行動,「一步步和黨內同志溝通,從協調中取得最大共識,累積邁向解嚴的厚實基礎」。不幸的是宋楚瑜懂得觀察,卻不懂得學習,看他的行事為人,與蔣經國的作風完全是南轅北轍。1988年蔣經國逝世後,以蔣夫人宋美齡為首的國民黨元老們原本計劃先以集體領導的方式來管理黨務,用意在慎重觀察李登輝一段時間,才決定是否把整個國民黨交給他;豈料在中央常務委員會會議中,並非中常委而僅以副秘書長身份列席會議的宋楚瑜竟然激烈陳詞,既堅決反對黨內集體領導,更拂袖而去以表態支持李登輝,「臨門一腳」把李踢上國民黨主席的寶座,李登輝也因此得以掌控國民黨的組織和資源,最後做出一連串傷天害理、危害黨國民族的荒謬行為。試問,宋楚瑜發飆之前,有沒有像蔣經國先生一樣先「一步步和黨內同志溝通,從協調中取得最大共識」?宋楚瑜既然明瞭而且欽佩蔣經國辦事的態度,自己卻反其道而行,完全漠視蔣先生的教誨,非但玷汙了蔣經國的英名,更幾乎毀了國民黨這一家百年老店。宋楚瑜誤了國家民族的前途,也害苦了台灣的蒼生黎民;如此魯莽行事以致禍黨殃民,他居然還有面目拿蔣經國來做自己的招牌!

反觀宋楚瑜與李登輝的關係,堪稱是「你中有我、我中有你」的恩怨糾纏,先是「水乳交融、情同父子」,後來「反目成仇、形同陌路」,近期又「狼狽為奸、重拾舊歡」,二人之間見不得光的交易實在是不勝枚舉,要宋楚瑜在他的書中坦白交代與李登輝的關係,確實有點「強人所難」。舉例來說,宋楚瑜當年兩肋插刀,助李登輝登上

163

國民黨主席的寶座,李也隨即投桃報李,授以國民黨秘書長一職,還撥出鉅額款項設立「秘書長專戶」讓宋全權操控,這一單赤裸裸的政治交易,卻因二人的胡作非為而幾乎把國民黨推落萬劫不復的深淵;最後李登輝被國民黨開除黨籍,宋楚瑜也「掃地出門」。難怪宋楚瑜書中不提與李登輝的這一段交易往事,因為這種事情如果講出來,可真是丟人現眼的糗事。

宋楚瑜受到李登輝的栽培扶植而當選為台灣省首任民選省長之後,成為當時台灣政壇上炙手可熱的領袖,堪稱是「一人之下、萬人之上」,甚至還「功高蓋主」,搶盡李登輝的風頭。就在他叱吒風雲、鋒芒畢露的那一刻,李登輝突然宣佈「凍省」,撤銷了宋楚瑜這個省長的職位;宋因此丟掉了政治舞台,也失去了民眾的歡呼和掌聲,他有如一顆政治隕星,頓失燦爛的光芒並消失在政治的黑洞裏。

在李登輝的刻意排擠和挑撥下,宋楚瑜於2000年出馬競選總統職位,造成了藍營的嚴重分裂,更因而保送民進黨的陳水扁進入總統府。2012年,李登輝以「興票案」巨款作為釣餌,誘使宋楚瑜上鉤而再度出馬競選總統大位,企圖拉低馬英九的得票率以保送蔡英文當選;但因宋已經失去了民間的擁戴,不能夠取得足夠的票數來分裂藍營,因而未能促成李登輝扶植蔡英文的夢想成真,而宋自己倒變成了一個「政治廢人」。宋楚瑜一而再被李登輝利用來分裂藍營,成為李手中的一顆「政治棋子」;如果要宋把這些歷史事實一一記載在他的書中,實在是有失面子,難怪他不在書中提起李登輝的名字。

要談李、宋二人的關係便不能不提「興票案」。在他們二人的蜜月時期,李登輝慷國民黨之慨,從黨款中撥出數億元巨款「犒賞」宋楚瑜,也就是宋後來所稱的「秘書長專戶」。李、宋二人鬧翻之後,李登輝於2000年總統大選期間,唆使他的親信楊吉雄立法委員揭發宋楚瑜以兒子宋鎮遠的名義在中興票券存有巨款,攪出轟動一時的「興票案」。當時宋向社會大眾澄清,稱該款乃是國民黨用來照顧蔣家遺

新黨秘書長李勝峰口中的「歷史罪人」宋楚瑜

屬的專款,可是李登輝卻公開否認他曾經授權撥款,反而指控宋楚瑜「監守自盜」,令宋的聲譽徹底破產;最後宋將二億四千八百萬元新台幣交給法院託管,聲明要退還給「國民黨主席李登輝」。貪婪成性的李登輝曾經呈文向法庭申請領取該款,但由於他已遭國民黨革除主席職務並開除黨籍,法官以「身分不符」而拒絕讓他提取款項。根據台灣法律的規定,存放在法院的款項如在十年內無人領取,便將繳歸國庫;2010年初,由法院託管的「興票案」巨款將屆十年限期,李登輝與宋楚瑜演出一齣「變臉」的好戲,二人突然擯棄前嫌,在李的私宅進行了一次「樓台會」,接著異口同聲稱「興票案」的款項乃是宋的私房錢,宋楚瑜也厚顏地把那一筆託存在法院、應該歸還給「國民黨主席」的巨款提領出來、放進自己的口袋。像這樣的骯髒勾當,怎能夠在書中自揭瘡疤?為了避免尷尬,宋楚瑜在新書裏乾脆不提自己與李登輝的恩恩怨怨和政治交易,這一點不難理解,而「如瑜得水:影響宋楚瑜一生的人」這一本書也只能看作是宋楚瑜替自己塗脂抹粉、掩蓋齷齪作為而只談風光往事的記錄了。

(原載2013年7月17日菲律賓聯合日報「笑談古今」專欄)

幾度夕陽紅：
笑談古今5

漫談宋楚瑜的北京行

近幾年來，台灣親民黨主席宋楚瑜充分展露出只顧利益、不顧立場的政客本色。2010年年初，為了向法庭取回十年前因「興票案」而託管轉交「國民黨主席」的二億四千八百萬元新台幣，宋突然與那個把他從台灣政壇的巔峰打落十八層地獄的李登輝「一笑泯恩仇」，而且還惺惺相惜地互讚對方，阿諛奉承的言詞令人聽了毛管聳立。2012年，李登輝再一次企圖分裂藍營以助蔡英文當選總統，不知道宋楚瑜是否刻意要配合李登輝這一個詭計，一意孤行地宣佈競選總統大位，造成藍營的分裂而令馬英九的選情告急。雖然宋楚瑜這隻蜉蝣最後撼不了馬英九的大樹，但之後他指揮當選議員的親民黨黨員，全盤配合民進黨以及那個奉李登輝為精神領袖的台聯黨，在立法院和台灣各級地方議會杯葛和反對執政的國民黨；宋楚瑜厚顏扛著藍營的旗幟，卻毫不掩飾地充當綠營的「虎倀」。

北京應該有分辨是非黑白的觀念，對宋楚瑜這種只看到個人利益和權勢而置大局於不顧的政客，實在不必再優禮以待。可能北京的當事人也有同感，在過去四年中，國民黨榮譽主席連戰和吳伯雄、新黨主席郁慕明等人頻頻造訪中國大陸，但宋楚瑜卻一直收不到前往海峽彼岸訪問的請帖。記憶中宋楚瑜最後一次造訪大陸，應該是2010年5月間被邀參加上海世博會，當時曾有台灣記者就「興票案」鉅款的去向追問他，而得到的答案是兇巴巴的一句「不要把台灣的醜事帶到外面來！」無意間宋楚瑜承認了在「興票案」中，他做了一件大「醜事」。

新黨秘書長李勝峰口中的「歷史罪人」宋楚瑜

經過四年的漫長「冰凍期」，最近宋楚瑜有如廣東人所說「鹹魚翻生」，突然又接到中國共產黨的邀請前往北京訪問，還獲得中共中央總書記習近平接見。許多人都覺得奇怪，親民黨在台灣政壇已被嚴重邊緣化，淪為民進黨和台聯黨的跟班，以宋楚瑜目前的江湖地位以及他近年來的表現，何德何能值得習總書記接見晤談？為了讓宋此行「出師有名」，中共中央還特別替他安排到北京大學去舉辦一個「新書發表會」；其實宋楚瑜這一本「如何寫學術論文？」的書早於1993年即已在台灣出版。如果詳細加以分析，不難理解到北京的用意，藉著邀請宋楚瑜到訪，習總書記有機會再一次闡明對台的政策，同時也明確表示出北京對馬英九政府的嚴重失望和不滿。

反服貿以及反核四運動充分展露出馬英九政府的懦弱無能，而經過「太陽花學運」攪局，台灣的政治氣氛發生了極大的變化，社會風氣也由反馬政府延伸到反中，相信北京也感到焦慮。藉著晤見宋楚瑜，習近平適時宣示了北京對台的「四不原則」：「不改變兩岸政策、不放棄兩岸交流、不減弱兩岸團結、制止台獨分裂圖謀的堅強意志不會動搖」。北京講得很清楚，儘管有人蓄意反服貿，甚至有人反對大陸遊客到台灣觀光，但北京不會被吵雜的聲音影響到既定的政策和工作目標，同時也再次堅定表明對台獨份子「零容忍」的態度。

習近平會晤宋楚瑜，除了藉機表明政策和立場之外，相信也有意給馬英九顏色看。在台北一心希望實現「習馬會」之際，習近平較早安排連戰、吳伯雄和郁慕明前往北京見面，如今連宋楚瑜也見了，但卻對「習馬會」的提議不置可否，很明顯，這些動作便是對馬英九極端不滿的表示。

去年，正當中國和日本在釣魚島海域對峙，為了東海島嶼主權而引致外交關係緊張，甚至可能兵戎相見的關鍵時刻，馬英九不但列出三大理由高調宣示兩岸不可能聯手保釣，並且決定與日本簽署一份「台日漁業協議」，無形中承認日本在東海海域的主權，自己完全不

提主權而僅是替台灣漁民爭取到「漁權」便感到心滿意足。馬英九這種舉動，完全是中了安倍的離間計，也扯了北京的後腿；中南海領導人雖然口中不講，相信心裏是「寒天飲冰水──點滴在心頭」。

目前乃是幾十年來中、日關係最嚴峻的時刻。日本首相安倍晉三指令日本政府文部省修改教科書以美化戰爭，他自己甘冒天下之大不韙而前往靖國神社參拜，最近又著手修改「和平憲法」並策劃解禁「集體自衛權」，準備擴大軍隊的組織並授權日軍到海外執行任務，修改法律以容允日本出口武器……這一切行動的目的便是助長日本軍國主義死灰復燃。與此同時，安倍還拉幫結派，企圖與美、印、菲、越等國組成軍事聯盟來抗衡中國，並且遍訪亞、非、歐洲各國，散播言論攻擊詆毀中國，其心可誅。然而，在這個中、日兩大民族面臨大是大非的抉擇時刻，馬英九政府不但沒有對日本軍國主義的復辟提出警告，也沒有對安倍的倒行逆施做出評擊，反而準備將故宮博物院的國寶珍藏送到日本去展覽，其中還包括了「鎮院之寶」翠玉白菜；更有甚者，馬英九還準備派他的夫人周美青隨同國寶赴日進行「友好交流」。在兩個民族發生針鋒相對的敏感時刻，馬英九選擇用極端敏感的動作來刺激同胞的中樞神經，他這種「審時度勢」的能力令人深感莫名其妙；很顯然，他已經不配自詡是「蔣經國的學生」，看起來更適合於被稱為「李登輝的徒弟」。馬英九選擇在這種時候媚日，北京實在難以原諒他的愚蠢；宋楚瑜此時獲得北京的青睞，多少要謝謝馬英九的倒行逆施。

北京這一次邀請宋楚瑜前往訪問，雖然達到某種政治目的，但結果也只是提供了舞台和聚光燈，讓宋表演了一場大型的「政治秀」，北京並未得到真正的收穫，反而被宋楚瑜的某些言辭直接打了臉。明知服貿協議是海協會與海基會經過多輪談判而達成的結果，馬政府也舉辦了一百多場公聽會，宋楚瑜卻依然向習近平告狀，稱國民黨的服貿協議是「黑箱作業」，又稱服貿只顧及少數人的利益，這種說法豈

不是全盤否定了海協、海基兩會的心血？

「習宋會」之後，親民黨即時發布新聞稿，說宋楚瑜向習近平表達，「太陽花學運五十萬人走上街頭⋯⋯卻井然有序，散場半小時內將現場清空，展現難得的公民素質，是全球華人社會最珍貴的資產。」宋楚瑜睜著眼睛講瞎話，居然說太陽花學運「井然有序」，難道他沒有看到立法院被佔據三個星期、行政院也被攻佔破壞的新聞圖片？到北京去宣傳這種「公民素質」，宋楚瑜居心叵測？特別在六月四日來臨之際，宋竟在北京鼓吹學生運動，難道他不覺得自己有失厚道？中南海今後還會再邀請這樣一個當面羞辱主人的「貴賓」大駕光臨嗎？

（原載2014年5月21日菲律賓聯合日報「笑談古今」專欄）

幾度夕陽紅：
笑談古今5

宋楚瑜攪局意欲何為？

雖然宋楚瑜對自己會不會參選2016年台灣大選這個問題，說要等到八月份才作出決定，但是民眾的心中早已有了答案。台北市長柯文哲近日透露，宋想在明年總統選舉中拉他去站台助選，雖然後來又改口說只是「預作準備」，但柯、宋二人「沆瀣一氣」，不難從柯文哲脫口而出的言詞中聽到弦外之音。

　　回顧一下宋楚瑜的從政經歷，他自美國學成回到台灣之後，即受到蔣經國先生和國民黨的栽培提拔，從擔任蔣經國的秘書開始，然後晉升為新聞局長，再到國民黨副秘書長、秘書長、台灣省主席、民選台灣省長，一路走過來可以說是「平步青雲、一帆風順」。一直到上世紀九十年代末，時任總統的李登輝突來一招「凍省」，令時任省長的宋楚瑜頓時失去政治舞台。2000年台灣舉行總統大選，李登輝棄宋楚瑜而欽點連戰作為國民黨候選人，宋乃脫離國民黨而以獨立候選人身分參與競選；當時宋楚瑜夾著「省長」的光芒和餘威，民望如日中天，總統寶座也有如他的囊中物，豈料後來李登輝打出一隻「興票案」猛牌，唆使手下公開揭露宋楚瑜在中興票券擁有數億元來歷不明的鉅額存款，澈底打垮宋的總統夢，暗助民進黨候選人陳水扁奪取了大位。儘管當年宋楚瑜飲恨落敗，但他還是取得了高達36.8%的選票；宋於2004年作為國民黨總統候選人連戰的競選拍檔參選副總統，更獲取49.89%的高得票率，若非陳水扁在選舉前一天演出一齣「兩顆子彈」的鬧劇，宋楚瑜早已與連戰攜手走進總統府了。

　　2006年，不甘寂寞的宋楚瑜出面「攪局」，參選台北市長，他滿

新黨秘書長李勝峰口中的「歷史罪人」宋楚瑜

以為自己能夠得到藍營選民的支持，輕易把初出道的國民黨候選人郝龍斌擊敗，並曾信誓旦旦宣佈稱如果敗選便退出政壇，豈料他的得票率只有4.14%，得到的五萬多張選票還不及郝龍斌近七十萬張選票的一成。當年，敗得慘不忍睹的宋楚瑜遁居美國一段時間，可是他後來受到李登輝的利誘，兩個人勾結在一起，李協助宋從法院取走「興票案」中屬於國民黨的兩億多元新台幣，而宋也聽從李的指揮，於2012年的大選中再度出面「攪局」，參選總統大位來拉低馬英九的選票，存心分裂藍營以協助蔡英文順利當選，結果宋楚瑜再一次受到選民的唾棄，得票率僅有2.77%。

宋楚瑜準備在這一次的台灣大選中捲土重來，難道他還看不清台灣的民意趨向？難道他對自己還有那麼大的信心？「中央日報」的評論文章質疑：「不知宋主席可曾反省，為何前兩次選舉得票率如此之低？那可能不只是棄保效應而已，是不是社會對宋主席已有了一定的評價呢？難道宋主席是死豬不怕熱水燙，那可是會毀了自己一生的英名啊！」其實，聰明如宋楚瑜，怎會沒有自知之明？他之所以樂此不疲、一再出面攪局，完全是一套套的「政治操作」，在他的假面具之下，包藏著一大堆不可告人的盤算。

「中央日報」社評指出，「當前的現實是民進黨氣勢正旺，而國民黨的洪秀柱也是內憂外患」，如果宋楚瑜此時參選，「說得難聽一點，就是投機」、「絕對是有利於民進黨」，因而奉勸宋不要一錯再錯。這種「奉勸」不過是一廂情願，要宋楚瑜停止攪局，何異於「與虎謀皮」？在政壇打滾幾十年的宋楚瑜怎會不知道他自己的所作所為有利於民進黨？他的目的正是要做一些有利於民進黨的行動，作為他政治投機的本錢。

宋楚瑜蓄意拉國民黨的後腿，企圖再次製造藍營的分裂來保送蔡英文當選，不知道是否又受到李登輝的指使？宋近幾年來配合民進黨打擊國民黨的居心已經不是秘密，他指示親民黨議員在台北市議會的

議長選舉中支持民進黨候選人、公開支持柯文哲選上台北市長並且擔任柯的首席顧問、針對馬英九訪問中美洲進行猛烈抨擊、縱容其親信劉文雄大肆惡言攻擊國民黨、肆無忌憚唆使國民黨民意代表跳槽加入親民黨以挖國民黨牆腳、頻頻與民進黨人見面卻拒絕會晤洪秀柱⋯⋯看看這些令人痛心的舉動，宋楚瑜「打著藍旗反藍旗」的狐狸尾巴早已昭然若揭了。

明知選不上，宋楚瑜還是要插一腳，他的目的不外有兩個：一是幫蔡英文順利選上總統大位，二是發揮「母雞帶小雞」的作用替親民黨多爭取幾個立法委員的席次。在宋楚瑜的算盤上，如果國民黨繼續執政，他絕對是無利可圖；但若是蔡英文當選總統，他就有戲可以做了，由於他的攪局而造成藍營分裂，蔡英文可能會「論功行賞」，宋到時肯定會有甜頭。有人說宋楚瑜想當立法院長，其實可能性並不高，因為要當立法院長，他便必須參加親民黨不分區立委競選，也就不能參選總統來拉國民黨候選人的後腿了。相信宋楚瑜心裏所希望的是一旦蔡英文當選總統，而民進黨和國民黨的立法委員都不過半，他掌握的親民黨立委便可以成為「關鍵少數」，甚至足以左右大局，到時候蔡英文可能要乖乖地把他捧上行政院長的寶座。如果民進黨有足夠能力控制立法院，宋楚瑜也可以要求蔡英文任用他為海基會董事長；反正綠營乏人與北京溝通，宋若毛遂自薦，蔡也會樂意把海基會交給他打理，到時宋楚瑜便可以把台灣背在身上到北京去鑽孔了。

到底宋楚瑜的如意算盤打不打得響，那便端看台灣選民的政治智慧了。宋一直認為台灣民眾會錯誤地認定他這一枚「舊電池」還有可能發出當年省長的光芒，他也認為藍營選民還會把他看作是當年站在蔣經國身邊那個純真正直的青年，因此他錯誤地以為在台灣民眾、特別是藍營的選民當中，自己還可以撈到一點政治老本。但是在資訊發達的今天，政客要掩蓋自己的醜陋本性實非容易，選民的眼光是雪亮的，經過這麼多年的事實考驗，宋楚瑜一連串的政治舉動已經暴露出

新黨秘書長李勝峰口中的「歷史罪人」宋楚瑜

他所穿的藍衣服下面是綠皮膚的怪相，他把「興票案」的鉅款據為己有更暴露出他貪婪無恥的真面目。如果與正直廉潔的洪秀柱一對比，更令人對宋楚瑜這種政客心生厭惡；不知道宋楚瑜深夜有否捫心自問，如何對得起他那位誠懇待人的亡父宋達將軍？如何對得起苦心栽培他的蔣經國先生？

（原載2015年7月17日菲律賓聯合日報「笑談古今」專欄）

幾度夕陽紅：
笑談古今5

蔣經國收了兩個不肖徒弟

文化大革命期間，風行於中國大陸的樣版戲「白毛女」有一句歌詞稱：「舊社會把人變成鬼，新社會把鬼變成人」；當然，這一句話是政治宣傳的口號，但是無情的歲月以及可怕的環境，的確可以把好好的一個人變成一隻可怕的厲鬼。

曾幾何時，蔣經國總統身邊出現過兩顆光芒四射的政治明星，他們都有「根正苗藍」的家庭背景，都戴著美國名校的博士方帽，都是五官端正甚至可以當電影明星的美男子，兩個人都先後擔任過蔣經國的秘書兼英文傳譯，也都受到蔣先生的栽培和器重；很湊巧這兩個人都是湖南人，一個叫宋楚瑜，一個叫馬英九。蔣經國先生去世後，此二人由李登輝「接收」並繼續「培訓」，雖然政治明星的身份沒有改變，依然發放出萬丈的政治光芒，但可惜在「李登輝醬缸」裏泡浸了一段時間之後，兩個人的本質都變了，甚至由人變了鬼，一個變成「貪婪鬼」，一個變成「膽小鬼」。

全世界的人都公認，蔣經國是一個辦事能力極強、個人作風極為清廉的政治領袖，可惜他栽培的兩個徒弟卻都只得到他「武功」的一半：宋楚瑜學到他的辦事能力，卻沒有學到他的清廉作風，馬英九像師父一樣清廉得「點塵不染」，但卻學不到師父的魄力和幹勁。

宋楚瑜當台灣省長期間，宣稱全省「走透透」，走的路線完全是當年蔣經國深入民間、體察民情的翻版，可是後來在李登輝的銀彈攻勢下，宋變成了那個將靈魂出賣給魔鬼的「浮士德」，甚至在光天化日之下，將國民黨數億元的公款塞進自己的口袋；那種厚顏無恥的

新黨秘書長李勝峰口中的「歷史罪人」宋楚瑜

「五鬼運財」作法,不但令世人咋舌,相信連蔣經國在九泉之下也難以安息。另一方面,馬英九「不沾鍋」的作風,無疑是蔣經國先生的倒影;而他有幸當選台灣最高領導人,本來可以繼承蔣經國總統生前未竟的功業,替台灣爭回「亞洲四小龍之首」的地位,也為國家、民族的和平統一作出貢獻,豈料馬執政之後,時而優柔寡斷,時而剛愎自用,加上用人不當,不但不能完成中興大業,甚至不敢拿出大無畏的精神,大刀闊斧把李登輝和陳水扁執政二十年期間的胡作非為撥亂反正,反而搞得政局不穩、經濟低迷,老百姓怨聲載道,因此他在民間的接受度屢創新低,與當年蔣經國執政的雄風根本不可同日而語。

近日,宋楚瑜和馬英九這對活寶又有引人注目的新聞,而且肯定又會讓蔣經國九泉之下嘆息不安。宋楚瑜掌控親民黨,高舉的是藍營的大旗,卻專扯藍營的後腿,為了私己的利益,不惜犧牲大局,完全沒有立場和理念可言;在即將進行的台北市長選舉中,宋再一次展現出「變色龍」的本性。馬英九則絲毫沒有「審時度勢」的觀念,往往在不適當的時候做出不適當的動作,甚至損害了民族自尊,最近把故宮珍藏的國寶送往日本展覽即為一例。

今年十一月底,台灣將進行七合一地方選舉,綠營磨拳擦掌,企圖從藍營手上搶走若干市、縣的執政權;目前藍營執政的台北市、台中市以及桃園縣確實出現了可能會「藍天變綠地」的危機,而這一次選舉的成敗,更將影響2016年台灣大選的趨勢。

經過黨內初選,國民黨已經推出連勝文為候選人,競選台北市長一職;綠營則推出無黨籍的台大醫師柯文哲作為候選人參與角逐。民進黨這一次破例沒有推出黨內候選人,而是全力支持「政治素人」柯文哲競選,誓要讓台北市變天,目前的民調也顯示出柯所得到的支持度略勝於連。台北市乃是台灣政治和經濟的大動脈,如果被綠營奪得市政的掌控權,無疑將嚴重影響中央政府的施政,因而藍營絕不能輸掉這一次市長的選舉。連日來連勝文及柯文哲四出尋求支持,柯已經

得到民進黨各派系領袖的力鼎,也獲得台聯黨的背書,除了呂秀蓮和沈富雄等個別人士存有意見之外,綠營可以說已經緊密地團結在柯文哲的身邊,聲勢頗為壯大。而在藍營方面,新黨主席郁慕明已經公開表示,為了大局,該黨全力支持連勝文,充分表現出「藍營一條心」的無私精神;但反觀宋楚瑜所領導的親民黨,雖然打著藍營的旗號,卻宣佈要先作觀望,然後才決定支持那一個候選人,「牆頭草」的本色表露無遺。

不知道宋楚瑜要先「觀望」什麼才能在連勝文和柯文哲之間作出取捨?難道要看哪一個陣營可以多給他一些政治和其他方面的利益作為交換的條件?宋楚瑜樂於做「騎牆派」,甚至在立法院和地方議會與國民黨唱反調、全力支持綠營,當然這是他的自由,沒有人可以干涉,但令人不齒的是直到現在,宋依然堅稱親民黨屬於藍營,並且不忘標榜自己是蔣經國的嫡系弟子;欺世盜名到了如此地步,宋楚瑜不但嚴重地損害了藍營的團結精神,更玷污了蔣經國先生的英名。

另一方面,馬英九政府最近也做出一件令人痛心疾首的事情,決定把故宮收藏的文物一共231組件送到日本去展覽,其中包括了從未離開國門的特級國寶「翠玉白菜」和「肉形石」,而且馬政府還規劃由第一夫人周美青擔任榮譽團長前往日本訪問。

難道馬英九不知道目前的日本政治動態以及中日關係的現狀?日本最近才把中國的領土釣魚島「國有化」,日本首相安倍晉三正在緊鑼密鼓推動修改憲法以擴張軍備,讓軍國主義死灰復燃,同時還修改日本的教科書以掩蓋日本軍國主義早年的侵略行為,堅決否定戰時曾強徵慰安婦以及犯下其它戰爭罪行……安倍倒行逆施的花樣實在是罄竹難書。正當中、韓兩民族痛斥安倍政府「無恥、無聊、無理」,全球炎黃子孫義憤填膺之際,馬英九卻興致勃勃地送上國寶去媚日,真令人摸不透他的思想和心態。

國寶運到了東京,才發現在宣傳海報上,「國立故宮博物院」名

稱中的「國立」兩個字被刪除掉，無疑地被日本人存心「矮化」了；於是台北提出抗議，威脅如不改正便取消展覽，據悉經過近三十六小時的談判，日本最後才同意用貼紙方式在海報上加貼「國立」兩個字，而周美青也知趣地決定「暫緩」訪日。雖然台北強辯說赴日展覽是為了促進文化交流，但國家和民族的尊嚴卻遭受到如斯踐踏，真是自取其辱！

　　蔣經國先生有這樣兩個徒弟，真是死難瞑目！

　　（原載2014年6月27日菲律賓聯合日報「笑談古今」專欄）

幾度夕陽紅：
笑談古今5

宋楚瑜厚臉皮天下無敵

樹老皮厚，有的人跟樹一樣，臉皮也是越老越厚，年逾七旬的親民黨主席宋楚瑜便是一個活生生的樣辦。

民國初年，四川出了一個叫李宗吾的怪傑，自詡他創立了一套「厚黑學」的理論，認為一個人如果要獲得成功，一定要心黑、臉皮厚。宋楚瑜似乎得到李宗吾的真傳，他一生得到國民黨栽培養育，到頭來卻一心要把國民黨毀滅掉，蔣經國一手提拔啟導他，宋卻把國民黨用來照顧蔣家遺屬的兩億多元台幣據為己有，黑心肝由此可見一斑。李登輝以「凍省」來折毀宋楚瑜的政治舞台、以「興票案」來摧毀他的聲譽和人格，宋當年也把李視為「不共戴天」的仇敵，十年不相往來；然而為了竊奪「興票案」中那一筆原屬國民黨的鉅款，宋竟低聲下氣跑去巴結李，並且在取得款項之後，無恥地向記者宣稱，他堅信「凍省」和「興票案」都不是李登輝的所作所為，臉皮之厚，令人瞠目。

為了台灣明年的大選，宋楚瑜近日講了一席話，讓人體會到他的厚臉皮已經不只是「厚黑學教主」李宗吾所講的那種「厚如城牆」的「初哥」，而是「堅若鋼板」的「老鳥」。

宋於七月二十一日在台北福容飯店召開親民黨幹部會議，會後他對記者說：「國民黨應該好好檢討」；然後聲嘶力竭喊道：「不是天下人對不起國民黨，是我們這些老兵對不起台灣人民，把台灣搞成今天這樣子，能不好好檢討嗎？」宋楚瑜還訕笑國民黨道：「不要自己四面楚歌、草木皆兵，就怕中了我的十面埋伏！」他更引用阿房宮賦

說：「滅六國者，六國也，非秦也。族秦者，秦也，非天下也。」又稱：「不管是國民黨或親民黨，如果自己不好好檢討，而讓『後人哀之不鑒之』，這才是要好好處理事情。」

宋楚瑜講出這一番道理來「教訓」國民黨，擺出一副道貌岸然的模樣，似乎他是全世界最有正義感、最有是非心的人；但如果瞭解他的為人，不免會嗤之以鼻，更要替他感到汗顏臉紅。宋要國民黨「好好檢討」，他自己有沒有先做自我檢討？不錯，「不是天下人對不起國民黨」，但老宋本人卻實在是「對不起國民黨」；宋是喝著國民黨奶水長大的人，卻無時無刻不想著要置國民黨於死地，近年來在多次的選舉中，他都蓄意與國民黨打對台，製造藍營的分裂而讓民進黨漁翁得利，甚至導致國民黨失去江山；近日更猛挖國民黨的牆腳，鼓動國民黨的民意代表跳槽至親民黨，而且一再口出惡言，對國民黨進行破壞詆毀。請問宋楚瑜，你對得起國民黨嗎？

2000年，李登輝的爪牙爆出宋楚瑜在中興票券存有數億元新台幣的消息，宋辯稱鉅款乃是國民黨交付給他用來照顧蔣家遺屬的專用款，國民黨財委會主委徐立德也向檢察單位證實，款項的確是國民黨交辦的專款，後來宋還把二億四千八百萬元新台幣送交法院託存，以返還給「國民黨主席李登輝」；然而十年後，宋楚瑜卻狡稱鉅款是「省長選舉的結餘款」，把原屬國民黨的兩億多元放進自己的口袋。請問宋楚瑜，你對得起國民黨嗎？

譏諷國民黨時，宋楚瑜大言不慚說：「……是我們這些老兵對不起台灣人民，把台灣搞成今天這樣子，能不好好檢討嗎？」想深一層，宋確有自知之明，以李登輝為首的一批人，把當年蔣經國團隊苦心經營成「亞洲四小龍」之首的台灣寶島，搞成今天的處境如此低迷落後，宋楚瑜實在難辭其咎。蔣經國先生在生之年，台灣的經濟蓬勃發展、社會安定，已經邁向先進發達地區之列；可惜蔣經國去世之後，接班的李登輝胡作非為，把蔣經國留下的資源消耗殆盡，把「黑

金政治」帶進台灣政壇，讓一向清明繁華的寶島逐漸淪落為一個糜爛腐壞的社會，更幾乎把海峽兩岸帶到戰爭的邊沿，李登輝團伙禍害台灣以及中華民族的罪行實在是罄竹難書；而那一個「臨門一腳」幫李登輝奪權的馬前卒，正是宋楚瑜這個投機的政客。請問宋楚瑜，你對得起國民黨嗎？你對得起台灣人民和中華民族嗎？你是不是應該「好好檢討」一下？

宋楚瑜於2000年脫黨競選總統大位，造成藍營分裂而讓陳水扁順利登上台灣領導人寶座；陳執政八年期間貪腐亂綱，進一步把台灣推向沉淪不復的深淵，經濟低迷不振令老百姓民不聊生，失業率和自殺率都呈現出空前的高峰。出面攪局以致讓國民黨失去江山，並保送陳水扁被抬進總統府的還是這個老宋。請問宋楚瑜，你對得起國民黨嗎？你對得起台灣人民嗎？

宋楚瑜拿唐代文學家杜牧的「阿房宮賦」來挪揄國民黨，說「滅六國者，六國也，非秦也」，意指國民黨不該把失敗的因素加諸他人之身。其實宋講得不錯，如果把「阿房宮賦」的詞句稍為修改一下，便成為「滅藍營者，藍營也，非綠也」。民進黨之能夠奪取執政權，並非綠營有足夠的政治實力，而是由於藍營分裂的緣故；製造藍營分裂的正是宋楚瑜這個「打著藍旗反藍旗」的投機政客。請問宋楚瑜，你對得起國民黨嗎？你對得起藍營的父老嗎？

宋楚瑜的手指習慣指向別人，為什麼自己不懂得照照鏡子？他用『後人哀之不鑒之』來影射國民黨，其實他應該用這一句話來警惕自已。2006年，宋冒著分裂藍營的罵名競選台北市長，卻被選民唾棄而只得到4.14%的選票；2012年受到李登輝的唆使，甘當藍營叛徒，再度披甲上陣競選總統，意欲藉攪局來拉低馬英九的得票率，以保送民進黨蔡英文當選總統，結果選民不上當，宋也只得到2.77%的超低得票率。經過這兩次灰頭土面的慘敗，令人替這個光芒不再的過氣政客深深「哀之」，但宋楚瑜卻不懂得「鑒之」，依然沉迷在追權逐利的

政治遊戲當中,怎不讓人為他扼腕嘆息?

　　宋楚瑜故弄嬌情說他是否出馬競選總統大位,還要「問問」他那位去世三年的太太;宋夫人陳萬水是一個明事理、識大體的女性,希望她在冥冥中好好指點一下迷途的丈夫。也希望宋楚瑜在做出「親者痛、仇者快」的糊塗決定之前,先「問問」他九泉之下那位忠黨愛國的亡父宋達將軍,不妨也到大寮去拜祭一下那位苦心栽培他的蔣經國先生;大家都想看看,宋楚瑜是否可以心平氣和、臉無赧愧地將自己「出馬參選、拆國民黨台」的計劃向亡父以及恩師詳細稟報?宋楚瑜應該捫心自問,你的所作所為,對得起台灣人民嗎?對得起宋達將軍和蔣經國先生在天之靈嗎?

　　(原載2015年7月24日菲律賓聯合日報「笑談古今」專欄)

數說藍營叛徒宋楚瑜

不出所料,不甘寂寞的親民黨主席宋楚瑜終於公開宣佈,他將參加競逐2016年總統大選;其實,宋決定參選並非新聞,如果他宣佈不參選,那才是台灣政壇的大新聞。宋楚瑜說在他決定參選之前,先到亡妻陳萬水、亡父宋達以及一個亡友的墓前冥思,可惜宋不敢到蔣經國先生靈寢前參拜一下,向這一位當年栽培扶植他的政治導師稟告他準備參選、準備再一次製造藍營的分裂來替民進黨奪取政權。

宋楚瑜雖然沒有顏面到大寮謁拜蔣經國靈寢,但是他依然厚顏無恥地利用蔣經國先生的高風亮節作為他政治宣傳的本錢。宋於宣佈參選後首站前往台灣南部屏東縣,藉探視風災災情而進行競選造勢,為了表示自己親民勤政,他再一次搬出蔣經國先生的神主牌,說蔣先生教會他「人民的小事,就是政府的大事」。既然宋楚瑜如此喜歡引用蔣經國的遺訓,我們不妨提出幾個問題,請教一下這位個披著「蔣經國弟子」外衣、卻做盡「欺師滅祖」勾當的政治投機分子。

蔣經國先生逝世時,宋楚瑜當時擔任的職務不過是國民黨副秘書長而已,在國民黨的中常會也只是列席人員的身分,但他卻在會上大撒「政治嬌」,破壞國民黨元老們所推動的「集體領導」計劃,硬把李登輝推上國民黨主席寶座,協助李將黨政大權一手獨攬。李登輝掌權之後,經過一番奸狡的政治運作,先利用「黨務派」的李煥來打擊「宮廷派」的俞國華,接著靠「軍頭」郝柏村打擊李煥,最後以自己認為是親信的「新生代」連戰來取代郝柏村,將國民黨一大批元老們

新黨秘書長李勝峰口中的「歷史罪人」宋楚瑜

在政府領導層的影響力完全鏟除，鞏固了他的獨裁統治地位，進而把「黑金政治」帶進台灣政壇。在一波波將黨國元老邊緣化的奪權過程中，宋楚瑜乃是李登輝的幫兇爪牙，有人甚至懷疑宋乃是李的「狗頭軍師」，這一段期間便是李、宋「情同父子」的蜜月時期。當然，在政壇打滾多年的李登輝對宋楚瑜的野心和毒辣的手段不無警惕和提防，於是他重用連戰和蕭萬長而公開排斥宋，既不考慮起用他為行政院長，更採取一招「凍省」來拆除他的政治舞台，令宋楚瑜感到晴天霹靂，而如夢初醒的老宋終於在痛不欲生的心態下選擇與李登輝決裂。不過，在協助李登輝奪權的整個過程中，宋楚瑜得到了不薄的「政治分贓」；在李的安排下，宋從國民黨副秘書長一職晉升為秘書長，繼而獲委任為台灣省主席，最後在李的護航下獲選為台灣民選省長，令宋楚瑜登上了他政治生涯的巔峰。李登輝全盤掌控國民黨黨產之後，也沒有忘記分一些甜頭讓宋楚瑜嚐嚐，他撥了幾個億新台幣，放進宋楚瑜以他兒子名義在金融機構開設的戶口。請問宋省長，難道這種「逼害忠良」、「濫權營私」、「坐地分贓」的骯髒政治操作，也是蔣經國先生的教導嗎？

李登輝大權在握之後，擔心宋楚瑜功高震主，便來一招「兔死狗烹」的花樣，宣佈「凍省」，把宋楚瑜從省長的寶座上拉下台，棄之如敝屣；傲氣凌人的宋楚瑜當然不甘心就此消失於台灣政壇，於是另起爐灶創立親民黨。宋這一種死裏求生的政治花招固然值得諒解，但是在2000年大選中，他不惜分裂藍營的力量而最終保送陳水扁進入總統府，2006年的地方選舉中又搞局打擊國民黨的台北市長候選人，2012年再次在大選中分裂藍營的力量暗助民進黨候選人蔡英文，現在又對風雨飄搖中的國民黨「落井下石」，務要把江山再度雙手捧給鼓吹「去中國化」的綠營。請問宋省長，這些令「親者痛、仇者快」的行為是蔣經國先生的教導嗎？

1999年年底，台灣政壇發生了轟動一時的「興票案」，宋楚瑜被

爆以兒子宋鎮遠的名義在中興票券開設戶口，存有數億元鉅款。當時宋楚瑜立即出面分辯，稱該筆款項乃是奉國民黨主席李登輝的指示所設立的「秘書長專戶」，用來照顧蔣家遺屬；為了證明自己清白，無意侵佔國民黨黨款，宋將二億四千八百多萬元台幣交給法院保管，以退還給「李登輝（中國國民黨主席）」；由於李登輝後來被國民黨革職並開除黨籍，宋楚瑜在2005年又向法院提出申請，要求將他交給法院的那一筆鉅款的「債務受益人」改為「國民黨主席連戰」，由此可見，那一筆款項的的確確是國民黨的黨款。可是到了2010年年初，宋楚瑜卻在李登輝的唆使協助下，把存放於法院的兩億多元鉅款領走，改口聲稱該款是他的「選舉剩餘款」而私自吞下這筆存款。請問宋省長，這種厚顏無恥把公款吞佔據為己有的強盜行為，是蔣經國先生所能夠容忍的嗎？

陳水扁在執政時期大力鼓吹「一邊一國論」，把台獨的火焰燒得滿天通紅，宋楚瑜卻甘冒天下之大不韙尋求阿扁的青睞，並且「晚節不保」地進行了一次「扁宋會」，為了謀取自己的政治利益而替陳水扁背書，令人不齒。李登輝執政後期推出「兩國論」台獨政綱，被國民黨趕出門之後更是變本加厲，但是宋楚瑜為了竊取「興票案」的鉅款，不惜於2009年親往陽明山「翠山莊」拜晤李登輝，重新演出一齣「認賊為父」的醜劇。請問宋省長，這種不辨是非、毫無立場的政治投機作為，是蔣經國先生所能容忍的嗎？

近年來，宋楚瑜專挖國民黨牆腳，在議會裏與民進黨互相勾結；在台北市長的選舉中，公開支持不承認「九二共識」的柯文哲，還唆使他的嘍囉劉文雄到處謾罵破壞國民黨，宋更不遺餘力地煽動國民黨民意代表叛黨跳槽……完全沒有想想他自己乃是喝國民黨奶水長大的，縱使不滿意現在的領導人，總不能出賣那位建黨的孫中山，總不能辜負那位苦心栽培他的蔣經國。請問宋省長，如此絕情忘本，一心要把國民黨摧毀掉，難道也是蔣經國先生的教誨？

李登輝跑到日本，大肆宣揚釣魚島不屬於台灣，而是日本的領土，而且還厚顏無恥地聲稱台灣人都感念日本的殖民管治，因為「日本的管治提高了台灣人的素質」云云，諂媚日本、出賣民族利益的作法令全球的炎黃子孫義憤填膺。在政界、學界、新聞界以至社會各階層紛紛發言申斥李登輝賣國言論的時候，平時意見多多的宋楚瑜卻噤若寒蟬、隻聲不出；是不是因為李登輝幫他偷走國民黨幾億元黨款，李的所作所為便「碰不得」，就算他賣國殃民也應該予以默許？請問宋省長，你這種沒有是非、為了私利而可以置民族利益於不顧的態度，會得到蔣經國先生的原諒嗎？

　　台灣最近有一班學生受到台獨分子煽動，發動所謂「反課綱」示威並佔據教育部，抗議政府微調教科書綱目；學生要保留的教科書內容早已經過李登輝和陳水扁大幅修訂，不但嚴重地「去中國化」，更著意讓台灣人「皇民化」地傾向日本。令人深感疑惑的是宋楚瑜居然支持青年學生，批評執政當局對教科書進行的微調工作。宋楚瑜到底意欲何為？為了選票、為了討好綠營，他連最基本的民族情操也可以置之不理，難道他不覺得自己早已不配再提蔣經國先生的名字？

　　宋楚瑜的言行舉止已經清楚表明他是藍營的叛徒，最近他更公開聲明自己「不藍不綠」；具有民族意識的藍營人士應該睜大眼睛，不要再受這個令孫中山和蔣經國名字蒙羞的政客所蒙騙，應該投給宋楚瑜的不是選票，而是臭雞蛋。

　　（原載2015年8月12日菲律賓聯合日報「笑談古今」專欄）

幾度夕陽紅：
笑談古今5

癡心妄想要當

「全民總統」的 馬英九

幾度夕陽紅：
笑談古今5

評談馬英九的「全民總統」

在接受傳媒專訪時，曾先後擔任過外交部長、國民大會議長、監察院院長的錢復先生表示，他對馬英九的總統選情深感憂慮，原因是馬英九一心想當「全民總統」，結果「藍營氣他、綠營不感謝他」，而最後演變成「站在中間，兩邊一起打」。台灣的「聯合報」卻有另一種看法，該報認為馬英九「即使就選情考慮」，也應該維持「全民總統」的心態與情操，因為那是任何一個總統都必須具備的；「聯合報」的文章指出，這項目標「雖不能至，心嚮往之」。馬英九本人在國民黨第十八次全國代表大會第二次會議上也再次聲稱，他將一如既往，努力朝著當「全民總統」的目標而努力，隱約中似乎在回應並且駁斥他老師錢復的論點。

其實，錢復先生沒有講錯，馬英九因為太著意要當「全民總統」，結果變成「豬八戒照鏡子──兩面不是人」。2008年馬英九以歷史高票當選總統後，非常在意那五百多萬沒有投他票的台灣選民，因而刻意討好綠營，不過他的所作所為卻傷透了投票支持他的七百多萬選民的心。

馬英九當選總統之後，為了鞏固自己的勢力，不惜排斥掉幫他打了漂亮的選戰而贏得總統寶座的國民黨主席吳伯雄先生，並且取而代之。但自從馬英九重作馮婦、回鍋擔任國民黨主席之後，國民黨在選戰中便節節敗退，不管是立法委員補選、「三合一」縣市長選舉，或是五都選舉，每一次選舉過後，看到的總是民進黨主席蔡英文率眾鞠躬謝票祝捷，以及馬英九率領國民黨高層向支持者鞠躬道歉的鏡頭。

究其因,實乃馬英九頻頻做出「親者痛、仇者快」的動作,藍營支持者以前是興致勃勃前往投票,接著轉變為含著眼淚前往投票,到最後是含著眼淚不去投票,導致國民黨的得票率不斷滑落;選民心情和態度的改變,充分顯示出他們對馬英九的極端不滿。

錢復的擔心絕非「杞人憂天」,去年底的「五都選舉」中,國民黨得到的選票總額就比民進黨少了四十多萬票;這五個大都會的選民人數佔全台灣六成多,而國民黨在五都的得票率僅有44.54%,遠低於民進黨的49.87%。如果藍營民眾的投票意欲繼續低迷,中間選民繼續流失,明年的總統大選中,馬英九要跟「鐵板一塊」的綠營抗衡,實在未可樂觀。在這段期間內,馬英九必須做出一些大動作,喚醒藍營民眾的危機感,增強他們的向心力,並且促進藍營的大團結,發揮同仇敵愾的精神,才能阻遏綠營囂張的氣燄。

話說回來,馬英九心中所想的,以及「聯合報」文章裏所鼓吹的那種「全民總統」的心態與情操,其實也無可厚非;但「全民總統」不應該拿來當口號,而是應該在施政上讓「全民」得益,最後便會自然而然地被「全民」接受為他們的領袖。就好像蔣經國先生,從來沒有聽他說過要當「全民總統」,也未曾見過他刻意去討好任何一群人,但由於他埋首苦幹、以「十大建設」為台灣創造了經濟奇蹟,受到老百姓的愛戴和擁護,便自然而然地塑造出一個「全民總統」的形象了。

「順得哥情失嫂意」本來就是政治人物的寫照,馬英九奢望獲得綠營人士的支持,「哥情嫂意」兼而得之,那只是他的一廂情願而已;他必須認清一點,從來沒有一個政治領袖,可以真正得到「全民」的擁戴和支持。林肯被史學家推崇為美國歷史上最偉大的總統,而甘迺迪乃是在美國民間最受歡迎的領袖,但最後二人卻都死在凶徒的槍下;邱吉爾領導英國度過戰爭的艱辛歲月,勞苦功高,戰後卻得不到人民的支持而要鞠躬下台;鄧小平把中國的紛亂社會和百孔千瘡

的經濟帶進一片燦爛的新天地，為人民帶來幸福的生活和光明的前途，但仍然有一班「異議分子」天天咒罵他；蔣經國功在台灣，得到一般民眾的擁護和愛戴，但依然受到凶徒槍擊，而在他逝世之後，還有一群「政治小丑」大搞「去蔣化」。即使是中國歷史上最「全民化」的領袖孫中山先生，同樣遭受到陳炯明及北洋軍閥的反對和攻擊。中國古諺有云：「關公也有對頭人」，任何一個政治人物如果癡心妄想得到「全民」擁戴，那不過是發「白日夢」而已。

馬英九當選總統之後，急急忙忙前往拜晤李登輝，而不是先向連戰、吳伯雄這些協助他當選的功臣致謝，甚至還刻意疏遠這幾位國民黨大老；也見不到馬英九向邱毅、郁慕明、趙少康等多位在選戰中替藍營衝鋒陷陣的戰將們論功行賞、安排任何位置，反而準備起用綠營元老沈富雄為監察院副院長，討好綠營的用心昭然若揭。馬英九應該醒悟過來，民主政治便是政黨政治，如果妄顧支持者的感受，最後的結局便是眾叛親離，不但做不成「全民總統」，更會淪為一個「孤家寡人」。

（原載2011年7月13日菲律賓聯合日報「笑談古今」專欄）

馬英九搬石頭砸自己的腳

距離台灣大選的日子只剩下兩個多月的時間,選戰的砲聲越來越隆,火光越來越炎,政黨都出盡法寶,選戰已到了肉搏戰的階段。

台灣政壇的風雲變幻令人莫測高深,甚至可以用「撲朔迷離」來形容。國民黨主席馬英九與民進黨主席蔡英文的總統之爭,彷若寒暑表的水銀柱上上下下。幾個月來的民調結果都是馬英九領先蔡英文,只是領先的差距並不顯著,經常是三、五個百分點而已;宋楚瑜宣佈參選之後,雖然同時拉低了馬、蔡二人的得票率,但因宋的參選導致藍營分裂,他從馬英九奪取的藍營選票,遠遠比從蔡英文身上吸掉的中間選民的選票多,因而在宋作為第三個總統候選人的情況下,馬英九和蔡英文得票率的差距變得更為接近。直到近日,蔡英文的副總統選伴蘇嘉全被揭發假公濟私,違法霸佔農地為其亡父營造風水墳塋,自己的豪宅也是違規建造在農地上,家族更明目張膽利用農地進行商業活動,妻子還佔用公地建屋出租,引起民間一片嘩然和猛烈評擊,民進黨的選情也因而大幅滑落,才稍微拉寬了馬蔡之間民調的差距。

可是這一星期來,台灣的選情又有了新的變化,根據「未來事件交易所」十月二十日發表的加權平均價格報告,馬英九僅以49.6%的得票率領先蔡英文的49.2%,相差不足半個百分點;如果考慮民調的誤差,馬英九分分鐘都有可能「陰溝裏翻船」,原本「十拿九穩」的選舉勝算,如今已經響起了警鐘。政論家分析,馬英九的致命傷是喊出「十年內簽署兩岸和平協議」的主張,然後他又畫蛇添足地表示,

要簽署這一項「和平協議」，必先通過「公投」。綠營對簽署「兩岸和平協議」極為敏感，馬英九提出主張之後，一些原本不滿意蔡英文而可能把票投給馬英九的「淺綠人士」，一下子全都翻了盤；而藍營對民進黨催生的「公投怪胎」深惡痛絕，馬英九卻樂於隨著綠營的音樂起舞，居然也熱衷舉辦公投，怎不令藍營人士心寒？馬英九原本想要「兩面討好」，卻落得一個「豬八戒照鏡子，兩面不是人」的下場。

執政近四年來，馬英九政府最大的政績便是維護了海峽兩岸和平融洽的關係，促成了「兩岸三通」，與北京簽署了「經濟合作框架協議」（Economic Cooperation Framework Agreement，簡稱ECFA）等十多項協議，因而為台灣爭取到甚多經濟利益；在全球經濟持續低迷、甚至瀕臨衰退的今天，台灣的經濟依然有所增長，殊非容易。在競選連任的過程中，打「兩岸牌」乃是明智之舉，因為這是馬政府的強項，也是民進黨的「軟肋」，但是有沒有必要在此時此刻拋出「簽署兩岸和平協議」的「震撼彈」，卻是見仁見智。據聞國民黨的高層決策機構亦曾為此進行過研討辯論，但是馬英九一意孤行，認為值得一博。

提出簽訂「兩岸和平協議」的主張還不是大問題，可能還會收到整固藍營選票的效果，但不知道是不是為了討好綠營人士，馬英九居然主動表態，說簽署協議之前會把建議草案付諸「全民公投」。這一下可樂了整天鼓吹「公投」的綠營，蔡英文乘機大作文章，正式下戰書，要與馬英九來一次「雙英會」以商討修訂「公投法」事宜。馬陣營為了不給蔡英文有機會製造政治波濤而在選戰中加分，已經拒絕了蔡的會談倡議，但也因此引來不少的批評和非議；馬英九這一次可以說是「搬起石頭砸自己的腳」。

「公民投票法」乃是民進黨執政時硬逼立法院生出來的怪胎，企圖以「全民公投」的手段，利用「民主」的招牌來爭取國際社會支持

「台灣前途必須由台灣人民決定」的主張,進而宣示「台灣主權」,甚至奢望以公投的形式更改國家名稱以及領土範圍,讓「台灣獨立」變成一個事實。最早提出「公投法」的民進黨籍立法委員蔡同榮在草案中註明「不設限條款」,即國名、國歌、國旗、領土疆域等等都可以付諸公投而更改;好在歷年來,立法院都是藍營委員佔大多數,因而蔡同榮的提案一直通不過。直到2003年年底,在協商之下,台灣終於制訂了「公投法」;經過藍營的大幅修改,公民投票不能直接修改憲法條文,只能「複決」憲法的修改案,換句話說,綠營不能利用公投來更改國名、國歌、國旗、領土疆域這些憲法規定的條例。另外,「公投法」也設有很高的門檻,公民提案必須達到上一次總統選舉投票人數的千分之五,連署人數則應達百分之五以上;而議案付諸公決時,必須有百分之五十以上前往投票的選民投下有效的選票,該次公投才算有效,也就是說,如果前往投票站的選民有一半入選擇棄權而不針對公投案投下贊成票或反對票,該項公投便宣告「流產」。

自「公投法」於2004年一月正式實施後,台灣已經有過三次公投的經驗。陳水扁於2004年導演了一齣「總統大選綁公投」的鬧劇,於該年的總統選舉中加入兩項所謂「強化國防」與「對等談判」的公投案,即「你是否贊成購置反飛彈裝備以強化台灣的防衛能力?」以及「你是否同意與中共展開協商以推動建立兩岸和平穩定的互動機構?」2008年立委選舉時,民進黨提出「追討國民黨黨產」的公投案,國民黨也還以顏色,提出「追究貪官污吏」的公投案;同年的總統選舉中,民進黨又提出以台灣名義申請加入聯合國的公投案,國民黨也提出以「中華民國」或其它「有尊嚴的名稱」加入聯合國或其它國際組織的公投案。結果,前往投票站投票選舉總統和立委的選民,大都拒絕領取公投票,因而上述六項公投案,沒有一項獲得一半選民的參與而最終「胎死腹中」。

較早，馬政府與北京簽署ECFA，民進黨便高喊必須進行全民公投，國民黨嗤之以鼻、不加理會，豈料這一次馬英九卻又「作繭自縛」，聲明「兩岸和平協議」必須經過公投確認，真是荒天下之大唐。

（原載2011年10月26日菲律賓聯合日報「笑談古今」專欄）

美國人扯馬英九後腿

距離台灣大選只剩下一個半月的時間，國民黨總統候選人馬英九、民進黨候選人蔡英文以及親民黨候選人宋楚瑜都已經向中央選舉委員會辦理了登記手續，正式進入近身肉搏戰的階段。依照目前的民調來看，意在「攪局」的宋楚瑜遠遠地吊在車尾，而馬英九和蔡英文卻是旗鼓相當、難分勝負。

在宋楚瑜插一腳之前，民調顯示馬英九領先蔡英文的態勢甚為明顯，但是宋宣佈參選總統之後，大幅度拉近了馬英九和蔡英文得票率的差距，某些民調更顯示馬落後於蔡。不管宋楚瑜搞什麼花樣，他在民調中的得票率一直徘徊在一成左右，要當選根本是「天方夜譚」，但是他依然堅持競選到底，顯而易見，他的用意便是要拉低馬英九的票數，而最終的結果有可能導致馬將總統的寶座拱手讓給蔡英文。

宋楚瑜不惜背負「歷史罪人」的罵名，蓄意分裂藍營，擺明姿態寧可讓蔡英文掌權，也要把馬英九拉下台，其居心令人深感疑惑，政論家對此做出種種不同的解讀。本專欄較早亦曾作出「主觀的臆測」，嘗試就宋楚瑜的心態加以分析，提出「老宋復仇記」、「李登輝演傀儡戲」以及「拉抬親民黨立委人數以進行政治勒索」等幾種版本，試圖替宋楚瑜「反常的動作」找出「合理的解釋」；縱觀近日來事態的發展，似乎還有一個值得探索的角度，那便是「美國因素」。

美國政府的發言人近日在記者會上表明，對於台灣的選舉抱中立的態度，不會作出任何干預；但是美國政府永遠是說一套、做一套，有誰會相信「山姆叔叔」對台灣選舉最高領導人這件大事不聞不問？

近兩年來，美國不遺餘力圍堵中國，奧巴馬總統情緒激昂地宣稱「不容許美國淪為老二」，國務卿希拉莉、克林頓更高調宣佈美國「重返亞洲」，增派軍力、新設基地並頻頻進行軍事演習，還慫恿其亞洲盟友在東海和南海製造緊張的氣氛⋯⋯所謂「項莊舞劍，意在沛公」，美國這一連串的行動，那一件不是以孤立、醜化和封鎖中國為目的？既然已經在意識中向中國宣戰，豈有不著眼於利用台灣作為棋子的道理？

最近美國與澳洲達成協議，除了增加駐澳美軍的人數之外，更以北澳達爾文軍港作為美國海軍基地，目的即在建造一道由日本經塞班島、關島至澳洲的防線，作為封鎖中國大陸的「第二島鏈」。美國之所以急於建造第二島鏈，緣因修建於五十年代、由南韓經日本、沖繩島、台灣、菲律賓到中南半島的第一島鏈已經「斷鏈」；而斷鏈的主要原因是上世紀九十年代初美國被迫關閉駐紮菲律賓的軍事基地，以及近年來台灣海峽兩岸關係的變化。

藉著年前「天安艦事件」引發的朝鮮半島緊張局勢，美國加強了對韓國和日本的控制，困擾美、日多年的沖繩島美軍基地迫遷案也擱置了下來；打著「反恐」的旗號，美軍早已再度登陸菲律賓，近來更藉著南海的糾紛而進一步影響菲國的軍務；華盛頓也決定在新加坡派駐最先進的近岸艦艇；華盛頓更與多年不相往來的緬甸互拋媚眼，國務卿將於近日前往訪問；美國還不遺餘力拉近與越南這個多年宿敵的關係，甚至舉行了聯合軍事演習。慢慢地，美國已經修補好圍堵中國的第一島鏈，但這一道島鏈之中，最關鍵、也最讓華府擔心的，便是台灣這一個環節。

自從馬英九執政以來，台灣海峽風平浪靜，兩岸關係風和日麗，不但實現了「大三通」，還簽署了包括ECFA和金融MOU在內的十多項協議。美國政府口頭上聲稱樂見兩岸關係和平發展，其實心中有如打翻醬缸，滋味不難理解。這一次台灣進行大選，美國會不會乘機扯

馬英九的後腿，幫蔡英文奪得政權，再次掀起海峽的風浪以便「混水摸魚」，實堪留意。

有幾件很「巧合」的事件，令人懷疑美國到底有多「中立」。本月十一日，美國聯邦調查局以非法僱用外勞的罪名，高調地逮捕了台灣派駐堪薩斯辦事處的處長劉珊珊；其間由於拒絕給予「外交豁免權」而矮化了台灣，令馬英九政府蒙受極大的打擊。劉珊珊僱用的菲籍家務助理早於八月間即已離職，劉珊珊亦隨即報警備案，為何美國政府早不動、晚不動，偏偏等到選舉前兩個月才採取抓人的大動作？是否要在這個關鍵時刻拆馬政府的台，替民進黨提供攻擊馬英九的彈藥？

近日來，令馬英九受到最大打擊的乃是有關他會晤賭場大亨陳盈助的消息，而散播這一段「黑新聞」的乃是「壹週刊」。「壹週刊」的老闆黎智英早年在香港靠經營「佐丹奴」服裝店而起家，「佐丹奴」的另一個大股東乃是美國的「老虎基金」（Tiger Fund）；根據內幕消息報導，「老虎基金」與美國中央情報局的關係瓜葛纏連，因此黎智英與美國情報局的關係也令人感到撲朔迷離。最近香港爆出一單新聞，稱黎智英在過去幾年中，向「反中反港」的泛民主派提供了超過港幣二億元的資助，其中有一部分還可能是用來支持中國大陸的地下教會，可見黎氏的雙手早已染上濃厚的政治色彩，香港人更質疑黎智英那些巨額捐款的來源可能就是美國的情報單位。在台灣選戰進入最緊張的時刻，「壹週刊」刻意抹黑馬英九，到底後面是誰在扯線？有沒有美國政府或中央情報局的陰影，頗值研究。

宋楚瑜的副總統選伴林瑞雄持有美國國籍，於九月廿七日才到美國駐台辦事處申辦退籍手續，如果來不及辦妥手續，宋楚瑜的參選資格也將被取消。據知情人士透露，一般狀況下如果申請放棄國籍，美國官員會依照規定向申請人詳細解釋退籍的嚴重性，然後要申請人回家冷靜思考數天再回來，如果幾天後申請人還堅持要退籍，才會讓他

宣誓進入申請的程序；跟著要向美國有關機構取得證明書，確認申請人沒有犯罪記錄而且沒有欠稅，才會批准申請。由於公文來往需時，據報一般辦理退籍手續約需三、四個月時間，林瑞雄這一次卻可以在極短的時間內辦妥手續，完全是美國人大開方便之門，促成宋楚瑜和林瑞雄順利登記參選，替馬英九帶來困擾，明眼人一看便清楚了。

政論家不應該胡亂猜測，更不可以散播「陰謀論」，但畢竟有太多的「蛛絲馬跡」，令人不能不懷疑美國人是否在扯馬英九的後腿。套用胡適做學問的原則，我們不妨「大膽假設」，讓馬英九的團隊以及兩岸關心台灣大選結果的人士去「小心求證」。

（原載2011年11月30日菲律賓聯合日報「笑談古今」專欄）

忖度周美青心底裏的話

上週末，香港「文匯報」刊登了一段引據自台灣「時報週刊」的新聞報導，大字標題是「英九有難、太太或出馬」，報導稱，目前馬英九與蔡英文在台灣大選中艱辛苦戰，非但沒有明顯的勝數，反而隨時有「陰溝裏翻船」之憂，因而藍營希望打出最後一隻王牌，請馬英九的太太周美青出面輔選。

台灣南部一向是綠營的天下，當地的國民黨立法委員候選人競選時都感到非常吃力，即使馬英九或其他國民黨大老前往站台助陣，所收的效果也不大，因而他們紛紛提出要求（台報用「苦苦哀求」字眼），希望第一夫人周美青趕快南下助選，以挽頹勢。

周美青的形象清新，深得民心，民意支持度甚至超越馬英九；詩人余光中在表白挺馬的立場時，意味深長地問選民：「難道我們要換掉周美青嗎？」四年前，馬英九得到不少的婦女選票，可是現在的對手是「穆桂英掛帥」的蔡英文，難保婦女選票不會流向綠營；熟悉選情的人士認為國民黨既然「蜀中無女將」，便應該請周美青仿效南宋那位協助丈夫韓世忠「擊鼓退金兵」的梁紅玉，也客串演出一齣「周美青擊鼓退綠兵」。但是，周美青一向淡薄名利，一點也不熱衷政治活動，相信馬英九與藍營大老們要下一番功夫，才能勸得動這一位「觀音菩薩」出來「救苦救難」。

第一夫人周美青不喜歡發表演講，即使出馬助選，相信也只是以微笑和招手來爭取選票。筆者倒是願意猜測一下，儘管周美青不開口，她心底想講的話應該是這樣：

「各位台灣鄉親父老、各位兄弟姊妹：

我是周美青，是馬英九的太太。丈夫當了總統，許多人都問我有什麼得失；說句實在話，我一向並不享受聚光燈和掌聲，因此談不上有什麼「得」，反而我真地「失」去了很多東西。丈夫當了總統，我不得不辭掉銀行的工作，失去了我所喜愛的職業；我每到一個地方，每做一件事情，都會被記者朋友放大來報導，我失去了自己的私隱；丈夫公務繁忙，東奔西跑，根本沒有週末或假期，我失去了溫馨的家庭生活。然而，我不在乎失去這一切，因為我知道台灣需要馬英九的服務；只要把現在的台灣和四年前做一下比較，我就知道個人所作出的犧牲是有價值的。

大家都知道，政治是骯髒的，特別當你碰上喜歡抹黑人的對手；你們應該沒有忘記，四年前有人誣稱我以前在哈佛大學圖書館工作的時候偷竊報紙，有人用「巧克力」錄影帶來誣衊我丈夫，今年更誣捏事實，說馬英九拿「賭盤大亨」的政治獻金。你們想，我應不應該生氣？當你的聲譽受到污辱中傷，當你的人格被人糟蹋踐踏，你心裏好受嗎？然而，為了台灣的將來，我甘心忍受這一切錐心蝕骨的傷害。

四年前的競選活動中，由於熱心的群眾推擠而引致我受到肋骨閉鎖性骨折，但當時為了不被人家誤會我是矯情地在爭取民眾的同情，乃決定不立刻前往醫院，而是咬緊牙關、忍受痛楚繼續鞠躬拜票；出訪友邦時，我與當地的兒童一起歡樂跳舞，爭取民間友誼，卻被有心人士辱罵為「耍猴戲」；我平日比較節儉，兩次慶典穿著同一套衣服便被辱罵為「沒品味」，更指責我「有失國體」。這些肉體上和精神上的創傷委實不好受，然而，為了台灣人民的福祉，我甘願忍受這一切的痛苦。

大家也都記得，四年前的馬英九還是「小馬哥」，做了這三年多的總統，他已經變成滿額皺紋的「老馬」，難道我不心痛丈夫的嘔心瀝血？較早有人威脅要殺害我的女兒，最近更頻頻傳出「刺馬」的恐

嚇,難道我不牽掛女兒和丈夫的安危?英九擔任總統讓我增加了不少的心理負擔,然而,為了國家和民族的前途,我甘心情願忍受這一切的煎熬。

　　各位鄉親父老、各位兄弟姊妹,我是一個家庭主婦,不懂得政治,我也不懂得講你們喜歡聽的話,我只會把自己心底裏的話講出來。我的丈夫不是一個「完人」,他有他的弱點和缺陷,也有犯錯的時候,但是他一直以來全心全意、竭智盡力為台灣人民打拚,乃是不容否認的事實。他為人木訥,不善言辭,不但不懂得煽動民眾,更經常被政敵曲解歪釋他的話詞,甚至替他「扣帽子」;但是我可以告訴大家,英九的一舉一動,全都是以台灣民眾的利益為出發點。最近有人指稱北京對馬英九非常友善,企圖把我丈夫「染紅」,硬是要用「通敵」的歪論來誤導民眾的思路,累得英九要多方解釋。其實,北京對馬英九好,不就是對台灣好嗎?難道我們一定要北京對台灣不好才滿意?我的丈夫就是這樣一個老實人,事情做對了也同樣要受人欺負。

　　我不懂得跟各位談馬英九的政績,但我知道我的丈夫接任總統職務這幾年來,剛好碰到國際的金融海嘯,全球經濟一蹶不振,可是比起其它周圍的國家,我們台灣所受的衝擊乃是最輕微的。我們只要把英九執政這三年多的台灣經濟狀況,與他就任總統之前那幾年比較一下,就不難看到差別了。我丈夫擔任總統這三年多,我從來沒有過問政事,也沒有碰過總統的「國務機要費」,我既沒有收過大商家送的禮物,也沒有人到我家來「串門子」走門路,更沒有在銀行租用保險庫或在海外銀行開設戶口。我可以很誠懇地向各位報告,馬英九是一個完全「不沾鍋」、絕對清廉的公僕。

　　各位鄉親父老、各位兄弟姊妹,我在這裏呼籲你們把票投給馬英九,並非因為他是我的丈夫;請大家問問自己,我們是不是希望台灣海峽兩岸的關係和平發展下去?我們是不是希望台灣的經濟在穩定的

環境以及ECFA的框架下繼續繁榮成長?我們是不是希望有一個廉潔可靠的政府來繼續領導我們?各位鄉親,為了台灣的繁榮穩定,為了我們和下一代的前途,請把你的選票投給馬英九!」

(原載2011年12月2日菲律賓聯合日報「笑談古今」專欄)

馬英九總統背後的女人

在這一次的台灣大選中，國民黨候選人馬英九贏了對手民進黨的蔡英文八十多萬票，當選連任。許多人都說，馬英九順利贏得總統大選，他太太周美青乃是大功臣；這位第一夫人樸實無華、平易近人，贏得民眾的好感，在競選的最後階段，她出面替丈夫拉票，所到之處萬人空巷，的確為馬英九爭取到不少選票。

二月十四日西洋「情人節」那天，平素木訥寡言的馬英九在「臉書」上貼文，講出了他要告訴太太周美青的肺腑之言。他在文章裏寫道：「情人節這個日子最重要的意義不在昂貴的禮物或豪華大餐，而是向心上人致上由衷的感謝，謝謝她的相親相愛、相知相惜，讓我們有更美滿的人生」。馬英九特別感激周美青三十五年來對他的付出和犧牲，他提起當年在美國留學時，太太身兼數職以賺取生活費，讓他可以安心讀書；回到台灣之後，周美青一面工作，一面照顧兩個年幼的女兒，「蠟燭兩頭燒，從不怨辛苦」。到馬英九當選總統之後，周美青為了避嫌，不得不放棄她心愛的銀行法務工作，專心投入社會福利公益事業。馬英九說：「寫到這裏，心頭的不捨與感激，實在難以言宣。」

馬英九又提起，自己從政三十一年來，周美青一直在家裏擔任他「最忠誠的反對黨」，隨時在旁提醒他不要忘記自己肩負的責任，不可辜負人民的期待。他特別提起這一次的總統大選，競爭非常激烈，而腰傷未愈的周美青忍痛下鄉、全台奔波、賣力拜票；馬英九自認人氣不如太太旺，表明他得以連任，太太功不可沒。他語重心長地寫

道：「回首來時路，千言萬語難以形容我的幸運，有這麼好的牽手一路相伴，既能相夫教子，又能相責以義。得妻如此，夫復何求？」平日嚴肅木訥的馬英九還引用周美青最喜愛的歌曲「箏」的歌詞，來表達他心中溫馨幸福的感覺：「天有多長，地有多久？天真的你曾如此問我，許下的承諾要一生相守。」馬最後用一句最普通、卻也是最誠摯的話來告訴太太：「美青，謝謝妳。」

在這一次台灣的總統大選中，那一股「周美青旋風」的威力確實不容忽視。沒有演講、沒有站台，也沒有分發傳單或高喊口號，只是走進菜市場、走到夜市，只有例牌的鞠躬、微笑、握手，如果有人提出要求便拍拍照、簽簽名；這些微小的動作，便已經牢牢地綑綁住民眾的心。周美青走進眷村，與老榮民、老奶奶閒話家常，鞏固了藍營的基本盤；她也走進綠營的大本營，以誠懇的笑容溶化了淺綠人士以及中間選民的心。詩人余光中並沒有公開呼籲民眾支持馬英九，他只是問選民一句話：「難道我們要換掉周美青嗎？」這句話震撼了無數選民的心弦，為馬英九爭回了不少猶豫不決的「游離票」。選舉過後，李登輝表示將支持蔡英文於2016年再度披甲上陣競選總統，但是他女兒李安妮在同一個場合公開發表意見，認為台灣如果要選出第一個女性總統，應該是周美青才合適；可見不管是藍營或是綠營，同樣受到「周美青魅力」的感染和震攝。

根據報載，馬英九與副總統當選人吳敦義近日連袂前往南投縣埔里，造訪中台禪寺惟覺老和尚。在選舉前夕，惟覺老和尚、佛光山開山祖師星雲大師與天主教單國璽樞機主教等幾位宗教領袖，不約而同地公開表態支持「九二共識」，力促兩岸關係和平發展，替「馬吳配」爭取到不少信徒的支持，因此馬吳此行特別向老和尚和信眾謝票。記者報導稱，惟覺老和尚和佛教居士的代表陪同馬英九一行人在佛前拈香為台灣祈福，老和尚盛讚馬、吳乃台灣地區最具典範且有智慧及遠見的領導人，認為他們的當選是「民眾的福報」；但是在稱讚

馬吳二人之前,惟覺大和尚不忘先讚揚周美青一番,說她「瞭解民間疾苦,樸實勤勞,會犧牲自己成全大眾,真正是第一夫人的典範,不像過去的第一夫人珠光寶氣。」看得出來,周美青誠懇待人的為人處世作風,已經深深地感動了老和尚;老和尚口中那句「民眾的福報」,除了「有智慧及遠見的領導人」之外,當然也包括了一個與眾不同的第一夫人。惟覺大和尚拿周美青與以前的第一夫人作比較,更讓人看出「魚目」旁邊那顆「珍珠」發出的真正光芒。

　　西方諺語有云:「每一個成功的男人背後一定有一個女人。」觀乎古今歷史,不能不信其真。當年蔣委員長領導中國對日抗戰,在物資匱乏、武器明顯落後的狀況下,咬緊牙關苦撐了幾年,後來成功地爭取到友邦美國的全力援助,得到了迫切需要的戰時物資和武器的補給,最終獲得抗戰勝利;能夠得到美國的鼎力支援的原因,便是在蔣委員長背後有一位賢能的蔣夫人宋美齡,她一篇鏗鏘有力的演講詞讓美國所有的國會議員衷心折服,在美國各州的巡迴演講更喚醒了全美的民眾,激發起他們同仇敵愾的精神,因而踴躍支援中國來共同對抗日本野心家的侵略戰爭。

　　馬英九得以成功連任,繼續以清廉的政風來推動台灣的政治改革和經濟建設,原因也是在他背後有一個肯吃苦耐勞、生活簡樸、不貪不取的第一夫人周美青,不僅協助他提高名望,還以「反對派」的身分隨時加以督促鞭策。反觀前任總統陳水扁,他背後有一個自詡比蔣夫人更偉大、比江澤民夫人王冶坪「更有代表性」的第一夫人吳淑珍,不但滿身珠光寶氣,坐在輪椅上發號施令絲毫不遜其夫,高官巨賈源源不斷到官邸「晉謁」和「進貢」,結果東窗事發,最後把她丈夫陳水扁送進牢獄。成功的男人背後有一個女人,貪腐墮落的男人背後又何嘗沒有女人的因素?

　　　　　(原載2012年2月20日菲律賓聯合日報「笑談古今」專欄)

幾度夕陽紅：
笑談古今5

連戰是馬英九勝選的大功臣

台灣綠營很喜歡煽情地喊一句「天佑台灣」，果然，老天爺眷顧台灣這一塊福地，沒有將寶島的執政權交給「翻版陳水扁」蔡英文。第十三屆總統大選終於塵埃落定，國民黨候選人馬英九得到六百八十九萬餘票，以近八十萬票的差距擊敗民進黨候選人蔡英文，贏得連任；而親民黨的宋楚瑜得到的選票還不到三十七萬票，僅佔總投票數的2.77%。

　　選舉前，民調報告顯示馬、蔡二人的得票率非常接近，緊繃的選情讓人透不過氣來；直到選前，「鹿死誰手」依然是一個謎，國、民二黨俱有信心，卻都沒有把握。綠營在最後一天打出王牌，剛接受過大手術的李登輝由人攙扶著替蔡英文站台，並且像宣讀遺囑一樣說這是他最後一次為台灣的政治前途而打拼，想用「悲情牌」來觸動懷有「台獨」意念以及一般本省籍選民踴躍挺蔡；前中央研究院院長李遠哲連同二百個教授學者，也聯署表達支持蔡英文的立場；具影響力的名政論家南方朔更公開發言攻擊馬英九，指稱馬以「恐嚇」的手段脅唬台灣人。然而，綠營祭出的這幾個招數似乎都收不到效果，李登輝的政治光環早已消失，他拿著演講稿照唸的講詞煽動不了幾個選民；李遠哲曾經兩度力挺陳水扁，卻捧出一個貪贓枉法的監獄犯，因而早已信譽掃地，被人譏諷為「雖是諾貝爾獎得主，卻是道德侏儒」，上一次大選他替謝長廷背書，但根本發揮不了任何作用；至於原名王杏慶的時事評論員南方朔，數十年來以一支筆桿橫掃台灣輿論界，不少人是讀著他的文章長大的，但是近

年來他數度寫出歪論文章,頻頻替陳水扁和李登輝打抱不平,他的道德觀念已被一般知識分子所存疑。民進黨的王牌有如「濕水鞭炮」,根本發不出火光巨響,綠營在南台灣的那一片「票倉」投票率非常低,更因而決定了蔡英文和蘇嘉全的「英嘉配」慘遭滑鐵盧的命運。

民進黨原本打算在北部小輸、中部打平、南部大贏,而以二、三十萬票之差擊敗國民黨,想不到「如意算盤」打不響。國民黨的馬英九和吳敦義這個「馬吳配」在北部贏得乾淨俐落,中部的選績也不錯,而在南部更拉近了與綠營的差距。民進黨原本估計在南部至少可以大贏國民黨七十萬票,想不到在高雄只能以十五萬票領先,在台南這個深綠大本營贏了不足二十萬票,在蔡英文和競選夥伴蘇嘉全兩個人的家鄉屏東也只贏了六萬票,大失民進黨所望。

不過,綠營在南部的立法委員選舉卻是大獲全勝,不但在台南和屏東獲得「全壘打」,籠括全部立委議席,在高雄九個選區中也贏得七席,如果不是陳水扁的兒子陳致中搞局,分散了綠營的選票而致民進黨老將郭玟成落馬,國民黨在高雄便只能保住一席;國民黨在高雄輸掉的立委包括議會黨鞭林益世,而黨內的猛將邱毅、江玲君和勞工領袖侯彩鳳也都在此次選舉中連任失敗,損失慘重。

上一屆的立委選舉中,國民黨在台北市獲得「八仙過海」,籠括了八區的立委席位,這一次只有七個人過關,而掉下海的還是「明星議員」周守訓,令人跌破眼鏡;不過國民黨在新北市以十比二的比例戰勝民進黨,在桃園、新竹和苗栗更是盡掃全部十個立委的席位,成績斐然,國民黨算是保住了北台灣這一片藍天。

許多政論家事先認為在這一次的立委選舉中,有極大的可能性是國民黨和民進黨都不能贏得過半數的席位,兩黨將會受制於「關鍵少數」的議員;但最終的選舉結果是國民黨贏得了立法院一百一十三個席位中的六十四席,民進黨只贏得四十席,李登輝的台聯黨在政黨票

方面獲得超過9%的選票，可以得到三個不分區立委的席位，宋楚瑜的親民黨除了有一個原住民當選立委之外，由於獲得超過5%的政黨票而得到了兩個不分區立委的席位，剩下的三個席位則由無黨派的原住民高金素梅、台中的顏清標和連江（馬祖）的陳雪生當選。國民黨既有過半數的立委席次，加上無黨派以及親民黨立委均有偏藍的傾向，可以穩控立法院；不過比起2008年贏得八十一席立委，國民黨這一次確是遭到極大的挫折。

　　馬英九配吳敦義這一個正副總統的陣容能夠比想像中更順利當選，原因頗多，其中一個很關鍵的因素，便是藍營的危機感變成了一股極大的動力。在「馬吳配」可能輸給民進黨「英嘉配」的陰影下，藍營選民的投票率提高了不少，連那些在大陸工作的台商和散居海外的台僑也都紛紛返台投票，盛況空前。幾個國民黨大老，包括榮譽主席連戰和吳伯雄、立法院長王金平等頻頻出面呼籲藍營團結挺馬，發揮了有效的「棄宋保馬」效果，宋楚瑜最後得到的選票只有寥寥的三十六萬多票，足以看出藍營各階層人士為了大局，確實是擯棄了一切個人的成見，集中選票投給馬吳配。軍中老將郝柏村多次公開發言，呼籲集中票源支持馬英九，引導了不少眷村的老兵棄宋保馬；而最關鍵的是連戰在選前一晚抱病站台，重提2000年藍營分裂而被陳水扁「漁翁得利」的慘痛經驗，以沙啞的聲音向宋楚瑜發出「團結必勝、分裂誤事」的誠懇呼籲，儘管宋置若罔聞，但那一番言詞對深藍的選民卻有啟導性的作用。為馬英九催票有功的第一夫人周美青平素細心獨到，在計票後的祝捷宣示會上與眾人握手言謝，唯獨走到連戰面前時趨前擁抱；這一個擁抱包含著真情感激的千言萬語，的確，連戰在最後一分鐘的一番話，成了藍營「集中投票」的酵母，連戰也成為馬英九和吳敦義順利當選的大功臣。

　　選舉結束後，馬英九宣佈他將定期與在野黨的領袖舉行會談，也將頻繁地與民間團體負責人晤面以進行溝通，希望他不要忘記黨內的

大老們;尊重這些元老,將是促進藍營團結並鞏固力量的基石。

(原載2012年1月18日菲律賓聯合日報「笑談古今」專欄)

馬英九民調聲望插水背後

五月二十日,馬英九在台北總統府宣誓就職,開始履行他的第二任總統職務。新聞媒體報導了一則引人發噱的花邊新聞,說馬英九與第一夫人周美青坐汽車抵達總統府時,一下車,馬與恭候他的總統府秘書長等人打完招呼,就快步向前走,把太太遠遠地晾在後面;無奈的周美青喊了一聲:「喂,你可不可以等我一下?」他才回頭陪著太太一起走。可是剛走了幾步路,馬英九又快步走上總統府階梯,再一次把太太撂在後面,只聞周美青又喊道:「可不可以等我一下?奇怪耶!」尷尬的場面被現場的記者捕捉得一清二楚,並且圖文並茂地廣為報導。

許多人都奇怪馬英九為什麼會那麼「失魂」,竟然在新聞記者眾目睽睽之下兩度拋下太太自顧自走,引起第一夫人的不滿;難道馬英九的失態是因為心情太過興奮或者緊張?答案應該是否定的,因為他這一次並非新當選總統,而是就職「連任」,自然不會興奮或者緊張到連太太也忘掉。某些政論家推測,馬英九之所以心不在焉,可能是近日他的民望大跌,心情過於沉重所致。

馬英九甫於今年一月中以超過百分之五十的得票率當選連任總統,想不到在短短四個月之內,都還沒有正式宣誓連任,民調就下跌到不足兩成;不但綠營天天隆隆發砲,連國民黨內部也「籠裏雞作反」,國民黨控制的立法院頻頻發難而讓總統府及行政院下不了台,民間更是怨聲載道,為馬政府的第二屆任期敲響了警鐘。

馬英九民望之直線下降,緣因他宣佈了幾項不得民心的政策。在

「瘦肉精」的恐懼陰影下,馬政府不理民間強勁的反對聲音,批准進口美國牛肉;更嚴重的是馬政府決定讓汽油和電費雙雙漲價,對目前生活在經濟低迷不振狀況下的民眾來說,無疑是「百上加斤」;馬政府又宣佈恢復徵收證券交易所得稅,引致台灣股票的加權指數大跌二千點⋯⋯這一項項的措施,都是一般民眾對馬英九投下不滿意票的原因。

馬英九推動多項「背逆民意」的施政措施,的確有他不得已的苦衷。首先談談「美牛」,為了在當前極端困難的環境下繼續生存,謀求經濟持續發展,特別是面對像韓國這樣的競爭對手的猛烈挑戰,台灣迫切需要在近期內與美國簽訂「自由貿易協定」,也希望順利地加入由美國帶頭推動的「泛太平洋經濟貿易區」組織,另外還企盼在今年內獲得國民赴美免簽證的待遇,在軍購方面也希望能得到美國國會開綠燈。有鑒於此等需求,馬政府必須盡力討好華盛頓,而美國人乃是最現實的動物,在台灣提出各項要求的時候,便把台灣禁止進口美國牛肉的政策搬上桌面,把台灣重新開放進口美牛作為協商洽談的交換條件。由於美國較早發生過瘋牛症,許多國家明令禁止進口美國牛肉,對美國的畜牧業造成嚴重的打擊;今年是美國的選舉年,為了爭取農畜業州份的支持和選票,華盛頓的政客們對友邦禁止美牛入口一事耿耿於懷,不但進行密集的游說行動,甚至採取強硬的手段脅迫各國取消進口美牛的禁令,而加諸台灣的沉重壓力也令馬英九政府不得不作出讓步。進口美國牛肉除了對台灣的畜牧業造成嚴重的影響之外,美國政府容許養牛戶使用「瘦肉精」,更令人對美牛會不會影響人體健康產生了極大的疑問。馬政府的如意算盤是一方面公開撤銷禁令來應付美國,另一方面在海關嚴格把關並詳作衛生檢查,同時由民間自動發起罷吃美牛,如此一來,既可滿足美國的要求,又可以達到不讓美國牛肉充斥市場的目的。可惜馬政府處理事件的過程淪於「黑箱作業」,非但沒有事先做好朝野溝通的工作,連國民黨的高層也不

明事件的來龍去脈以及利害攸關，以致搞出了令人啼笑皆非的「美牛綜合症」，至今依然不停地在台灣社會上發酵。

在「民主競選」的旗號下，政黨為了攫取選票，經常信口開河、隨意向民眾許諾下令人咋舌的福利條件，結果是令台灣淪為一個「福利社會」。在這一次的大選中，親民黨的總統候選人宋楚瑜便很不負責任地開出了「八六五計劃」競選支票，答應一旦他當選，政府將向每一名新生嬰兒每個月發放八千元補助金，二至三歲兒童每月六千元，四至五歲五千元。民進黨也承諾一旦蔡英文當選執政，老農的津貼將增加至每個月七千元台幣，意圖籠括南部農業縣的所有農民選票，逼使馬英九不得不也答應將老農補助金增加到六千元。這些利用社會福利來換取選票的技倆，導致政府每年都要增加不菲的開支預算；而政府在執政過程中，為了體恤「民間疾苦」，又不能不採取一些「紓緩民困」的措施，如馬政府為了因應物價高漲而調低奶粉的進口關稅以及飼料的營業稅等等，難免大幅降低了政府的收入。社會福利以及公共開支不斷增加，而政府的收入卻沒法提升，最後只能舉債度日；目前台灣政府債台高築乃是不爭的事實，而且問題日趨嚴重。馬英九不希望「債留後代」，更不想看到台灣步希臘和其它歐洲國家之後塵，走向經濟崩潰的懸崖，因而蓄意推動財政改革來平衡政府的收支。要增加政府的收入，恢復徵收證券交易稅乃是最實際的措施；股民在股市有所斬獲，向政府多繳納一些稅項實屬天公地道，但是台灣的股民早已被政府寵壞了，徵收證所稅遂令馬英九成為「股民公敵」。

要節制政府開支，汽油和電的價格非調整不可。台灣的汽油和電力都是由政府公營機構供應的，一直以來，由於政府明令限價，經營汽油的中國石油公司和供電的台灣電力公司長期虧損，每年都必須由政府公帑中撥款補貼。據云台灣的電費在過去三十年來每一度用電只漲了五毛三，與現實嚴重脫節；而台灣的汽油價格調整也遠遠追不

上國際油價的飆漲,難怪財政部要不斷為台電和中油輸血。馬政府的「用者自付」政策原本無可厚非,漲價既可減輕政府的負擔,也可以鼓勵民眾省油省電,但是油、電調價影響到每一個人的荷包,馬政府自然成為「眾矢之的」,這也是馬英九民望插水的原因之一。

為了台灣的長遠利益,馬政府不得不採取「重藥」來進行財政改革;瞭解馬英九的人佩服他的遠見和勇氣,對他這種願意為政治道德而犧牲個人政治聲望的精神油然起敬;然而,大多數民眾不管將來、只顧現在,子孫負債還很遙遠,多付油電費卻是今天的事,因而稱讚馬英九的人寥寥無幾,咒罵的人卻滿街皆是。在政治十字路口,馬英九將何去何從,大家正拭目以待。

(原載2012年5月30日菲律賓聯合日報「笑談古今」專欄)

漫談馬英九改組內閣

馬英九在今年初的總統大選中旗開得勝，獲得連任之後便急不及待推出幾項措施，包括開放美國牛肉進口、徵收證券交易稅以及提高電費和汽油價格等，引起社會各階層強烈的反對；這些政策嚴重地影響到民生，導致馬政府大失民心，馬英九個人的聲望也因而「插水」，近期的民調顯示他的民間支持度劇跌至百分之二十左右，為他的執政地位拉響了警鐘。

為挽頹勢，馬英九於九月底宣佈局部改組內閣，最矚目的便是指派親信幕僚金溥聰出任駐美代表，原駐美代表袁健生返台擔任國家安全委員會秘書長；原任行政院大陸委員會主任委員賴幸媛調任駐世界貿易組織代表，陸委會主委一職由原總統府發言人王郁琦出任；原國民黨秘書長林中森被委任為海峽兩岸基金會董事長，接替辭職退休的老將江丙坤。

這一波的人事改組，各方人士有多種不同的解讀，若干政論家猛批馬英九「用人唯親」，其實這種責怪並不完全正確。做領袖的人起用一些自己信任的幹部來協助自己，本就是「天經地義」的一件事；反之，如果部屬在政策上沒有默契而工作上又不能互相配合，這個團隊便會成為烏合之眾。不過，起用親信擔任要職雖然無可厚非，但親信有沒有能力擔負起所委任的職務，卻是做領袖的應該向納稅人交代的問題。

關心兩岸關係的人士對馬政府這一次改組內閣最感興趣的，便是質疑由王郁琦擔任陸委會主委到底是否合適？林中森是不是海基會董

事長的適當人選？

王郁琦學有專長，稱得上是一位青年才俊，但他對中國大陸的認識實在太匱乏了；十月二日在立法院的院會中，綠營的立委故意拿出中共中央政治局九名常委的照片考驗王郁琦，而王居然只認識胡錦濤和習近平的臉孔，連最經常與台灣貴賓打交道的賈慶林也不認識，而與他對等的國台辦主任王毅，也須行政院長陳沖在旁邊提示才答得出來，令人愕然。馬政府起用一個完全不熟悉大陸事務的人來負責兩岸的關係，到底能產生怎樣的效果，難免讓人存疑。

林中森曾先後擔任過行政院和國民黨的秘書長職務，應該是資歷深、能力強的官員，然而從未聽說他與中國大陸的官員有過來往，或與大陸的台商有過密切的交流，用這樣的一位官員站在最前線搞兩岸關係，豈不是「事倍功半」？即使馬英九不想再重用勞苦功高的江丙坤，倘若提升原海基會副董事長高孔廉或者委任一位經常與大陸官員和台商有接觸的人士來執掌海基會，不是更能促進兩岸的密切關係嗎？

海峽兩岸的關係是連戰破冰建立的，然後由吳伯雄繼續耕耘灌溉，因而連、吳二人至今依然是兩岸關係的幕後推手。政論家認為，馬英九任用王郁琦和林中森，目的是要親自主導兩岸的事務；當然，身為總統及國民黨主席，馬英九要親身統御兩岸的事務無可厚非，然而會產生什麼樣的結果卻是值得注意的。就算由連戰和吳伯雄繼續推動兩岸的關係，對台灣以及馬英九的政府是好是壞，大家都心中有數；馬英九如果為了擺脫連戰和吳伯雄的身影而起用一些不適當的親信，受損害的並不是連、吳二人，而是台灣民眾的福祉以及馬政府的威信和政績。

海基會和大陸的海協會是對等機構，彼此互相尊重；當初台北選派德高望重的辜振甫擔任海基會董事長，大陸也委任具「國師」地位的汪道涵來配對；陳水扁時代海基會名存實亡不說，馬英九上台後委

任江丙坤出掌海基會，北京也委任陳雲林為海協會會長，由這兩個熟悉兩岸事務的「識途老馬」來推動工作，終於為兩岸關係開拓出一片嶄新天地。馬英九在委任林中森之前，不知道有沒有與對岸作過溝通？大陸如果也派出一個新手，兩會豈非要花一段漫長的時間來從新適應？如果好好溝通，或許台灣可以請吳伯雄「老驥伏櫪、東山再起」，出任海基會董事長一職，北京可以安排即將退休的賈慶林或較早已退休的曾慶紅出任海協會會長，雙方都以「重量級」的元老來坐鎮兩會，為海峽兩岸搭橋造路；然後繼續以台方的高孔廉及大陸方面的鄭立中來執行日常的工作，定必可以把海基會和海協會帶上另一個高峰，也會大幅度提升兩岸的密切關係。當然，現在講這些話已經是「不切實際」的多餘話，台北已委任出王郁琦和林中森來維繫兩岸的關係，留下來的懸念就是靜候北京會派出怎麼樣的兩個人來配襯了。

馬英九把自己最貼近的心腹大將派到華盛頓，卻起用兩個新手來搞兩岸關係，甚多政論家認為這種做法顯示出他的政策是「重美輕中」。但願這只是政論家的觀點，而不是北京中南海的想法，更希望不是馬英九本人的思路；馬英九應該認清一點，在目前的狀況下，對台灣的經濟發展來說，與北京的密切溝通，確實遠比討好華盛頓來得重要。

記得馬英九曾經表示過，在他第二任總統任期內，由於沒有選舉的壓力，將作出一些「改寫歷史」的大動作；如今他起用兩個完全沒有包袱的新人來推動兩岸關係，令人不禁樂觀地猜測，他是不是準備進行一些大刀闊斧的行動，會不會石破天驚地推動兩岸的政治協商？美國人為了自己的國家利益，特別在意兩岸關係的發展方向，更時常指手劃腳、亂下指導棋；馬英九現在派他最信賴的智囊到華盛頓，是不是希望由他來穩住華府的政客，為自己的「兩岸關係大動作」向美國政府和國會議員解畫，爭取友邦人士的諒解？但願馬英九總統真地

展現出超人的勇氣與魄力,在兩岸關係上跨出驚天動地的一大步,為中華民族譜寫出歷史的新篇章,也讓自己可以名留青史。

(原載2012年10月15日菲律賓聯合日報「笑談古今」專欄)

幾度夕陽紅：
笑談古今 5

馬英九拒絕與大陸聯手保釣

台灣近期發生了兩件引人矚目的新聞，一是領導人馬英九列出三大理由，高調宣示兩岸不可能聯手保釣；二是國民黨榮譽主席連戰獲邀於二月二十四日前往北京訪問，旋即於二十五日與新上任的中共中央總書記習近平進行了「習連會」，翌日再與國家主席胡錦濤舉行「胡連會」。習近平對連戰發出邀請是在馬英九宣佈不與北京聯合保釣之前，因此兩件新聞似乎沒有關連，但其實不然，馬英九的保釣論清楚地反映出他對北京的態度，相信在習近平與連戰的晤談中，習一定嘗試向連深入瞭解馬的意向，同時也向台北當局傳達北京的立場。

近一年來，最牽動中華兒女心弦的大事，莫過於釣魚島的領土主權問題。日本政客搞「購島」，日本政府更將釣島「國有化」，這些動作都讓全球炎黃子孫熱血沸騰、義憤填膺；看到日本人的蠻橫霸道，加上美國在背後唆使縱容，海內外華人都期望海峽兩岸的政府和同胞能夠同仇敵愾、聯手保釣。對於「聯手保釣」的倡議，雖然北京始終沒有表過態，但台北的馬英九卻已急不及待一再聲明沒有可能，近日在國民黨黨中央與台商的會議上，馬英九更明確指出，基於三大理由，兩岸根本沒有聯手保釣的空間；這三個理由是：一、北京不承認當年國府與日本簽署的「中日和約」；二、北京對他提出的「東海和平倡議」沒有表態；三、北京聲明台北與日本商談漁權時不得觸及釣島主權。

誠實是一種美德，但太過誠實卻是政治人物的大忌。並不是說政

治家一定要撒謊,但作為一個好的政治家,不能不謹言慎行,有些話只能放在心裏而不可輕易講出口,碰到記者或民眾探問時,甚至遭到反對派質詢的情況下,有時一個微笑或一句不著邊際的話也是一個答覆,這就是「政治智慧」的運用了。馬英九是老實人,他心中有一句,口裏就講那一句,也因此令他成為箭靶,弄得遍體鱗傷。不管是當年「莫拉克風災」、美牛事件、軍公教退休金改革或是倡議兩岸簽署和平協定等等事項,馬英九總讓人覺得他的話不必講得那麼多,而可以預料的是「言多必失」,何況民進黨的大小政客都想在「雞蛋裏挑骨頭」,等著找話題讓他難堪,甚至下不了台。在保釣的事件中,馬英九的「過於誠實」再次令他講出不該講的話。

　　無可否認,「兩岸聯手保釣」是一個極為敏感的話題,可以理解馬英九在處理這一個問題時會遭遇到很大的困難。不聯手保釣,難免傷了全球華人的心;與北京聯手保釣,又怕得罪日本的後台老闆美國,更會遭到台灣綠營的猛烈攻擊。對這種敏感的話題,實在不適宜高調而明確地表白立場,一個微笑,或者簡單一句「保衛釣魚島主權是每一個炎黃子孫的本份」,便可以堵塞記者及議員之口;如今爆出一句「兩岸不可能合作保釣」,不但令海內外華人華裔大失所望,也讓北京對馬英九是否誠心誠意促進兩岸和諧的關係產生懷疑。

　　如果中國當年不是發生內戰,後來又形成兩岸對峙的狀態,釣魚島便不致落入日本的「管轄範圍」,目前日本最害怕的,便是兩岸同聲同氣、攜手並肩爭取釣島的主權。另一方面,美國犯錯在先,在表明對釣魚島主權不持任何立場的狀況下擅將「管轄權」交給日本,而且礙於「美日安保條約」,如今也是處於左右為難的態勢。基於自身利益,美國最希望見到的狀態是中、日兩國繼續為釣島主權爭吵,也希望海峽兩岸繼續保持對峙,讓美國可以從中攫取漁人之利;但另一方面,不管是中日兩國或是海峽兩岸,美國都希望不要讓矛盾升級到要訴諸武力來解決糾紛,否則夾在中間的美國也會不堪頭痛。海峽兩

岸若聯手保釣，勢將破壞目前的局面，到時美國可能會被逼表態，甚至要無奈地採取若干實際行動；因而美國與日本持著同樣的心態，務必想盡方法阻撓台北與北京聯手保釣。

馬英九年青時代便已經是一名積極的保釣份子，他在哈佛大學的法學博士論文也是以國際法的觀點研證出釣魚島歸屬中國的理據，他的保釣意識完全毋庸置疑。不過目前台灣還須仰賴美國鼻息，身為最高領導人的馬英九受現實所逼，向美國人低頭不足為奇；而台灣島內綠營份子出賣民族權益的氣燄甚為囂張，前領導人李登輝公開宣稱釣魚島是日本領土，民進黨主席蘇貞昌更跑到日本去鼓吹「台日聯合抗中」，而馬英九為了避免台灣社會加深分裂而不敢建議兩岸聯手保釣，固然情有可原，但是他大可保持緘默，什麼話也不必說，只要在行動上默默地與中國大陸遙相呼應，共同努力維護釣魚島主權，便算是盡了中華兒女的責任；如今他草率地發表這種「不與大陸聯手保釣」的言論，損害了兩岸和諧的氛圍，也傷透了全球華人華裔的心，更嚴重地破壞了他自己的形象。

較早台灣保釣船「全家福號」準備出海前往釣魚島安放媽祖神龕，獲得四艘台灣海巡署的巡邏艦隨行護航；到了釣島海域，剛好三艘中國大陸的公務船也在附近，台灣海巡署的官員竟喊話叫大陸的海監船離開。其實台灣大可告訴國際社會，海峽兩岸並沒有任何共同保釣的協議，台灣也沒有要求大陸派船助陣，不過若是大陸有船艦在釣島附近，甚至與日本的船艦碰撞，那也不是台灣所能控制的；台灣海巡署的巡邏艦刻意喊叫大陸的海監船離開，藉以表白兩岸沒有串通，實在有點「矯枉過正」。「全家福號」的保釣人士由於受到日本海上保安廳船艦的阻撓，最後無功而返；若不是台灣方面著意標榜兩岸沒有聯手保釣，順其自然地讓大陸的海監船阻擋日本的船隻，說不定媽祖的神位已經登陸釣魚島，替中華民族宣示島嶼的主權了。

如果將馬英九宣示兩岸不可能聯手保釣的那三大理由稍為分析一

下，便發覺這些「理由」根本站不住腳，相信身為法律博士的馬英九也會感到自己提出的論點實在過於牽強。

首先，馬英九說台灣擁有釣魚島主權的依據是1952年中華民國與日本簽署的「中日和約」，但由於北京不承認該和約，兩岸要聯手保釣便沒有任何基礎了。這一種說法其實是在鑽牛角尖，而最終的結局恐怕會害了自己。當年的「中日和約」是由國府外交部長葉公超代表中華民國與日本首相吉田茂的全權代表河田烈在台北簽署的，雙方都是以擁有國家主權的身分達成該和平條約；而當時中共已經在大陸成立了中華人民共和國，如果北京承認「中日和約」，豈不是承認「兩個中國」？馬英九實在不應該說台灣擁有釣魚島主權的依據是「中日和約」，因為1972年日本與北京建交之後，日本已經單方面宣佈「中日和約」作廢，不復存在的和約怎能再作為聲索領土的依據？其實中華民族擁有釣魚島的最佳憑據乃是史籍的記載；如果要講國際公約，應該提出的是1943年的「開羅宣言」以及1945年的「波茨坦公告」，這兩份文件乃是日本宣告無條件投降的依據，也是1952年在台北簽署「中日和約」的依據；這兩份文件都清楚講明日本必須歸還所有從中國掠奪佔據的領土，這便是中國人維護釣魚島主權最有力的憑據。雖然「開羅宣言」是蔣介石與美、英兩國的領袖協商達成的，而「波茨坦公告」則是依據「開羅宣言」的精神所發表的，由於當時中共尚未建立政權，蔣委員長乃是中共承認的國家領袖，因此中共從未抗拒這兩份文件。如果強調以這兩份文件作為聲討釣魚島的基礎，兩岸豈不是便有聯手保釣的共同依據？

馬英九提出兩岸不可能聯手保釣的第二個理由是北京對他提出的「東海和平倡議」沒有表示任何意見。事實上，馬英九提出的「東海和平倡議」基本原則便是「主權在我、擱置爭議、和平互惠、共同開發」，這不就是鄧小平生前所鼓吹而多年來一直被北京領導人遵奉為解決領海島嶼糾紛的原則嗎？北京怎會不認同鄧小平提出來的原則？

既然有「九二共識」，中國便只有一個，釣魚島的主權當然是屬於「各自表述」的中國，難道馬英九堅持要北京承認「釣島主權歸屬中華民國」？

馬英九的第三個理由是最近台北與日本準備商談釣魚島海域的漁權時，北京聲明不得觸及釣島的主權問題；針對這一點，馬聲稱「沒有主權，哪會有漁權？與日本談漁權不可能不碰觸主權的議題」。其實馬英九這一句話有點「自欺欺人」，霸道的日本首相安倍晉三已經講得非常清楚：「尖閣列島不存在主權爭議的問題，也沒有談判的餘地」，台北有能耐可以讓日本人坐下來談釣島的主權歸屬嗎？而實際上台灣與日本已經就東海的漁權進行了十七輪談判，卻始終談不出結果來；用這樣一個理由來辯說兩岸沒有聯手保釣的空間，委實令人感到莫名其妙。

有人替馬英九堅拒與大陸聯手保釣的立場辯護，認為如果聯手保釣，拿回釣魚島後應該歸中國大陸或是歸台灣管轄是一個大問題，與其今後發生內鬨，倒不如現在「分道揚鑣、各自修行」。其實這是非常幼稚的說法，不論站在北京或台北的立場，甚至在全球炎黃子孫的心目中，都有一個共識：釣魚島是中國的領土，只要不讓日本人掠奪走，今後由台北或大陸管轄有什麼關係？若是兩岸配合保釣，他朝一日收回領土，將釣島作為兩岸漁民的共同漁場，即使依照歷史傳統將島嶼的行政管轄權劃歸台灣宜蘭，相信對北京來說也不是一個大問題。與中國大陸近在咫尺的金門、馬祖，遠在南海的太平島，都可以讓台灣當局繼續管轄，釣魚島有何不可？只要兩岸不停地發展和諧的關係，兄弟之間有什麼事情不可以商量的？

上世紀三、四十年代，當日本侵略者對中國的神州大地肆意糟蹋蹂躪、對中國老百姓殘無人性地姦殺擄掠時，國共兩黨拋棄舊嫌，槍口對外，成立了聯合抗日的統一陣線。四十年前，當中越為了島礁的主權而在西沙群島發生海戰時，北京派出東海艦隊的艦艇駛赴南海增

援；當時兩岸還是處在劍拔弩張的冷戰時期,而台灣海峽的航道仍然控制在台灣海空軍的手裏,然而蔣介石老總統命令開放航道,讓共軍艦艇順利通過台灣海峽、迅速馳援南海艦隊,這就是「民族大義」和「政黨利益」的衡量和區分。今日,釣島風雲又呼召著民族的覺醒,中華兒女再次面臨民族大義和一黨之私的抉擇,兩岸的領導人應該負起時代的使命,才能對歷史和祖先有所交代。

(原載2013年2月27日及3月1日菲律賓聯合日報「笑談古今」專欄)

馬英九政府高調與連戰切割

在中國政府召開「兩會」並選出新屆領導人之前，國民黨榮譽主席連戰獲邀於二月二十四日前往北京訪問，得到高格調的接待，並獲安排與新上任的中共中央總書記習近平和即將退任的國家主席胡錦濤分別舉行「習連會」和「胡連會」。

連戰出發之前，特別於二月二十二日到總統府與馬英九會晤，談的內容當然是此趟「大陸行」的任務和目的。據報導，身兼國民黨主席的馬英九在會談時指出，在他繼續執政的未來三年，台灣政府將以「擴大及深化兩岸交流」為工作重點，並對連戰此次訪問大陸能取得豐碩成果表示「樂觀其成」。

訪問期間，連戰在北京提出「一個中國、兩岸和平、互利融和、振興中華」十六字箴言。平心而論，連戰的箴言不亢不卑、四平八穩，不但道出全球炎黃子孫的共同願望，更明示了兩岸必須努力的目標。這一句箴言引起台灣綠營的猛烈攻擊不足為奇，令人不解的是馬英九政府竟也因十六字箴言而與連戰劃清界線、明確切割，赤裸裸地展露出馬團隊諂媚綠營、毫無立場的可悲面目。

綠營攻擊連戰完全可以理解，因為他們鼓吹的是「台灣主權獨立、切斷兩岸臍帶」的理念，而連戰所提的「一個中國、振興中華」口號，不歪不斜地捅破了他們搞「台灣獨立、一中一台」的白日夢；就算連戰強調的「兩岸和平、互利融和」基本上符合了台灣民眾的福祉和願望，竟也同樣受到綠營的無理質疑。

令人深感困惑的是在連戰先生提出十六字箴言之後，馬英九政府

竟然驚惶失措、方寸大亂；陸委會主委王郁琦趕忙澄清，說連戰與習近平的會晤「並未獲得總統或主管機關授權，馬英九也沒有託付任何任務」。廢話！連戰先生並沒有與習近平簽署任何協約，也沒有作出任何承諾，幹麼還要先徵求總統「授權」？馬英九事先說過「樂觀其成」，王郁琦可懂得這四個字的意思嗎？連戰並沒有自詡「馬英九託付他任何任務」，王郁琦卻表現得緊張兮兮，實在是既可笑又可憐。王郁琦說連戰並未獲得「主管機關」授權，難道連戰在北京說任何一句話，都要先向他這個陸委會主委報備？王主委，別往自己臉上貼金了。

行政院長江宜樺也連忙與連戰切割，說連戰前赴大陸之前曾與他談話，但並未談到十六字箴言，他是在報紙上第一次看到這十六個字；總統府發言人李佳霏更表明，連戰與馬英九會面時，並沒有提起十六字箴言，還指出「馬連會」雖然談到兩岸和平發展、互利交流的概念，但與十六字箴言「明顯有落差」。請問馬英九和江宜樺：「你們緊張什麼？十六字箴言與你們的概念有什麼落差？」難道馬和江要否定「一個中國」的共識？或是不願意看到「兩岸和平」的形勢？難道他們不同意兩岸共同努力以達到「互利融和」的目標嗎？或者他們已經忘掉凡是炎黃子孫都有「振興中華」的願景？身為國民黨高官，如果這些人不願意接受連戰的十六字箴言，如何對得起國父孫中山先生和兩位先總統蔣公？他們要如何面對藍營父老？如何向全球熱血的中華兒女交代？

另一位國民黨榮譽主席吳伯雄早些時候訪問大陸，提出「一國兩區」的概念，馬政府也是急不及待與他劃清界線、完全切割，令當時還身處大陸的吳伯雄尷尬難堪、下不了台。「一國兩區」有什麼不對呢？兩位先總統蔣公執政時期，秉持的觀念便是「一個中國，一邊是自由民主的台灣地區，另一邊是共產專制的大陸地區」，這不就是「一國兩區」嗎？李登輝執政時期曾經砲製出一份「統一綱領」，也是清楚寫明只有一個中國而目前分成兩個不同管治的地區。馬政府口

口聲聲說兩岸關係和平發展的基石是「九二共識」，請問「九二共識」不就是「一個中國」的概念嗎？在這一個中國的範圍內，目前分為「大陸地區」和「台灣地區」兩個不同體制的政治實體，這不正是「一國兩區」嗎？馬政府一面鼓吹「九二共識」，另一面為了討好那一班數典忘祖的台獨分子，卻又粗魯地拒絕「一國兩區」的概念，讓吳伯雄這個老實人難堪之外，更令人懷疑馬英九和他的團隊是否患上了「精神分裂症」？

坦白說，馬英九政府自從2008年上台以來，施政業績可以說是「乏善可陳」，不管是當年「莫拉克風災」的救災工作，或是後來的美國牛肉進口、油價和電費調整、軍公教退休金改革等等方案和事件，以至最近的核四停建爭論，都讓人覺察到馬政府辦事優柔寡斷，結果進退失據，難怪民眾的支持率一路下滑，慘不忍睹。這幾年來馬政府最大的政績乃是保持台灣經濟的成長，而無可否認的，中國大陸在政策上的配合便是推動台灣經濟發展的潤滑劑，甚至可以說是主要的動力。ECFA政策下的優惠條件、大陸遊客的自由行、大陸資金來台的鬆綁、金融機構的合作以及兩岸貨幣的互換等等，都讓台灣在全球一片大衰退的苦旱中獲得了及時的甘霖。這些政策是天上掉下來的嗎？不，是海協會和海基會努力協商、是江丙坤和陳雲林八次苦心會談的結果。海峽兩岸目前之能夠融會貫通，每年舉辦的「國共會談」居功至偉，這其間便充滿著連戰和吳伯雄的汗水和智慧；特別是連戰，沒有他當年的「破冰之旅」，能有今天海峽兩岸的和平共處和台灣的經濟繁榮嗎？

連戰和吳伯雄為促進兩岸的密切關係立下了汗馬功勞，馬英九政府坐享其成，如今卻過河拆橋，不但刻意與這兩位黨內先進切割，高調地與他們劃清界線，甚至肆意將他們貶低並加以凌辱，怎不令人寒心且義憤填膺？

（原載2013年4月1日菲律賓聯合日報「笑談古今」專欄）

馬英九民調為何持續低迷

去年元月份馬英九在台灣的總統大選中獲選連任，雖然贏得辛苦並有點驚險，但他還是得到接近51%的支持率；就任短短一年來，馬英九在民調中的支持率竟然直線下挫，跌到接近10%，令人不勝訝異。當然，馬團隊施政業績不彰，在進口美國牛肉、調整油價和電費、改革軍公教退休金制度、續建核四廠等多項敏感的政策上倉卒定案，引發起一浪接一浪的民怨與惡評，成為民調支持率不斷下降的原因；不過，如果深一層進行分析，便知道問題的癥結並非那麼簡單。

陳水扁執政期間，經濟凋敝、民不聊生，阿扁的貪污舞弊案件又露出水面，然而他當時的民調支持率遠比現在的馬英九高，因為他有一些「死忠」的綠營擁躉，不管阿扁是歪是直，依然對他支持到底，甚至阿扁被判罪坐牢，還願意到監獄替他送飯。反觀馬英九的「死忠」支持者卻是越來越少，他應該好好反省一下，為什麼藍營人士會紛紛離他而去？難道他不覺得自己的政治理念令許多原來的支持者感到「哀莫大於心死」？

馬英九最近接受「中國時報」專訪，談到海峽兩岸是否應該展開「政治對話」時，講出一些讓熱血的中華兒女深感痛心的言詞。他認為「台灣現在的政治時機沒有成熟，雖然外界有許多人一直表示兩岸應進行政治對話，但沒有人真正說清楚具體該談什麼，既然大家沒有一致的意見，那又何必急？」究其實，兩岸遲遲不展開「政治對話」，並不是「台灣的政治時機沒有成熟」，而是馬英九和他的團隊

政治理念沒有成熟。馬政府「船頭怕鬼，船尾怕賊」，既懷疑北京的善意，又擔心綠營的攻擊，因此什麼也不敢做，這就是自身政治理念不夠成熟，嚴重缺乏自信心的表現，慢慢地便形成「多一事不如少一事」的心態，到最後也就「一事無成」了。馬英九說：「既然大家沒有一致的意見，那又何必急？」這一句話乍聽之下似乎滿有道理，但想深一層便知道完全不合邏輯，如果兩岸已經有了「一致的意見」，那還需要談嗎？就因為沒有一致的意見，才要急著談呀！

馬英九說不進行政治對話是因為「沒有人真正說清楚具體該談什麼」，這種說法令人覺得啼笑皆非。馬英九應該記得，當總統的是他本人，決定「具體該談什麼」也是他的責任，而不應該等別人來告訴他「該談什麼」。如果馬總統不知道兩岸的政治對話具體應該談些什麼，我們不妨列出一些話題供他參考；台灣不是希望兩岸盡快互設辦事處嗎？不是整天說希望北京不要打壓而讓台北有多一點「外交空間」嗎？不是希望北京不要阻撓台灣參與區域的經濟組合嗎？不是希望更切實地執行兩岸「外交休兵」嗎？不是希望兩岸撤除箭頭相對的導彈嗎？不是希望兩岸簽署和平協定嗎？馬先生，這些都是「政治對話」的具體話題呀！其它的話題還多的是，要是台灣在與日本簽署「漁業合作條約」之前，先透過「政治對話」取得對岸的諒解，便可以減少誤會與摩擦了；如果馬英九有足夠的雄心壯志和民族使命感，他甚至可以藉「政治對話」促請北京逐漸改變「一黨專政」的政策，慢慢走上政治民主化的道路，為民族統一大業奠下根基。

馬英九認為談論和平協議或中程協議只是學者的意見，他說「何必搞一些做不到、弄不好反而會造成問題的事？」聽到這一句話，就不奇怪為什麼有人批評馬英九是「溫室裏的小草」了。不願意去嘗試做一做，一下子便認為「做不到」而不做，當然永遠也「做不到」了。如果連戰當年也抱著這種思想，他根本不會踏足北京，那有今天的ECFA和兩岸三通？蔣經國在退出聯合國的風雨飄搖危機中，毅然

借貸鉅款在台灣進行「十大建設」；蔣中正帶著黃埔的「學生軍」東征北伐，帶領當時山頭林立、軍餉奇缺的國軍抵抗裝備精良的東洋日寇強敵，不知他們有沒有想過「何必搞一些做不到、弄不好反而會造成問題的事？」馬英九自稱是孫中山先生的信徒，如果當年國父也有他這種思想，還有可能會赤手空拳去領導革命、締建民國嗎？

馬英九說他對兩岸政策的作法是「穩健、務實」，但看他的真正作為卻是「原地踏步、不求上進」；過去幾年間兩岸關係風和日麗，台灣也在經濟上獲益良多，說開了這些成果都是連戰、吳伯雄、江丙坤這些馬英九不喜歡的人煮好了飯才拿來給他吃的。馬英九本身在兩岸政策上的「天才發明」便是喊出「不獨、不統、不武」的「三不」口號，但深入研究便不難發現，這種「保持現狀」的思想便是「偏安」的心態在作祟。鼓吹「不獨、不武」完全可以理解，也值得一致贊同，但是主張「不統」這一個理念，當然是迎合了綠營人士的要求，卻讓長眠地下的國父孫中山先生以及兩位故總統蔣公難以瞑目，也讓全球所有冀望中華民族最終得以統一、團結、復興的炎黃子孫痛心疾首。

（原載2013年5月8日菲律賓聯合日報「笑談古今」專欄）

幾度夕陽紅：
笑談古今5

馬英九用人不當自招其辱

武俠小說名作家金庸先生在「射鵰英雄傳」裏創造了「東邪、西毒、北丐、南帝、中神通」五大武林高手，膾炙人口；台灣網民借題調侃國民黨有「東麗貞、西伯源、北素如、南益世、中朝卿」，構成了「寶島貪污五絕」。北素如指的是原籍台北市的前馬英九辦公室主任賴素如，南益世是來自高雄的前行政院秘書長林益世，東麗貞是前台東縣長鄺麗貞，西伯源是彰化縣長卓伯源，中朝卿則是南投縣長李朝卿。賴、林、卓、李四人都因貪污罪而被起訴，鄺麗貞辯稱她並沒有因任何弊案而被提控，將她列在「貪污五絕」之內乃是對她人格的誣衊，然而她代替有案在身的丈夫出征，難怪網民要她代夫登上「東絕」的位置。

所謂「上不正則下歪」，陳水扁擔任總統時，自己賣官鬻爵、濫用權勢搜刮民脂民膏，因而他的部屬貪腐瀆職不足為怪；然而馬英九一向以「不沾鍋」名聞於世，而林益世和賴素如又是他麾下的「金童玉女」，久沾雨露卻依然迷失方向而墮入十八層地獄，實在是匪夷所思。

林益世原是國民黨新生代的核心領導人物，曾任國民黨青年團總團長和國民黨副主席，擔任立法委員期間更兼任黨鞭，競選連任失敗後即被委任為行政院秘書長，足見馬英九以及國民黨中央對他的器重。2010年6月，台灣高等法院就陳水扁的貪污弊案作出二審判決，林益世在聯合報部落格上發表文章，指出「從政應該清廉……不可以拿人民辛苦的納稅錢當做個人或家族貪圖榮華富貴的金庫來源。從政

之目的在於服務大眾⋯⋯不應把自己的物質享受慾望建構在大眾的辛苦與汗水上！」他這一篇大義凜然、嫉惡如仇的宣言確實令人動容。2011年競選連任立法委員期間，林益世還邀請以廉潔見著的前衛生署長楊志良前往協助造勢，一起在台上揮刀劈砍象徵貪污的豬隻；焉知才過了短短一年，他便因向中鋼的下游企業地勇公司索賄代為關說而鋃鐺入獄，媒體更質疑他以不法手段所獲取的贓款應在億元以上，實在是諷刺可悲。林益世貪贓枉法，不但毀了自己的政治前程，也讓栽培他的馬英九栽了個大跟斗。

賴素如身兼執業律師、台北市議員、國民黨中央常務委員兼文傳會副主委以及國民黨主席辦公室主任等多項要職，乃是台灣政壇一顆閃亮的新星。較早林益世因貪腐案被扣押查訊，賴素如還充當他的辯護律師，想不到才過幾個月，便因為向太極雙子星開發項目的投標開發商索取賄款以代為關說，自己也戴著手銬走進了台北女子看守所。身為「馬辦」主任，卻牽涉進貪腐的案件，無可避免地讓馬英九的聲望也受到了嚴重的傷害。

李朝卿、卓伯源和廖麗貞都是國民黨籍的民選縣長，不幸的是這三名「百里侯」都牽涉到貪腐的案件。南投縣長李朝卿涉及災後重建索賄弊案，地檢署指他圖利他人及透過妻舅收受廠商回扣，同時也涉嫌在2008年至2012年間的一百二十多件發包工程和勞務採購中收取回扣，非法所得達三千一百餘萬元，因而聲請南投地方法院將他羈押，李並因案發而被逼令停職。李朝卿曾於2011年初獲邀在國民黨中常會作專案報告，詳述南投縣觀光事業的發展成果，當場得到馬英九的高度肯定，馬更讚揚李朝卿的施政充分展現出「藍色執政，品質保證」。如今李因貪腐而落馬，不但令栽培他的國民黨蒙羞，也讓賞識他的馬英九臉上無光。

曾任立法委員的彰化縣長卓伯源容許他的胞弟卓伯仲介入縣政府的管治事務，不但涉及多項採購弊案，還向縣府的承辦人員施壓，指

示他們刁難並逼退得標業者，再另行安排特定公司取代之；卓伯仲更被發現在台北購屋，款項是由縣政府的供應商匯款支付，難逃貪污的嫌疑。卓伯源身為縣長，縱任胞弟做此不法勾當，實難擺脫責任。

　　鄺麗貞的丈夫吳俊立前科累累，身犯賭博、違反票據、貪污等多項罪狀，並被法院二審定罪判刑。吳俊立於2006年當選台東縣長，由於知道自己已經被法院判刑而會被停職，乃提早兩天與太太鄺麗貞辦理離婚手續，就任縣長的職位後立刻簽署人事委任狀，委命「前妻」為副縣長，等到他被內政部飭令停職後便由副縣長鄺麗貞遞補出任代縣長。之後台東縣進行縣長補選工作，國民黨為求勝選，依然提名鄺麗貞作為候選人。鄺僅擔任過空中小姐，完全沒有行政經驗，而身為黨主席的馬英九多次到台東為她站台，辯稱雖然吳俊立被法院定罪，但「罪不及妻孥」；民間對馬英九這一種不適當的袒護態度反響頗大，讓他的形象遭受到極大的負面影響。

　　馬英九本人為官的清廉作風無懈可擊，然而他用人不當的確落人口實，他所缺乏的是唐太宗那種用人唯賢、肯聽逆耳忠言的度量。馬刻意疏遠像連戰、吳伯雄這些黨內元老，喜歡重用一些唯唯諾諾、阿諛奉承的佞臣，結果他所背書和力挺的黨政要員一再出事，嚴重地打擊了他的執政威信，怎不令人扼腕太息？

　　　　　（原載2013年6月7日菲律賓聯合日報「笑談古今」專欄）

漫談馬英九的「歷史定位」

本月二十日,中國國民黨將進行黨主席選舉,合資格的候選人只有馬英九一人,因此「花落誰家」已非懸念,但屆時國民黨黨員是否踴躍前往投票,便是馬英九有沒有得到黨內同志廣泛認同的指標。其實,國民黨內部有一股很強的聲音,希望馬英九不要再兼任黨主席一職,而是專心執掌總統的職務,做出好的政績,替國民黨打好2016年總統大選的勝選基礎;然而,馬英九心意已決,任何呼籲也動搖不了他連任黨主席的企圖心。

馬英九指出,兼任黨主席可以達到「黨政整合」的目的,有利於協調行政、立法以及其他政府機構之間的關係,易於執行政務及進行改革。但政論家們認為馬英九堅持要兼任黨主席是另有盤算,他當選連任總統時,曾表示本人已經沒有競選連任的負擔,可以大刀闊斧進行一些心目中的計劃方案,為自己找出「歷史定位」,當時許多人都以為馬英九準備跨過台灣海峽,進行一次震古鑠今、改寫中華民族歷史的兩岸領導人「相見歡」,就像當年跨過朝鮮半島三八線、前往平壤會晤金正日的金大中一樣。但是連任總統一年半以來,馬英九根本沒有使出任何「刀斧」招數,完全沒有改變他首任總統期間那種「船頭怕鬼,船尾怕賊」的作風,雖然他現在不再高談闊論要當「全民總統」,但依然想盡辦法去討好各路政客以及四面八方的民眾,無時無刻不在討好綠營以避免受到在野黨的批評攻訐;而由於他一直害怕被人標簽為「賣台」,因而對北京展露的笑容也就顯得非常勉強,「大陸之行」更是遙不可及。由於國民黨黨主席的任期是四年,因此大家

都猜想馬英九想連任黨主席,以便在2016年卸任總統之後,仍然保持國民黨黨主席的身份,到時可以前往中國大陸進行國、共兩黨的高峰會議,一圓他的「歷史定位」美夢。

的確,每一個政治人物都希望有自己的歷史定位;縱觀中國近代和現代的一些政治領袖,也各自用他們的功勳和政績在中華民族的歷史上寫下了絢爛的一頁,當然也有一些不肖的炎黃子孫在民族史上留下了污點和罵名。

孫中山先生領導國民革命,推翻封建帝制,締造民主共和,改寫了中華民族數千年的歷史;在中國的歷史長河裏,孫中山先生的地位無人可以取代,他是「革命先行者」,更是民國的「國父」。

蔣介石雖然曾經被共產黨標簽成「雙手染滿革命烈士鮮血的劊子手」,又被台灣綠營指責為「實施白色恐怖統治的元兇」,然而沒有人能夠否認當年是這一位蔣總司令率兵北伐,掃除軍閥並統一全國;也沒有人否認是蔣委員長領導全國軍民對日本進行八年抗戰,並獲得最後的勝利;也是這一位蔣總統發起了「復興中華文化」運動,弘揚中華民族的固有文化和優良的道德傳統。在中華民族的歷史上,蔣介石已經為自己取得了崇高的地位。

毛澤東儘管在歷年的「整風整肅」、「三反五反」運動中害死了成千上萬的幹部和民眾,錯誤的「三面紅旗」經濟政策又餓死了數以千萬計的老百姓,晚年發動的「文化大革命」更令全國生靈塗炭、哀鴻遍野,但沒有人可以否定是這一個「偉大的舵手」領導「解放戰爭」、締建了共產政權的新中國,毛澤東也為他自己找到了歷史的定位。

同樣,蔣經國和鄧小平也在中國的歷史上譜寫出光輝的一頁,為自己爭取到崇高的地位。蔣經國推動台灣的「十大建設」,創造了寶島的經濟奇蹟,晚年又開放讓老兵回鄉探親,打開了兩岸交流的大

門,同時還取消「黨禁、報禁」,在台灣推動政治制度民主化以作為今後中華民族政治改革的燈塔,為達到「三民主義」的最終理想而嘔心瀝血;蔣經國在漫漫的中華民族歷史長河裏,已經佔據了一個重要的位置。鄧小平在中國大陸實施了「改革開放」的經濟政策,甘冒天下之大不韙而在共產主義的制度下施行市場經濟,在短短幾年內大幅提升了中國的國力,改善了人民的生活;雖然在「六四天安門事件」留下陰影,仍不失他成為「歷史巨人」的事實。

北京還有幾位領導人如胡耀邦和趙紫陽也值得一提。胡耀邦推動了中國共產黨黨內的民主化,致力於「撥亂反正」,非常成功地為中共歷史上的冤案錯案進行平反工作;趙紫陽全心盡力執行「改革開放」的政策,並在「六四天安門事件」中憑良心而與黨內決策機構決裂,錚錚鐵骨,至死不渝;無可置疑,這兩位政治領袖也都在中華民族的歷史上留下了巨大的身影。

比較近期的領導人之中,江澤民提出「三個代表」理論,胡錦濤提出「科學發展觀」,都是效仿毛澤東和鄧小平提出思想理論,希望以「立言」來爭取他們的歷史定位。國民黨前主席連戰踏足北京、進行了震驚中外的「破冰之旅」,達成了國共兩黨的高峰會談,展露出中華民族和平統一的曙光,他自己也獲得了光榮的歷史定位。

從另一個角度來看,袁世凱篡奪辛亥革命的成果,妄想恢復帝制並自立為皇帝,還與日本簽署了喪權辱國的「二十一條」;才華出眾的汪精衛甘心充當日本侵略者的傀儡,淪為中華兒女所不齒的大漢奸;這兩個人都有了他們的歷史定位,將與秦檜、吳三桂之流在史冊上留下千古罵名。李登輝一直想以「台灣民主之父」作為他的歷史定位,但大家都知道他不過是竊取了蔣經國將台灣政治民主化的功勞,反而他的「兩國論」和媚日言論,甚至公開堅稱釣魚島乃是日本固有領土這種觀點,都讓他的歷史定位緊緊地靠攏在吳三桂、袁世凱和汪精衛這一群漢奸賣國賊的旁邊。陳水扁妄想以「政黨輪替、民主先

軀」作為自己的歷史定位，奈何因貪贓瀆職而身陷囹圄，成為國際間的大笑話，在歷史記載上只會成為清朝大貪官和珅的同路人。

　　馬英九想替自己找歷史定位，完全無可厚非，然而如果要等到做完總統才以國民黨主席身份到北京去作秀來獲取讓人景仰的歷史地位，根本是在發白日夢，因為兩岸破冰的歷史定位已經屬於連戰了。唯一能夠讓馬英九「一枝獨秀」並取得光芒四射的歷史定位，乃是在沒有離任總統之前毅然作出「大陸行」的決定，並且簽署兩岸和平協訂，為中華民族的大團結以及國家的最終和平統一作出實在的貢獻。馬英九能不能夠取得崇高的歷史定位，就要看他有沒有足夠的政治智慧、政治魄力和政治勇氣了。

　　　　　（原載2013年7月12日菲律賓聯合日報「笑談古今」專欄）

馬英九口中的台日蜜月期

　　根據報載,馬英九在台北總統府接見日本訪客,興高彩烈地告訴客人:「現在是台日關係六十多年來最好的時期。」台灣和日本最近剛簽署了一份「漁業合作協定」,相信這就是馬英九認為台日關係達到最高峰的原因。

　　不知道馬英九講這句話是為了討好在座的日本客人,或者是說出他心裏的真正感受?台、日就所謂「漁業協定」已經談了好幾年,由於日本政府一再刁難,始終談不出結果來;如今日本政府忽然一反常態,主動地表示同意與台灣簽訂協定,原因是最近有一股很強的輿論,呼籲海峽兩岸聯手保釣,刺中了日本人的軟肋,日本政府拉攏台灣的目的,便是想離間台北與北京的關係。依據這一份漁業協定,日本政府「容許」台灣漁民在一片原屬於台灣的領海和專屬經濟區海域內捕魚,台灣當局卻莫名其妙地因此而欣喜若狂,還要向日本人鞠躬道謝。訂定這一份「漁業合作協定」,避免台灣漁民遭受日本海上防衛隊的騷擾,固然是幫了漁民一個大忙,但左看右看,總覺得簽署這一份文件,實際上在無形中默認了日本對釣魚島主權的申索,近乎「喪權辱國」。如果馬英九認為東京願意與台北簽訂漁業協定便是台日關係邁入六十多年來最好的時期,他應該再回到學校去上一堂政治課。

　　稍微注意一下日本的國內局勢以及對華關係,便不難瞭解目前日本是處在一個怎麼樣的時期。當今日本由鷹派激烈分子安倍晉三擔任首相,日本政府正在大力擴張軍備,種種跡象都顯示出「軍國主義」

正在扶桑島國復辟中。日本不久前舉行春季祭祀，一百六十八個下議院議員集體到象徵軍國主義的靖國神社參拜，副首相兼財務大臣麻生太郎和另外四名閣員也前往拜祭，首相安倍晉三雖然沒有現身靖國神社，但卻致獻了祭品。安倍還在議會裏公開宣稱，國際社會對「侵略」的定義並沒有作出定論；他之所以提出這種論調，目的便是妄圖篡改日本發動戰爭的歷史。與此同時，安倍也正在努力促成日本修改「和平憲法」，籌劃大幅度擴增軍備，他本人最近公然穿著迷彩戰服登上裝甲車，鼓吹軍國主義的氣燄已經達到沸點。除了像李登輝那樣依然沉迷在日本殖民政府的統治時代，不然這種時刻怎麼會是「台日關係六十多年來最好的時期」？馬英九應該對他的言辭提出合理的解釋。

為了一顆糖果，就要去親吻魔鬼的臉頰，付出的代價未免太大了，何況那顆糖果原來就是屬於自己的。作為一個最高領導人，馬英九似乎應該更慎重自己的言行舉止，下一次再有日本友人或記者來訪，應該請他們轉告他們的日本同胞，一定要接受歷史的慘痛教訓，慎防軍國主義死灰復燃，維持地區的和平安寧，不然東亞局勢難以穩定，最終也會讓大和民族再次陷於萬劫不復的收場。

（原載2013年7月19日菲律賓聯合日報「笑談古今」專欄）

馬英九敗在不食人間煙火

明天便是十月十日辛亥革命紀念日,台北當局循例將在總統府廣場舉行盛大的雙十慶典活動,廣邀台灣各界、海外華人華裔以及締結有外交關係的國家代表前往參與慶祝。依照慣例,每年的雙十慶典均由立法院長主持,總統親臨致詞;目前馬英九總統和立法院長王金平的政治鬥爭還沒有拉下帷幕,明天二人在總統府廣場的慶典中相見,場面會不會尷尬?兩人會如何互動?這些問題成了大眾關切的焦點。

對於這一場由王金平的「司法關說」案演變而成的「馬王政鬥」,許多政論家從一開始就斷言,最後的結局一定是「馬輸王勝」。馬英九是在蔣經國「家長式」呵護下栽培出來的幕僚精英,在台灣政壇上堪稱是「溫室裏成長的一棵小草」;王金平卻是李登輝悉心培植的本土型政客,久經政治風浪的衝擊和磨鍊,早就練成一具「金剛不壞之身」;馬王角力,簡直就像羽量級拳師挑戰重量級拳王,馬英九焉能不敗?馬把王金平「司法關說」的案件公諸於世,原以為可以像聖經裏的大衛一樣,一塊小石頭便置巨人哥利亞於死地,豈知不但擊不中王金平的要害,反而變成在「太歲頭上動土」,自己惹來「一身蟻」。

人所共知,王金平與馬英九多年來一直是貌合神離,雖然二人同為國民黨的高層領袖,但有一個不容否認的事實,便是王金平刻意在立法院遷就反對黨議員,拖延批准、甚至杯葛行政部門的重要方案,導致馬英九的政令難行、政績不彰。馬、王二人在競選國民黨黨主席

職位時所留下的「牙齒痕」至今還沒有消除，王更有可能在明年台灣地方選舉之後再次挑戰馬的黨主席地位。為了排除政治上的障礙，馬英九一掌握到王金平進行「司法關說」的證據，便不假思索公開揭露，原想逼王辭職退出政壇，完全沒有料到被王金平反咬一口，藉反對黨的支持以及民意的操控，淡化了「司法關說」的情節，反而掉轉槍口，猛烈攻擊特偵組「竊聽電話」和「洩漏機密」的「嚴重罪行」，成功地把馬英九和行政院長江宜樺捲進漩渦裏，令馬招架乏力。馬英九非但達不到把王金平拉下馬的願望，更搞到自己幾乎要跌下馬的收場，儘管最後沒有摔下馬背，但是馬政府淪為「跛腳鴨政權」已是不爭的事實。

在馬王鬥法的遊戲中，馬英九可以說是輸得一敗塗地。法務部長曾勇夫乃是馬政府內閣一員幹將，平素享有清譽，是馬英九器重的團隊成員，此次捲入「司法關說」案，馬英九為了表明自己嫉惡如仇的立場，同時希望順利把王金平「正法」，不得不「揮淚斬馬謖」，把曾勇夫推出「陪斬」；讓馬團隊意料不到的是雖然犧牲了曾勇夫，卻還是動不了王金平一根汗毛。馬英九得到檢察總長黃世銘有關王金平進行司法關說的報告之後，並沒有找副總統吳敦義或其他黨政要員商議，而是找行政院長江宜樺和總統府副祕書長羅智強共商大計，可見江、羅二人乃是他所信任的心腹；但是在此次事件中，羅智強由於對榮譽黨主席連戰出言不遜，不得不鞠躬下台，令馬英九頓失股肱；黃世銘也是一員司法悍將，馬英九倚之甚重，如今同樣滿身中箭，已被檢察署列為「洩密案」被告而受到偵訊，雖然他誓言會堅持到底，其實前途未卜，馬政府極有可能再損一員幹將。為了黃世銘的「洩密案」，江宜樺、羅智強以及馬英九本人都被特偵組傳召前往應訊，創下司法史上首例；馬英九雖貴為在任的總統，卻也漏夜接受偵訊幾近兩個小時，所受的屈辱可想而知。事件發生後，馬英九的民調支持度跌至個位數，作為領導人，這乃是他最大的挫敗。現在高等法院僅給

予王金平「假處分」的判決,而馬英九決定不再提出抗告,任由王金平保留他的國民黨黨籍和立法院院長職位,事實上馬英九已經俯首認輸。

反觀王金平,儘管「司法關說」的證據確鑿,但由於擅長運用民意,加上反對黨刻意予以支持來打擊馬政府,至今依然坐在立法院長的寶座上,氣定神閒地指點江山。司法關說的始作俑者柯建銘,非但沒有畏罪避嫌,反而風騷萬千地大聲叫囂「倒閣」、「彈劾馬英九」、「罷免總統」,不但不思改變自己「背信」的作風,不想改變台灣那種「看重私人感情多於尊重司法制度」的不良習俗,還大言不慚宣示:「這是一個偉大時代來臨了,整個台灣的天空,執政軸線已經要改變了。」縱觀台灣,現在已經演變成一個「兵賊不分」、「惡人當道」、「是非顛倒」的社會,實在是令人堪憂,可悲可嘆!

馬英九在政治角力上的失敗,無疑是敗在他的「不食人間煙火」。政治是現實的,馬英九卻過於理想化,他企圖建造一個以道德標準為依歸的「烏托邦」,因此他的思路和辦事方法不免與現實脫節,難怪一再遭遇挫折,非但搞不出政績,個人聲譽更是一路下滑。馬英九不但自己不食人間煙火,還喜歡重用一些生活在「象牙塔」裏的書生來執掌繁複的政務,從他先後起用劉兆玄和江宜樺這兩位學者出任行政院長來看,便知道他完全把政治理想化。然而,政海詭譎多變,豈是直腸直肚的文人書生所能應付得來?一場「莫拉克風災」,便把劉兆玄吹得東倒西歪,最後不得不掛冠而去;如今江宜樺同樣因為失言而受到猛烈評擊,前途堪憂。王金平事件甫發生,江宜樺即天真地向外界宣示:「行政院已經準備好適應沒有王金平當院長的立法院」,結果現在是適應不了由王金平繼續擔任院長的立法院;江宜樺數度到立法院作施政報告都上不了講台,受盡立法委員的譏諷奚落,最後可能要低聲下氣向王金平鞠躬道歉或甚至掛冠下台才能收場。

如何收拾殘局,乃是目前馬英九和國民黨的重要課題;2014年的

地方選舉已迫在眉睫，2016年的總統大選也轉眼將至，國民黨如果繼續搞內鬥，無疑會將大好江山再一次捧送給民進黨。按目前情況來看，馬英九最後可能要把他的「大是大非」原則暫時忘掉，才能終結一場越搞越亂的政爭；一些政論家更認為，馬英九應該把黨主席一職交捧予新生代，方能保住國民黨的命脈。其實馬英九當年從吳伯雄手上搶過黨主席的指揮棒，便是一個極大的錯誤，如果讓吳伯雄留任國民黨黨主席，王金平敢不配合馬英九的施政方針嗎？由國民黨控制的立法院會把總統府送交的法案長期擱置嗎？馬英九何至像今天這樣焦頭爛額？俱往矣！空嗟嘆！

（原載2013年10月9日菲律賓聯合日報「笑談古今」專欄）

馬英九團隊缺乏政治智慧

論學歷，很少人比得上馬英九，他先後畢業於國立台灣大學、紐約大學和哈佛大學，是這幾家頂尖學府的高材生，獲哈佛大學頒授「法學博士」學位，可以說是出類拔萃的人才。論經歷，馬英九更是得天獨厚，從美國學成歸來，立即被挑選在蔣經國總統身邊擔任英文口譯的工作，翌年便在尚未考取公務員資格狀況下獲破例委任為總統府第一局副局長，之後又獲委以國民黨副秘書長一職，得到蔣經國的悉心栽培，堪稱「少年得志」。李登輝上台之後，馬英九先後擔任過行政院研考會主委、陸委會副主委、國民大會代表、法務部長、行政院政務委員等要職，還當選過兩任台北市長，主持台北市政達八年之久，最後當選國民黨主席以及總統這兩個黨、政的最高領導人地位，擁有一份最完整的政治生涯履歷。

馬英九既受到蔣經國這位偉大政治家八年的培訓，又近距離觀察了李登輝這種政客的所作所為達十數年，對他來說，執政應該是「駕輕就熟」的一件事，然而實際情況卻完全相反；馬英九不但用人不當，而且施政頻頻犯錯，許多政策和措施「朝令夕改」，導致他的民望也一直下滑，民調的「接受度」甚至低於貪腐亂綱的陳水扁，實在是匪夷所思。馬英九所領導的國民黨也是分崩離析，黨內毫無團結和諧的氣氛，更缺乏開拓發展的蓬勃朝氣。追根究底，高深的學歷以及豐富的從政經歷，並不一定能夠滋生出政治智慧。

別的不講，從去年九月「王金平司法關說案」所引發的「馬王政爭」，便可以看出馬英九雖是法學博士，在政治操作上卻是一名幼稚

園學生。明明掌握了王金平向法務部長曾勇夫及高等法院檢察署檢察長陳守煌施加壓力、替民進黨黨鞭柯建銘進行司法關說的錄音證據,卻因處理不當,最後落得「是非顛倒、正不敵邪」;王金平毫髮未損,牢牢地保住他的國民黨黨籍和立法院長寶座,反而馬英九聲譽受到重創,還犧牲掉剛正不阿的法務部長曾勇夫及檢察總長黃世銘這兩員麾下幹將,連行政院長江宜樺也要鞠躬道歉,更造成王金平「一人獨大」,主導立法院集中火力杯葛及抵制行政部門,引致國民黨在立法院雖然議員過半,馬政府的一些重要決策卻都跨不過立法院的門檻,處處受到牽制,甚至連關係到兩岸進一步促進經濟合作以謀求和平繁榮的「服貿協議」」也通不過立法院的審查。

近日,台北政壇又爆發了「張顯耀去職案」,再一次令馬英九的執政團隊陷入政治漩渦。最早,陸委會宣佈副主任委員張顯耀基於家庭因素而提出辭呈,陸委會主委王郁琦並透露張將被委任為國營企業董事長;然而案情急轉直下,張顯耀召開記者會,宣稱辭職並非他的本意,直言他是被逼離職,並指出馬英九總統受旁邊的人所蒙騙誤導。接著,陸委會、調查局以及總統府發言人與張顯耀進行了一場又一場的隔空口舌戰,陸委會透露免掉張顯耀職務是由於張向大陸方面洩漏「國家機密」,調查局更一度將張定位為「共諜」,總統府則把所有責任推給陸委會,聲稱案件已進入司法程序,不發表任何意見,連張顯耀寫給馬英九的信函也原封不動轉送陸委會主委王郁琦。

調查局將張顯耀視作中國大陸的間諜,依「外患罪」向最高檢察署提出起訴,卻遭高檢署退回原案、不予受理,連陸委會也認為調查局言過其實,台灣的社會輿論更是一片嘩然。灰頭土臉的調查局隨後將案件改為「洩密案」,並降格呈請台北地方檢察署偵辦;張顯耀則表現得坦蕩蕩,聲言將主動到北檢接受偵訊,但目前已被禁足不准離開台灣。

張顯耀的案情撲朔迷離,誰是誰非?今後如何發展?這些問題不

但令台灣民眾屏息以待,也牽動著海峽兩岸關係的神經線。張不但是陸委會副主委,同時兼任海基會副董事長兼秘書長,是促進兩岸關係最主要的推手,也是平素兩岸談判時台方的首席代表,如今涉嫌「洩密」,甚至被指充當對方的間諜,事非小可,充分顯示出兩岸爾虞我詐、互不信任的心態。北京方面無端中槍,憤慨之情可想而知,經過幾天的沉默,國台辦終於忍不住,以極為強硬的措辭向台灣喊話,「希望不要作不負責任和子虛烏有的猜測,以免對兩岸關係造成負面影響」。無可避免,「張顯耀事件」已經像一層濃煙厚霧,把兩岸關係密密地籠罩起來,在預見的將來,兩岸關係根本邁不開發展的步伐。馬英九最引以為傲的政績,乃是成功地促進了兩岸的和平共處、改善了兩岸的經貿關係,如今搞出這樣的事件,兩岸關係無可避免將冷卻下來,何時能夠破冰,尚屬未知之數。

馬政府處理事件的手法實在低能,張顯耀是總統委任的「特任官」,就算行為有所差錯也應該先作內部處理,所謂「打斷牙齒含血吞」,那有一下子便高調自爆總統委任為兩岸談判的首席代表是「洩密」的「共諜」?除了讓人感到馬總統「有眼無珠、用人草率」之外,又如何讓兩岸談判的結果取信於台灣民眾?既然談判代表是對方的間諜,如何能勸說立法院通過「服貿協議」?以前張顯耀有份參與談判的協議是否應該全盤推翻並重新協商?馬政府在處理這一事件時,提供了大量的彈藥讓在野黨來攻擊自己,何異「搬起石頭砸自己的腳」?

更令人深感莫名其妙的是馬政府既然認定張顯耀洩密,甚至可能是替大陸工作的間諜,為何免去他的陸委會副主委職務,卻又準備安排他出任國營企業董事長?不管王郁琦如何辯解,總讓人聞出一陣「官場權力鬥爭、排斥異己」的血腥味道。台灣的九合一選舉即將來臨,執政黨面臨著一場贏面不大的艱辛選戰,而就在此政壇多事之秋,馬政府竟搞出這樣一齣「籠裏雞作反」的鬧劇,怎不令綠營歡欣

雀躍？

　　在處理張顯耀去職一案中，馬政府團隊極度缺乏圓滑的政治手腕。「陸委會副主委」這個職位是總統委任的，要免去張顯耀的職務或者安排他擔任其它工作，只要馬英九與他碰個面、講一聲便可以順利解決；由王郁琦去傳達免職的通知，而王又透露說撤職是國安會秘書長金溥聰的意思，叫張怎能吞下那一口氣？事件發生的過程令馬政府傷痕累累，而且都是嚴重的「內傷」；自爆談判代表「洩密」，如何取信於民？如何令立法院順利通過「服貿協議」？指控自己的談判代表充當對方「間諜」，以後還要不要繼續談判？爆出如此嚴重的醜聞，馬政府剩下來不足兩年的任期還能有什麼作為？

　　張顯耀也同樣犯下「意氣用事」的嚴重錯誤，他選擇向新聞界公開哭訴自己並非主動辭職，並且攻擊馬英九被身邊的人所蒙蔽，迫使行政部門發動偵調單位對他進行報復性的圍剿，檢察官不但對張施加出境管制，更兵分七路搜索他的住處和辦公室；在多重的打擊下，張顯耀這一次真是「不死也只剩下半條命」了。

　　根據新聞報導，馬政府初步提出的指控是張顯耀向中國大陸洩漏台灣的「談判底線」，聽起來覺得很好笑；不是說兩岸簽訂的協議都比較有利台灣嗎？張顯耀出賣了那一些台灣的利益？很明顯，說張「洩密」只不過是一個藉口，當局根本講不出他洩了什麼密、向誰洩的密。在沒有證據的狀況下先作出指控，然後叫檢調單位去搜屋找證據，這不是「欲加之罪」嗎？王郁琦說當局採取行動是因為收到檢舉函，如果連匿名信也可以當成治罪的證據，便怪不得張顯耀說是「白色恐怖」了。

　　有人猜想，張顯耀可能是得罪了馬英九才會丟官。事緣原為國民黨籍的張顯耀於2000年加入親民黨，追隨宋楚瑜達十二年之久，關係甚為親密；其間張曾獲委任為親民黨政策研究中心主任，並代表親民黨連續擔任了三屆立法委員，到2012年才回歸國民黨。今年二月初，

身為陸委會副主委的張顯耀接補高孔廉留下的空缺，兼任海基會副董事長兼秘書長要職，成為兩岸談判的台方首席代表，頻繁往返北京與台北之間。五月間，那一個四年來得不到中南海青睞的宋楚瑜突然又獲邀訪問北京，與習近平總書記會晤面談，某些政論家臆測是張顯耀藉公務之便，為舊主子效勞而替宋鋪平了訪問北京之路，可能因此而觸怒了馬英九。其實這只是有心人的隨意猜測而已，馬英九應該也很清楚，中南海邀請宋楚瑜訪問北京，用意在針對「太陽花學運」此一事件向台灣傳達信息，未必是張顯耀做的手腳。

　　張顯耀丟官的原因，比較容易讓人接受的說法是官場權力鬥爭的結果。張自恃才能出眾，又自以為得到馬英九的器重，有意無意之間流露出一股傲氣，因而得罪了上司陸委會主委王郁琦以及國家安全委員會秘書長金溥聰。王郁琦固然是馬英九的親信，但講起辦事能力以及領導才幹則是乏善可陳，站在他的大陸對手國台辦主任張志軍身邊儼若一名童子軍；據台灣名嘴透露，張顯耀一向不把王郁琦放在眼裏，而由於對上司不尊重，言行之間自然有所頂撞或甚至發生越權的狀況，與王郁琦形成水火不容之勢在所難免。然而，說張顯耀丟官是王郁琦一手砲製，未免高估了王的能力；儘管張顯耀「功高震主」而令王郁琦必欲除之而後快，相信他也沒有那份能耐可以促使馬英九採取如此激烈的行動。

　　張顯耀在記者會上聲稱，王郁琦在通知他去職的時候，告訴他是國安會秘書長金溥聰下的命令；雖然過後王郁琦和總統府發言人都矢口否認，但相信張顯耀不會憑空捏造是非，最大的可能性是一開始，王郁琦並沒有預料事情會演變成難以收拾的局面，因而把實情坦白告訴張。金溥聰與張顯耀之間的確存在很大的心病，據台灣名嘴張友驊在鳳凰衛視節目中爆料，張顯耀於去年以陸委會副主委身分獲美國智庫邀請前往華府演講，就「習馬會」以及海峽兩岸在東海和南海的立場發表意見，頗獲美國智庫學者的肯定，卻令當時台北派駐華盛頓的

代表金溥聰深感不悅。據傳當時金曾質問張，所發表的言論是否得到馬總統授權，張則答以所講一切均是目前必須做的事情，並表露他與金同樣是由馬英九直接委任，大家的地位不相伯仲，二人留下極深的「牙齒印」。金溥聰乃是馬英九最信任的人，如今掌控權力極大的國安會，統管安全局、調查局等等情治機構，其地位有如明朝天啟年間深得熹宗信任、掌控特務機構「東廠」的魏忠賢，要清算張顯耀的舊賬易如反掌；張在記者會上涕淚俱下訴說馬英九被身邊的人蒙蔽，所指的對象呼之欲出。

台灣兩大報系報導，金溥聰之所以要「解決」張顯耀，是基於美國政府提供的文件；如果屬實，則張去職一案已經牽涉到錯綜複雜的國際關係。美國一向高度關注海峽兩岸關係的發展，既不希望兩岸兵戎相見，又不想看到兩岸過於親密，特別在東海和南海主權糾紛的事件上，最怕兩岸同聲同氣、聯手抗爭。張顯耀對推動兩岸關係不遺餘力，成績斐然，而且極力想促成「馬習會」，甚至為兩岸的「政治協商」穿針引線，引起美國政府的不滿以及特別關注實在不足為奇。然而，若是台灣在發展兩岸關係的工作上也要看華盛頓的眼色，那真是情何以堪！

張顯耀事件發生之後，馬英九的反應委實令人感到驚訝；當記者問到張去職會否影響兩岸關係時，馬把兩岸關係比擬為一棵大樹，而居然把張顯耀說成是樹上的「害蟲」，需要王郁琦這隻「啄木鳥」來清除。貴為總統，出言如此冗重，在未經司法定罪之前，竟用「害蟲」來形容一個自己委任並且重用的人，何異自打嘴巴？馬英九講出這種不當的言詞，到底是袒護金溥聰和王郁琦心切，或是恨張顯耀入骨？怎麼沒有反省一下，是誰把「害蟲」放到樹上去蛀木？而張顯耀不諳「退一步海闊天空」的道理，竟抱「寧為玉碎，不作瓦全」的態度進行抗辯，終於落得「兩敗俱傷」的局面。看來不論是馬英九、金溥聰、王郁琦或是張顯耀，全都缺乏最基本的政治智慧；他們的幼稚

和衝動,把藍營的士氣、國民黨的執政、兩岸的關係以及台灣的前途,都帶進幽暗陰森的地洞。

(原載2014年8月29日及9月3日菲律賓聯合日報「笑談古今」專欄)

馬英九不該對「佔中」說三道四

針對香港政治改革而發生的「佔據中環」行動,不但影響到香港人的生活形態,也引起全球政壇、金融市場以及新聞媒體的注目,國際間對此次事件存在著各種不同的評論聲浪。

美國政府一向以「國際警察」自居,免不了要對香港的「佔中行動」指手劃腳一番。美國國務卿克里(John Kerry)上星期與中國外交部長王毅會晤,在二人聯合舉行的記者會上,克里似乎患上了「失憶症」,他好像完全忘掉了三年前發生在紐約的「佔領華爾街」行動以及美國政府處理事件的手法,竟公開表示支持香港的「佔中行動」,支持香港人爭取全民普選,並且要求香港政府對「佔中」示威者克制;而王毅部長當場予以駁斥,答稱香港事務屬於中國內政,不容外國政府說三道四。

香港的學生們佔據了金融中心和商業鬧區主要街道,嚴重地影響到香港的陸上交通系統,但香港政府至今依然採取容忍的態度,警察也沒有進行清場的行動;反觀當年紐約示威者僅僅佔據華爾街附近的公園,警察已經強行清場,一些走上布魯克林大橋的示威者更立即被警察逮捕並控以阻礙交通的罪名。電視畫面展示出「佔領華爾街」的示威者被騎警的高頭大馬衝撞、受到警察用警棍和催淚噴霧對付、被消防員以強勁水砲噴射、被市政人員拆除帳棚並強行拖走;如果克里還記得這些鏡頭,他怎麼還有面目叫香港警察克制?美國人永遠是抱持雙重標準的眼光,只許自己放火,不准他人點燈,難道這個世界真地只有強權、沒有公理?

英國人對香港這個前殖民地戀戀不捨，自然不甘心讓它在主權回歸中國之後還繼續保持「東方之珠」的璀璨；香港一發生「佔中」事件，英國政府立刻表示關切，並且大力支持搞事的學生，而末代港督彭定康（Chris Patten）更撰文聲稱英國有道義監督北京「落實中英聯合聲明」，影射香港目前的政改不符合當年中英兩國的協議，製造中國「不遵守外交承諾」的形象，抹黑北京當局。其實，彭定康所講的話完全沒有事實根據，他公開指責北京違反三十年前所簽署的「中英聯合聲明」，顯示出他對「中英聯合聲明」的內容根本一無所知。

英國樞密院（House of Lords）成員鮑威爾爵士（Charles Powell）最近接受英國廣播公司訪問，所講的一席話正好否定了彭定康的謬論。鮑威爾於上世紀八十年代擔任英國首相戴卓爾夫人（Margaret Thatcher）的私人助理兼外交顧問，是中英雙方就香港主權回歸問題進行外交談判的參與者；他在訪談中指出，中國並沒有違背「中英聯合聲明」中有關香港前途的任何協議，他認為香港目前享受的自治程度，遠遠超過當年英國政府簽署聯合聲明時的期望。鮑威爾批評香港「佔中」的示威者沒有面對現實，因為北京已經在1990年頒佈的「基本法」裏面，清楚表明了對香港選舉的立場，任何人都不應該寄望中國會隨意改變其基本立場。

英美各國政客對香港「佔中」事件說長道短不足為奇，奇怪的是台灣最高領導人馬英九在雙十節慶典上所發表的講話中，竟然也表示堅定支持香港民眾為爭取特首普選所採取的行動，還模仿鄧小平所說「讓一部份人先富起來」的名言，有點「東施效顰」地問道：「今天的香港為何不能比照辦理，讓一部份人先民主起來？」馬英九並稱，大陸若能充份實現十七年前對香港所作出「港人治港、高度自治、普選特首、五十年不變」的承諾，「將使大陸與香港雙贏，台灣人民也必然樂觀其成，大大有利於兩岸關係的發展」。馬英九在演講詞中加插這一段話，似乎在怪責北京沒有「充份實現」當年對香港的承諾，

這種錯誤且武斷的批評，實際上「大大不利於兩岸關係的發展」。

馬英九是法學博士，又當過法務部長，對法律有深刻的理解，他應該知道，香港特首選舉必須由「提名委員會」先遴選候選人這一個步驟，乃是香港「基本法」的明文規定，香港「基本法」有如一個國家的憲法，絕不能因為若干民眾上街便說改就改。馬英九一向說要維護法治的精神，從他抱著王金平死纏爛打、輸了兩場官司還不肯罷休便可見到他的「擇善固執」；他也應該瞭解，香港的學生和示威者佔據交通要道乃是違法的行為，一個談法治的人怎能容忍這種非法的行為？馬英九應該記得，2004年陳水扁編導了「兩顆子彈」事件，藍營支持者上街抗議、爭取選舉委員會宣佈「選舉無效」，當時他以台北市長的身份下令對總統府廣場凱達格蘭大道進行清場，理由是要避免「影響市民生活」；如今香港學生霸佔整片中環商業中心的馬路，比當年藍營駐紮台北總統府廣場的情況更為嚴竣，難道香港的學生們不是同樣嚴重地影響到市民的生活？馬英九有什麼理由公開表態支持？難道他要以「今日之馬英九來打倒昨日的馬英九？」

馬政府剛於今年初遭逢「太陽花學運」的衝擊，因而馬英九不忘在雙十講詞中譴責稱：「這一兩年來台灣出現了一些激烈非法甚至霸佔政府機關的抗爭手段，否定了不同意見者的合法權益，這樣不民主的行為，不僅讓社會出現不必要的對立，也讓不少法案在國會受到少數抵制而無法審議」。轉過頭來，馬英九卻又支持香港學生以「激烈非法的抗爭手段」霸佔馬路，無視其他香港民眾的「合法權益」，他更對香港「佔中」人士以「不民主的行為」製造出社會「不必要的對立」加以背書。馬英九在同一篇演講詞中，竟然出現如此前言不對後語的現象，真令人感到莫名其妙；唸完這一篇演講稿，馬英九簡直是狠狠地抽了自己的嘴巴。

別有用心的外國政客對香港「佔中」行動指手劃腳，乃屬意料中事，但對身受「太陽花學運」其害的馬英九來說，在評論同樣性質的

香港學運之前,似乎應該先想想孔老夫子「己所不欲,勿施於人」的訓誨。

(原載2014年10月29日菲律賓聯合日報「笑談古今」專欄)

幾度夕陽紅：
笑談古今5

「巾幗英雄」洪秀柱

國民黨對洪秀柱太不公平

台灣的政治前途令人關心,台灣的政治狀態令人傷心,不看台灣的新聞令人揪心,看了台灣的新聞卻又令人痛心。

台灣將於2016年元月舉行總統大選,綠營團結在民進黨主席蔡英文這個盟主的麾下,磨拳擦掌準備接管政權;雖然民進黨前主席施明德也宣佈參選,但他早在組織「紅衫軍」進行「倒扁運動」時,便被綠營視為「異已」,他的參選絲毫影響不了綠營對蔡英文的支持。不但台灣民間普遍認為蔡英文在明年選舉中必勝無疑,連遠在華盛頓的美國政客也已認定蔡是下一任的台灣領導人。蔡英文月初到華府訪問,不但得到國務院主管亞太事務的助理國務卿羅素接見,還會晤了國防部官員以及貿易代表;美國政府刻意安排外交、國防、貿易各部門高官與蔡英文會談,儼若已在向她面授下一屆台灣政府的施政方針。

中國歷史上有一段令人感慨萬千的往事,根據民間傳說,宋太祖發兵征伐後蜀,蜀主孟昶聞風投降,他的愛妃花蕊夫人曾作一首亡國詩:「君王城上豎降旗,妾在深宮那得知?十四萬人齊解甲,更無一個是男兒!」如果用這首詩來形容今天台灣的國民黨袞袞諸公,真是「入木三分」。經過去年「九合一」選舉慘敗之後,國民黨的領導階層都患上了「怕輸畏戰病」,因此當大選來臨之際,竟然沒有一個重量級的領導人物願意跳出來,代表國民黨出戰參選總統大位,最後只有立法院副院長洪秀柱報名參選,卻又受盡黨內高層的「白眼」和排擠。

「巾幗英雄」洪秀柱

馬英九書生治國，執政無方，搞到天怒人怨，因而去年台灣進行「九合一」選舉時，國民黨兵敗如山倒，在六個院轄市的市長選舉中，輸掉了五個，僅有新北市以兩萬票的微差保住江山。慘敗之後，行政院長江宜樺掛冠辭職以負起政治責任，馬英九也辭去國民黨黨主席一職，由年青的新北市長朱立倫接替。然而，經過幾個月的時間，並沒有看到國民黨有「臥薪嚐膽、發憤圖強」的表現，反而內部傾軋排斥行動綿綿不絕，高層領導貌合神離，用「一盤散沙」來形容已算是客氣了。

台灣「聯合報」有一篇評論文章一針見血地指出，國民黨陷入今天的困境，乃是個人主義及失敗主義在作祟；該文章作者認為國民黨當前的領導人都是「個人主義者」，不但過份愛惜本身的「羽毛」，對自己的利害關係之考量，也遠遠重於對政黨、對選民以及對整個政治大局的責任認知。

看看貴為總統的馬英九，個人主義導致他用人「單向化」，施政也偏頗固執，他重於提拔親信而吝於培養黨內人材，在位七年竟沒有栽培出一個比較突出的接班人；先前曾有消息透露，馬英九屬意行政院長江宜樺接任總統，江氏鞠躬下台後又傳他欽點前內政部長李鴻源接棒，難怪副總統吳敦義以及其他黨內精英都意興闌珊。立法院長王金平長袖善舞，只顧擴展自己的官場人脈而不惜犧牲國民黨的整體利益；為了鞏固他自己在立法院的「老大」地位，王甚至拉扯馬英九政府的後腿，與綠營妥協而擱置了甚多攸關民生大計的法案。黨主席朱立倫也只注重個人的得失輸贏，忘掉了政黨領導人應該扮演的角色；在國民黨慘遭「九合一」選舉滑鐵盧式潰敗之後，朱臨危受命出任黨主席一職，可見黨內人士對他寄予厚望，但他卻在關鍵時刻作出拒戰的決定，不願代表黨去競選總統大位；不管是「拒戰」或「畏戰」，朱立倫的表現已經嚴重地打擊了國民黨的士氣。目前國民黨死氣沈沈、一蹶不振，最基本的原因便是幾個最高領導人都是「個人主義

者」，腦海裏想的都是自己的得失，而不是黨的利益和存亡。

在抗拒洪秀柱「穆桂英掛帥」代表黨參選總統一事上，國民黨領導人的「失敗主義」表露無遺。既然黨內大老以及精英無意披甲上陣，難得黨的副主席、立法院副院長洪秀柱巾幗不讓鬚眉，挺身而出報名參選，成為國民黨唯一的合格初選登記人；然而黨內領導人浸淫在「失敗主義」的思潮中，一心認定洪秀柱必敗無疑，因而對她進行諸多的阻撓和打擊。根據國民黨中常會的規定，如果總統提名人只有一個，必須獲得百分三十以上的民調支持，才能成為黨的正式提名候選人，否則黨中央可以「徵召」候選人參選。最初，國民黨內部傳出勸退洪秀柱的聲音，而在洪氏表明「勇往直前」的態度之後，黨內又出現了許多小動作，似乎有意讓洪跨不過百分三十民調支持的門檻，以便啟動「徵召」候選人的機制；更有人已經列出王金平配朱立倫、吳敦義配洪秀柱等等徵召名單，王金平也公開表態，稱一旦被黨中央徵召，他會「義不容辭」，赤裸裸地表露出他的企圖心。

較早，國民黨副主席郝龍斌曾代表黨中央與洪秀柱洽商討論，決定訂期舉辦「政見發表會」，並同時進行電視及網路轉播；至於決定國民黨是否接受洪氏為黨提名人的民調，則定於六月底進行。令人深感疑惑的是國民黨秘書長李四川又突然宣佈，由於國民黨內只有一個人報名參選，沒有必要舉行政見發表會，民調則決定在六月中旬便進行；眾所周知，政見發表會將增加民眾對洪秀柱的認識並拉高她的知名度，黨中央取消這一項發表會的舉辦，是不是有意遏制洪的民意飆升？提前進行民調，是否要縮短洪秀柱宣傳拉票的時間？國民黨黨中央領導人這種使花招以阻礙洪秀柱贏得民意支持度的用心，實在是昭然若揭。

進行「支持度民調」原本是一項簡單的作業，但國民黨黨中央近日突然有人倡議民調應以百分之十五個人支持度及百分八十五對比支持度來進行，亦即不單止詢問選民支不支持洪秀柱，而是將洪秀柱、

蔡英文、施明德並列讓選民挑選；這一種民調方式勢將拉低洪的支持度，目的不外是讓她過不了關；這種做法無疑是等運動員上了場才臨時改變遊戲規則，委實令人不齒，難怪連洪秀柱也表示難以接受。

　　某些國民黨高層更形聲繪影指稱，綠營會「灌水」來抬高洪秀柱的民調支持度，以保送她順利成為國民黨候選人；其實，如果綠營真地灌水，國民黨便應該順水推舟，利用民進黨的造勢，進一步打造洪秀柱在民間有高接受度的形象，若是國民黨利用民意而全力支持洪與蔡英文背水一戰，並非沒有取勝的機會。洪秀柱不愧是一位女中豪傑，近日來她的民調支持率節節上升，便是民眾對她勇於承擔的精神予以嘉許和肯定的表現；國民黨應該改變態度，所謂「強拗的瓜不甜」，不要再寄望於徵召那些故作姿態的政客，而是應該擯棄「失敗主義」，全心全力支持洪秀柱。別忘記，藍營的基本盤依然大於綠營的死忠支持者，過去國民黨的選舉失利，完全是藍營分裂以及藍軍「含淚不投票」的結果；如果國民黨團結奮發，全力輔選沒有政治包袱的洪秀柱，在「哀兵必勝」的心態下，黑馬跑贏大賽的現象隨時會出現在台灣政壇。

　　（原載2015年6月10日菲律賓聯合日報「笑談古今」專欄）

幾度夕陽紅：
笑談古今5

洪秀柱總統路上的障礙

如果說政治上的潰敗會讓人「嚇破膽」，聽起來有點難以置信，但只要看看台灣政壇，就不能不相信這一種說法。去年台灣的「九合一」選舉中，國民黨兵敗如山倒，而國民黨的領導層也真地被這一次前所未見的選舉慘敗嚇破了膽，以致到了應該籌備2016年總統大選事宜的時候，黨內所有「眾望所歸」的領導人物全都雞飛狗走，竟然沒有一個敢挺身而出代表國民黨去競逐總統的寶座。在千呼萬喚聲音中，黨主席朱立倫和立法院長王金平這兩個呼聲最高、進取心最強的領袖居然噤若寒蟬，對黨內黨外的期望和呼籲完全無動於衷。卸任黨主席但依然貴為總統的馬英九同樣表現得悠然自若，好像國民黨找不到總統候選人與他絲毫沒有關係；早已被「邊緣化」的副總統吳敦義更像「小媳婦」一樣不敢出聲；黨內大老如榮譽主席連戰和吳伯雄由於早些時候受到馬英九的冷對待，因此對這一次的選舉也是一點動作都沒有。國民黨這樣堂堂一個百年的老政黨，居然找不到一個總統候選人，在綠營的訕笑聲中，真地是灰頭土臉得抬不起頭來。

反觀民進黨，以往黨內各大派系勾心鬥角、爭相「卡位」的現象不再出現，整個綠營毫無異議地公推民進黨現任黨主席蔡英文為總統候選人，呈現出空前的大團結氣氛。民進黨可以說是氣勢如虹，眼看著高舉白旗的藍營無心戀戰，蔡英文頗有「未選先中」的飄飄然感覺，就等待著明年五月的來臨，讓人把她風風光光地抬進總統府。

在一片愁雲慘霧中，終於有兩個知名度比較高的國民黨員跳出來報告參選，一個是立法院副院長洪秀柱，另一個是前衛生局長楊志

良,但最後獲得足夠黨員連署支持而有資格可以參加黨內初選的只有洪秀柱一人。依據國民黨內部的競選機制規定,如果只有一個人爭取成為黨的提名人,必須在民調中獲得百分之三十以上的民意支持才算合格,否則黨中央便可以另行「徵召」候選人參選。

洪秀柱說過,她最初報名參選的用意是想「拋磚引玉」,希望以自己的參選激發黨內的精英踴躍出戰,誰知「望穿秋水」,就是不見「伊人倩影」,始終沒有一個所謂「A咖」或「天王級」的明星政客願意挑起在灰燼中重振國民黨士氣的責任。最後,洪秀柱「當仁不讓」,在沒有人肯披甲上陣的氛圍下,演出一齣「穆桂英掛帥」的好戲。別人不來,我來!總不能讓國民黨淪為連一個有擔待的黨員也找不到的政黨;洪說她抱著「粉身碎骨」的精神,目的是希望讓黨和國家走上正確的道路。洪秀柱果真活出她的名字:一枝獨「秀」、中流砥「柱」。

國民黨只有洪秀柱一人通過黨員連署成為黨內提名的總統候選人,照理說全黨應該團結一心努力為她造勢,然而國民黨內支持洪的聲音卻是微弱得令人難以置信,相反地,黨內的冷嘲熱諷倒是一大堆。既聽不到黨內大老對洪秀柱有任何讚揚或鼓勵的言詞,而中常會和一些高層幹部更斷言洪根本得不到百分之三十的民調支持率,有人更以鄙夷的態度譏諷洪是吃了「迷幻藥」。在洪秀柱形單影隻、孤軍奮鬥的時刻,台南市三位國民黨籍市議員洪玉鳳、王家貞和李中岑現身送暖,無懼自己的政治前途而公開挺洪;她們質疑「黨內的爺兒們都到哪去了?」王家貞坦言她看不慣黨內的「大咖」沒有作為,卻一味打壓立場堅定的洪秀柱;洪玉鳳更感嘆說:「國民黨氣勢強時,天王們忙著搶卡位,氣勢弱時,天王們選擇不表態,等著黃袍加身。唯有洪秀柱願一肩扛起,這種正面的態度令人欽佩。」

國民黨民調於六月十二日及十三日由三家民調公司同時進行,結果洪秀柱獲得46.2%高標支持率,遠遠超越黨中央30%的要求,使洪

順利跨越「防磚機制」,清除了黨內提名的障礙。然而,跨過民調門檻的洪秀柱必須經由黨中央提名審核委員會「研提」,報請中央常務委員會「核備」,再提報七月十九日的黨代表大會通過,才能正式成為國民黨提名的總統候選人。這一個月期間會不會發生任何枝節或變卦?國民黨內部的「親王派」和「親馬派」會不會再製造麻煩來刁難洪秀柱這個弱女子?大家只能拭目以待了。

　　反對洪秀柱作為候選人的國民黨高層認為洪不是蔡英文的對手,但是這種「蔡英文必勝」的思維已經逐漸在台灣民間褪色,連一向不把洪秀柱放在眼裏的蔡英文團隊也感受到洪的潛力和威脅,並開始為「兩個女人之戰」而擔心。選民只要把二人作一比較,便可以發現蔡英文出身豪門世家,嬌生慣養,不食人間煙火,洪秀柱卻是貧家寒門出身,靠自己雙手奮鬥有成,更能體貼基層的艱苦。蔡發言空盪善變,談起兩岸政策也是虛幻無實;但洪卻是直腸直肚,句句真言,鼓吹兩岸進行政治談判、簽署和平協定,甚至主張繼續執行死刑、不可關閉核能發電廠的立場也都清晰堅定,贏得民眾的好感。這樣一位立場顯明的率直候選人,要擊敗一個閃爍其詞、毫無誠意的政客,機會甚大;民進黨前立委沈富雄便鐵口直斷,認為洪秀柱有幾股無形的潛力,在國民黨正式提名後,「聲勢將扶搖直上」;另一位民進黨前立委郭正亮更指出,洪秀柱以高標衝破防磚民調,是一項「台灣奇蹟」,他並預先恭喜洪明年當選總統。

　　在洪秀柱的總統路上,最大的障礙是藍營兩個「成事不足、敗事有餘」的「大咖」,一個是立法院長王金平,另一個則是親民黨主席宋楚瑜。王金平惺惺作態,始終不肯報名參加總統提名競賽,到洪秀柱即將接受民調考驗前夕,他突然高調表示如果國民黨徵召,他會「義不容辭、全力以赴」,擺明姿態希望洪的民調不過關,好讓他成為黨中央徵召的對象。他又向記者表示,「說不選的人,最後不一定就不選」,毫無掩飾地展露出他「口是心非」的嘴臉,他的親信更千

方百計在黨內設置障礙以阻撓洪秀柱順利被提名參選。宋楚瑜更是一個專拉藍營後腿的機會主義者，他宣稱如果洪秀柱代表國民黨角逐總統，他也將報名參選；雖然宋楚瑜最後定必會鎩羽而歸，但是他如果出面參選，勢將分散一部分藍營的選票，削弱洪秀柱當選的機會。

要讓洪秀柱成功擊敗蔡英文，藍營大老必須勸說王金平以大局為重，集中資源和力量打一場「中興國民黨」的大戰。也必須揭露宋楚瑜「打著藍旗反藍旗」的醜惡臉孔，讓藍營支持者認清這個早已「晚節不保」的政客，不要讓這個專門攪局來製造藍營分裂的政治投機份子變成蔡英文的救星。

（原載2015年6月17日菲律賓聯合日報「笑談古今」專欄）

幾度夕陽紅：
笑談古今5

洪秀柱由「磚」變成「玉」

國民黨內部的競選機制規定，如果只有一個黨員爭取提名參選總統，必須成功跨越一道「防磚門檻」，即在民調中獲得最少百分之三十的支持率，才符合資格作為黨的提名人。為什麼這一項規定被稱為「防磚機制」呢？理由很簡單，在報名爭取政黨提名的黨員當中，必定有好的人材，也可能有平庸之輩，可以說有「玉」也有「磚」。政黨要推派候選人參選，當然要挑選含「玉質」的人選去一拚高低，如果候選人是不堪一擊的「磚頭」，難免會讓政黨臉上無光。國民黨訂明提名人至少要有百分之三十的民意支持，便是提防派出的候選人是經不起民意考驗的「磚」，因此百分之三十的民調支持率被稱為「防磚門檻」。

洪秀柱跳出來報名，爭取由國民黨提名參選總統，最初便是把自己當成一塊「磚」；她說看到黨內居然沒有人願意代表國民黨披甲上陣，令人傷透了心，所以決定「拋磚引玉」，希望因她的報名而激發黨內的「玉」出動參選。可惜事與願違，洪秀柱報名參選並沒有引出黨內的「天王」參加競逐，她也成了「過河小卒」，只能衝、不能退，最後更成為唯一取得足夠黨員連署支持的國民黨提名候選人。世事往往出人意料，正當國民黨內天王級人馬等著看洪秀柱出洋相的時候，洪居然在民調中獲得令人瞠目的46.2%超高支持率，成功衝破國民黨的「防磚門檻」，她的「拋磚引玉」變為「拋磚成玉」。這一個「洪秀柱現象」不但令海內外的政治觀察家跌破眼鏡，也在台灣政壇吹起一陣清風；「柱柱姐」的熱潮將會繼續燃燒，也讓原本以為「必

勝無疑」的民進黨黨主席蔡英文跌進焦慮的深淵。

自從去年在台灣「九合一」選舉中大獲全勝之後，民進黨氣勢洶洶、不可一世，就等著明年大選「藍天變綠地」的政黨交替。做為綠營的「共主」，蔡英文也是意氣風發，個人的「社會接受度」更是空前高漲；而由於國民黨內沒有人敢擔綱向她挑戰，蔡早把明年的總統寶座看作她的「囊中物」。最近一期的美國「時代雜誌」以蔡英文為封面人物，該雜誌駐北京特派員貼身追隨小英達三天之久，一路進行採訪和攝影，還獲得蔡邀請到高雄吃日本料理；根據報導，蔡把最後一塊吞拿魚刺身夾到記者的盤子上，告訴他回北京之後，可以告訴人「台灣的下一任總統曾經為你服務」，毫不掩飾那股「十拿九穩」的傲氣。在洪秀柱報名參加國民黨提名競賽時，民進黨嗤之以鼻，不把洪看在眼裏，更有傳聞稱綠營在民調中「灌水」以助洪正式成為國民黨的總統候選人；但是在洪秀柱的民意支持度迅速冒升、甚至還超越小英之後，蔡英文才體會到遇上了勁敵，擔心那一塊到了嘴邊的肥肉可能要掉了。

最近台灣「聯合報」刊登了一篇評論文章，道出明年這一場「兩個女人的戰爭」將顛覆許多台灣政壇的「潛規則」，改寫台灣的政治遊戲。首先，「兩個女人」把藍、綠兩營的「天王級」政客都掃進歷史的灰燼；洪秀柱的崛起，令國民黨的「A咖」如王金平、吳敦義、朱立倫等人黯然失色，而蔡英文也成功地把民進黨的「四大天王」呂秀蓮、謝長廷、蘇貞昌和游錫堃完全邊緣化，可見台灣選民對傳統政客已經逐漸失去信心和興趣，普羅大眾都希望政壇吹起清新的空氣。

其次，自從台灣進行總統直接民選之後，李登輝、陳水扁和馬英九等前後三任總統都是出身台北市長，但是洪秀柱是立法院副院長，蔡英文官至行政院副院長，二人都沒有地方首長的行政經驗，也不是傳統的「派系權力中心人物」，可見台灣的官場文化已經發生變化。更詭譎的現象是兩個候選人分別顛覆了兩個政黨的形象；民進黨一向

給人的印象是代表「草根階層」，陳水扁是貧家戶子弟出身，其他天王也都不是「權貴中人」，不像藍營的馬英九、連戰、宋楚瑜他們是到美國去喝過墨水的紈褲子弟，但現在代表民進黨參選的卻是「不食人間煙火」的富家女蔡英文，是一個受父母庇蔭到英國去拿博士的嬌嬌女；相反地，國民黨被綠營標簽為代表「權貴、黑金、白色恐怖」的集團，而這個政黨派出來參選的洪秀柱卻是一個靠半工讀、做國中老師出身的窮家女，不但與權貴和黑金扯不上關係，本身還是「二二八」白色恐怖受害人的家屬。這一次台灣大選的宣傳戰應該如何打，倒是耐人尋味。

　　台灣明年這場「世紀選戰」中，副總統選伴應該由誰擔任也是一個令兩位女性總統候選人頭痛的難題。蔡英文四年前以當時的民進黨秘書長蘇嘉全為競選搭檔，但蘇於副總統選舉失利後又在台中市長選舉中敗北，這一次再獲小英邀請為選伴的機會應該不高。在民進黨比較年青而同時又有高人氣的菁英當中，台南市長賴清德算是佼佼者，可是他與原籍屏東的蔡英文同樣來自台灣南部，會不會因而影響他被小英挑選為選伴的機會尚屬難料；不過觀之四年前起用同為屏東籍的蘇嘉全為搭檔，蔡英文對選舉的地域觀念似乎不太在意，如是又增加了賴清德搭配競選的機會。

　　洪秀柱面臨的副手選伴挑選問題可能比蔡英文更加嚴峻，目前在國民黨內人氣最旺的是新北市長朱立倫，但是他貴為黨主席，屈就競選副總統的機會應該不大。郝龍斌有省籍的顧慮；原籍台南的連勝文又因身為連戰兒子，帶有「權貴」的色彩，削弱了他擔任副總統選伴的可能性。由於洪秀柱在台灣南部的人脈比較弱，她說過希望找一個來自南部、比較年輕的競選搭檔，但是環顧左右，要在國民黨內找一個這樣的人選可不容易。

　　洪秀柱已經由「磚」變成「玉」，蔡英文也由以前那種「國民黨誰選都一樣」的傲慢態度，變為「不可掉以輕心」的戰戰兢兢心態。

但願藍營團結合作,一心支持洪秀柱打一場漂亮的選戰,洗刷去年「九合一」選舉慘敗的恥辱,重振國民黨的雄風,也為海峽兩岸的和平發展及友善關係增添籌碼。

(原載2015年6月24日菲律賓聯合日報「笑談古今」專欄)

流言蜚語打不倒洪秀柱

蔣經國先生晚年解除「黨禁」和「報禁」，著手在台灣締造民主政治的制度，可惜天不假年，經國先生於1988年溘然長逝，留下許多未竟的功業。李登輝接班後篡竊蔣經國的功勞，只因經手第一次「全民普選總統」，便恬不知恥地把自己冊封為「台灣民主之父」；其實，李登輝把「黑金政治」帶進台灣政壇，把台灣的政治發展導向歪路，究其實，他乃是名副其實的「黑金政治之父」，也可以被稱為「台灣民主怪胎之父」。

在李登輝的孵育下，民進黨及綠營的各黨派相繼呱呱墜地；為了爭奪選票，擅長人身攻擊的綠營政客以「造謠生非、亂扣帽子」的政治宣傳技倆，在台灣政壇興風作浪，吹颳起一陣陣污穢腥臭的歪風，綠營的地下電台更是日以繼夜散播著憑空製造的假新聞。在這一種骯髒的政治氛圍下，注重談原則和談理念的國民黨便只有捱打的份兒了。

洪秀柱崛起成為國民黨總統候選人，自然是民進黨以及整個綠營打擊的主要對象；初期民進黨並不把洪放在眼裏，一直到她的民調開始節節上升，綠營才如夢初醒，馬上開足砲火攻擊洪秀柱，其中當然少不了那一套「造謠做假、塗黑抹紅」的看家本領，而且是不厭其煩地一波接一波在推動著。

首先，綠營無中生有，製造謠言來破壞洪秀柱的家庭背景。洪的父親乃是「二二八事件」受害人，不但坐了冤獄，出監後更是長年找不到工作，最後鬱鬱而終，洪母胼手胝足才能勉強維持一家溫飽。洪

「巾幗英雄」洪秀柱

秀柱是一個窮學生,她半工半讀完成學業,畢業後擔任國中老師作育青年,最後才選任民意代表並擔任立法院副院長要職;在人生歷程上,洪秀柱可以說是「一步一腳印」走過來,與蔡英文那種含著金湯匙出世、在富裕的家庭中嬌生慣養的千金小姐迥然迥異,在民眾心中的「認同感」也自然不一樣。有鑒於此,綠營的「狗頭軍師」製造出惡毒的謠言,說洪秀柱的父親在「二二八事件」中被抓之後,供出「同黨」的名單以致他的上司因而喪命;洪父原是一個「白色恐怖」的受害者,在綠營的造謠生非下一變而成為一個出賣朋友以求自保的卑鄙小人。事經親歷其事的人士以及對「二二八事件」有深層研究的學者分析研討,同時也參閱當年的檔案文件,證明綠營所稱「洪父賣友求榮」的說法完全是子虛烏有的無稽之談。當洪秀柱談到先人無辜受人污辱時,不禁悲從中來而哽咽無語;民進黨和綠營小丑道德淪喪,隨意造謠來詆譭已逝的先人,在別人的傷口上撒鹽,實在是卑鄙至極,可惜台灣的民眾缺乏嫉惡如仇的心態,對這些肆意散播謠言以中傷無辜的無恥之徒,總是輕輕放過而不加追究。

才過了沒幾天,經常嘩眾取寵的所謂「名嘴」周玉蔻也一派胡言地聲稱,說洪秀柱在美國杜魯門州立大學拿到的碩士學位是假的,綠營馬上加油添醋,把這一番流言蜚語炒作得滿城風雨;後經美國杜魯門州立大學以及洪當年的同學對洪的學歷一一加以證實,謠言才得到平息,但已經對洪秀柱造成不小的傷害。周玉蔻平日總是口不擇言,任何道聽途說或她自己的憑空幻想都可以不經大腦便在電波中散播出去,早前她曾憑空詆譭連勝文在美國過花天酒地的生活,也無中生有攻擊馬英九接受財團巨額政治獻金,如今又說洪秀柱學歷造假⋯⋯全是不負責任的誑妄之詞;然而社會卻繼續容忍這種完全沒有專業修養、道德敗壞且人格掃地的「文化人」操控傳播媒體,實屬可悲。綠營的政客對這種憑空捏造的謠言甘之如飴,樂意與周玉蔻之輩淪為「一丘之貉」,實在是自甘墮落。

近日，攻擊洪秀柱的宣傳資料集中在她曾患乳癌，質疑她的健康是否適合擔負總統重責；一經報刊登載，嗜血如鯊的綠營見獵心喜，陳水扁的兒子陳致中在他的電台節目中也拿這個題目來大做文章，想不到在他訪問高雄市長陳菊時，卻被這一位剛正不阿的陳市長講出幾句良心話來教訓一頓。陳菊說：「每個人都會生病，以個人健康作為攻擊是非常不道德的，何況洪秀柱的狀況，醫生已證明她健康沒問題。」陳市長還拿自己做例子，說有人在選舉期間以她曾經中風而攻擊她，她說：「詛咒別人是不道德的，若以為這樣攻擊可以得到政治利益是錯誤的。」

的確，洪秀柱曾患過乳癌，但經過化療之後已證實完全康復；可是綠營依然拿這一項消息來大肆渲染，企圖從無聊且無恥的「爆料」中得到「一石數鳥」的效果。當然，放大洪秀柱患癌的消息可以打擊她的形象，讓選民對她是否勝任領導人有所存疑；而綠營稍後再虛情假意出面叫停擴大宣傳洪的病情，又可以贏得民眾的讚賞；另一方面，製造這種輿論，無可避免會引起洪秀柱團隊猜疑是國民黨自家人在搞鬼，引發國民黨高層互相猜忌，甚至導致藍營內部的分裂。見縫插針、散播謠言、製造糾紛……這些卑劣的作為都是綠營的慣用手法，相信在接下去幾個月中，許多不利洪秀柱的宣傳論調還會不斷湧現出來，國民黨以及洪秀柱的團隊不能不慎加提防。

但願台灣的選民有雪亮的眼光、清醒的思維以及強烈的是非感，不要被造謠生非、歪曲事實的政客所蒙騙；更要認清像洪秀柱這樣率直而坦蕩的領導人物，才真正值得信任和支持。

（原載2015年7月15日菲律賓聯合日報「笑談古今」專欄）

誰在散播洪秀柱「退選」謠言？

距離台灣大選只有四個多月時間，各方人馬都正磨拳擦掌、準備彈藥以進行一場劇烈的選戰廝殺。偏偏在這個應該全神貫注、秣馬厲兵之際，頻頻傳來國民黨總統候選人洪秀柱將會「退選」的謠言，嚴重地動搖了藍營的軍心。

稍微有點理智的人都知道，如果國民黨在這個關頭更換總統候選人，將是一個致命的錯誤。首先，洪秀柱乃是循著黨內的遴選步驟獲得全體黨員代表大會正式提名，隨隨便便說換就換，豈不是把黨規及選舉當兒戲，把政黨的運作當成馬戲團表演？其次，陣前易將乃兵家大忌，國民黨豈可以作出這種自亂陣腳的愚蠢行動？再說，雖然許多人把洪秀柱列為「B咖」，名氣和社會認知度比起國民黨內的「A咖」較為遜色，然而，洪秀柱與其他政壇人物不同的是她沒有政治包袱，她的勇氣以及政治承擔也是其他人望塵莫及的，如果加以包裝，相信民間的接受度很快便會迅速上升。

到底是誰在散播「換柱」的謠言？當然，任何人都會猜疑是綠營蔡英文的團隊在搞鬼，也有人猜想是橘營宋楚瑜陣營在搞破壞，更有人言之鑿鑿，說是藍營國民黨內部高層在搞小動作，矛頭直指親近立法院長王金平的本土派領袖。

懷疑民進黨製造謠言來中傷洪秀柱是有道理的，蔡英文原本對明年的大選十拿九穩，囂張的氣焰搞到國民黨的領袖人物都不願意出面擔綱與她對壘，但是冒出洪秀柱之後，情況發生了巨大的變化。洪是「另類」的政治明星，她的風格和氣度有別於一般傳統政客，對於厭

倦政壇沉瀣劣習的選民來說，洪具有另一種吸引力，無疑地成了蔡英文的剋星。民進黨原本聲稱在明年的大選中，他們就算「躺著也會贏這一場選舉」，但在洪秀柱成為國民黨的提名候選人而受歡迎度又一路上升之後，綠營已經拉起了警告的訊號；如果說蔡英文陣營造謠生非來破壞洪的聲譽、破壞藍營的團結，一點也不足為奇。

單從「政治包袱」這一個角度來看，蔡英文對著洪秀柱便已經抬不起頭來。洪出身貧寒家庭，一生安貧樂道，從政之前只是在學校當過教師，擔任立法委員之後也從來沒有鬧過任何醜聞，更沒有牽涉過權錢的交易。洪秀柱是一位單身女性，沒有丈夫及兒女的家庭負擔，沒有任何牽掛，也就沒有任何後顧之憂，事實也證明她視金錢如糞土，實實在在是一個「以國為家」的公務員。反觀蔡英文，雖然也同樣沒有丈夫、沒有兒女，但是她從小便是富貴人家的嬌嬌女，對金錢財富看得比什麼都重，因此她犯下了許多貪婪的污點。前立委邱毅早年便曾揭露，蔡英文離開陳水扁政府而領取公務員退休金之後，運用特權為她的退休金賺取政府的「十八扒」（百分之十八）年利息，不折不扣地成為一隻她自己口中所稱的「吸取民脂民膏的水蛭」。邱毅還透露，蔡英文於2007年擔任行政院副院長時，全力推動立法院制訂法律，催生了「生技新藥產業發展條例」，以免稅的優惠條件來鼓勵生物科技行業；表面上她為台灣在「拚經濟、搞新產業」，但背後卻授意她的家族成立了一家名叫「宇昌生技」的公司，並指示由納稅人血汗錢所成立的「國發基金」撥鉅款入股投資「宇昌」；蔡本人從副院長職位退下後立即轉任「宇昌」董事長，稍後再出售其家族持有的「宇昌」股份，在八個月之內淨賺一千九百八十萬元台幣。之後蔡又企圖利用她在陳水扁政府的影響力，逼「國發基金」投資近九億元台幣於一家叫「台懋生技創投」的公司，而這家公司是由蔡英文的家族「管理」的，還簽訂了一份「管理合同」，由「台懋生技」向蔡氏家族預付十年的「管理費」共七億四千萬元，如此安排，豈不是把「國

發基金」裏幾億元老百姓的血汗錢,經過「台懋生技」打進蔡家的銀行戶口?蔡英文的家族在這一家「台懋生技創投」僅投資了百分之二的股份,卻硬要佔三個董事席位,完全是一套「仗勢凌人、圖利自肥」的勾當。幸好民間的資金遲遲沒有到位,而在「國發基金」的款項尚未撥給「台懋生技」之前,由陳水扁領導的民進黨政權便已倒台,台灣的納稅人才逃過一次「大出血」的厄運。

這種種的作為,擺明蔡英文是一個秉承陳水扁「假公濟私、中飽私囊」作風的大貪官,與廉潔自律、毫無瑕疵的洪秀柱作一比較,蔡未免相形見絀,綠營自然希望洪「退選」。

也有人說,「洪秀柱退選、國民黨換將」的謠言是親民黨宋楚瑜陣營散播出來的,如果瞭解宋的心態和手段,對這種猜疑便不會感到奇怪。單看宋楚瑜與台灣「謠言之后」周玉蔻的密切關係,難免令人想起「物以類聚」的道理;周玉蔻較早曾散播洪秀柱「假學歷」的謠言,還要麻煩美國大學出面澄清事實真相,事件在民眾的腦海裏記憶猶新,難怪許多人把「洪退選」的謠言根源,再次指向橘營。宋楚瑜這一次不惜忍受千夫所指,明知必敗還一意孤行再度競選總統大位,目的便是要挖國民黨牆腳,搶奪藍營選票,一方面替自己賺取政治本錢,一方面報答李登輝幫助他竊據國民黨鉅額黨款的人情。實際上,宋可以說是「不求自己當選,只求國民黨敗陣」,在這種心態下,無所不用其極讓洪秀柱落選,便是宋營的努力目標。

宋楚瑜把洪秀柱視為眼中釘,一點也不奇怪,如果將宋與洪放在一起作一比較,更讓人看清宋楚瑜人格的低劣。宋楚瑜大言不慚自詡有豐富的行政經驗,認為自己比洪秀柱「高強百倍」,但是他不要忘記,在人格道德的標竿下,洪是一張乾乾淨淨的白紙,而宋卻是一張染滿油污糞漬、令人嘔心的廢紙;在政治道德方面,洪秀柱理念清晰、立場堅定,而宋楚瑜經常搖擺不定,見風轉舵,是一個不折不扣的政壇投機分子。從廉潔作風以及政治道德各方面而論,宋楚瑜應該

瞭解到，洪秀柱比他「高強百倍」；民眾的眼睛是明亮的，宋騙得一時，騙不了長久，他不願意站在洪秀柱身邊是可以理解的，因為洪就像一面照妖鏡，讓他無所遁形。

談到宋楚瑜的人格道德操守，不免會想起十五年前發生的「興票案」。1999年年底，參選總統的宋楚瑜被李登輝的親信楊吉雄立委爆料，指宋以兒子宋鎮遠的名義在中興票券開設戶口，存有數以億元計的鉅款，來歷不明，接著台北地檢署便設立專案進行調查。當時宋楚瑜出面解釋，指該筆款項乃是奉國民黨主席李登輝之指示所設立的「秘書長專戶」存款，是用來照顧蔣家遺族的專款；但是李登輝公開發言否認宋楚瑜的說法，指宋乃是「監守自盜」，私自侵佔國民黨公款；李更指令國民黨向法院遞狀提出控告，並且指示監察院也同時進行調查，這便是當年轟動一時的「興票案」。

宋楚瑜為了證明自己無意侵佔國民黨黨款，遂於2000年1月25日向台北地方法院聲請「債務清償」，將二億四千八百多萬元台幣交由法院代為保管以退還給「李登輝（中國國民黨主席）」；但是過了沒有多久，李登輝便被國民黨撤銷黨主席職位，李曾試圖從法院提走該筆款項，但由於他已不再是「中國國民黨主席」，因身分不符而得不到法院的批准，那一筆錢也就一直留由法院保管。2005年，宋楚瑜曾經向法院申請將債務受益人改為「國民黨主席連戰」，但法院認為除非原受益人李登輝同意，法院不會批准單方面更改受益人。從這些行動來看，這一筆款項毫無疑問是國民黨的黨款，可是到了2010年年初，宋楚瑜卻在李登輝的協助下，從法庭領走鉅款，放進自己的口袋，聲稱這一筆錢是他的「選舉結餘款」。這種在光天化日之下明目張膽進行的侵佔搶奪行為，讓人們認清了宋楚瑜財迷心竅的本色；宋早已人格掃地了，與那位不貪不取、兩袖清風的洪秀柱根本不可以相提並論。

再談宋楚瑜的政治道德標準，同樣讓人不敢領教。宋於2006年出

面競選台北市長,信誓旦旦向選民宣稱,如果自己敗選,便永遠退出台灣政壇;選舉的結果是宋只獲得4.14%的選票,不得不灰頭土面地跑到美國去「冬眠」了一段時間。然而回到台灣之後,宋楚瑜卻不甘寂寞,把自己「永遠退出政壇」的諾言拋諸腦後,為了攪局而插足2012年總統大選,現在又準備插足明年的大選,這種出爾反爾、講話不算話的作風,完全是在欺騙選民、愚弄大眾,宋的政治道德已經淪喪,他的誠信也早已盪然無存;相較那位心直口快、以誠待人的國中老師洪秀柱,宋怎能不相形見穢?

近日,李登輝再一次赤裸裸地展露出媚日賣國的漢奸嘴臉,他跑到日本去宣示釣魚島是日本屬土,說台灣人感謝日本在殖民統治時期的「高素質」管治,然後又投書日本報刊,說台灣人視日本為「祖國」,根本沒有「抗日」這一回事。李登輝這些荒謬的說詞和行為,引起全球炎黃子孫的共同憤慨和同聲討伐;可是宋楚瑜對此卻表現出一副無動於衷的態度,也不知道是不是感恩李登輝幫助他從法院拿走國民黨的鉅款,宋不但沒有對李提出批評,反而呼促大眾對不同的歷史演繹予以諒解及包容,與蔡英文為了祖護李登輝而責備批評者「不要操弄歷史」的言詞如出一轍。宋楚瑜這種沒有是非的作風,進一步證明了他是一個為了個人私利而可以罔顧民族大義的投機政客;反觀洪秀柱,她在第一時間即大義凜然地厲聲譴責李登輝的賣國賣台言論,這一股民族氣節以及大是大非的立場,是宋楚瑜這種唯利是圖的投機分子所缺乏的;宋在洪面前當然會自形污穢,想方設法讓洪退選不在話下。

也有人猜測,洪秀柱退選、國民黨換將的謠言是國民黨內部別有用心的人士散播出來,而且矛頭直指支持立法院長王金平的中南部高層黨幹部。

熟悉國民黨內部情況的人,對這一項猜疑並不感到奇怪。從洪秀柱成為國民黨內唯一報名參選總統候選人提名人那一刻開始,黨內的

冷箭便一直射不停；從醞釀設置更高門檻讓洪秀柱過不了關,到一路傳言要洪「退位讓賢」,再到立委和其他候選人表明要與洪「切割」,都可以看出國民黨內部某些利益集團在背後搞弄小動作,務要洪秀柱「知難而退」。雖然黨主席朱立倫一再呼籲,要全黨上下團結一致支持黨的提名候選人,連包括王金平在內的一些黨政領袖也表示對洪的支持,然而口頭上的表態並不能平息那些別有用心人士扯後腿的動作;直到逼近選舉的此時此刻,這些人還是不死心,依然希望洪退選,讓位給他們心儀的對象。因而有人懷疑,不利洪秀柱的謠言乃是這些黨內人士故意散播出去,企圖動搖洪參選到底的決心,這種臆測並非空穴來風。

國民黨以及執政的馬英九政府對這一次大選所展現的冷漠,的確令人非常失望;距離選舉只剩下四個月的時間,但不論是馬政府或者國民黨的高層,都表現得一點也不緊張,好像他們與選戰完全拉不上關係,似乎整場選舉只是洪秀柱一個人的事情。難得的是現在還是國民黨在執政,即使這幾年政績不佳成為候選人的包袱,但手裏掌握的行政資源卻是可以好好加以利用來爭取選票;可是在臨近選舉的前夕,並沒有看到馬政府推動一些利民的政策來博取選民的好感,絲毫沒有發揮出執政黨的優勢,實在令人惋惜。其實馬英九應該認清,在公在私,他都應該盡全力爭取讓洪秀柱當選;如果明年國民黨失去江山,馬必須負起主要責任,因為民眾都會怪責他八年執政失敗導致國民黨聲譽江河日下。另一方面,一旦民進黨當權,必定找馬英九麻煩,因為綠營早已磨刀霍霍,威脅要讓馬嘗嘗陳水扁坐牢的滋味。但願馬英九提起精神,在這一段日子裏宣佈一些讓老百姓得益的措施,替洪秀柱的選舉團隊加加分、打打氣。

同樣,朱立倫這一位黨主席也應該瞭解,如果國民黨在明年大選中敗北,無可推諉地他將會首當其衝,必須負起敗選的責任。為今之計,朱應該立刻啟動政黨機器,在資源上以及在組織、文宣方面給予

洪秀柱充分的支持。宋楚瑜到處挖國民黨的牆腳，但是到目前還沒有看到國民黨拿出對策來遏止地方幹部「與狼共舞」；選戰已經到了白熱化的地步，是時候請朱立倫拿出領袖的勇氣和魄力了，如果任由洪秀柱自生自滅，等同讓國民黨在流沙中逐漸沉沒。

洪秀柱對立法院長王金平的忠誠和擁戴有目共睹，當日發生「司法關說案」而王急急忙忙從馬來西亞趕回台灣時，在桃園機場迎迓並陪伴王會見記者的，便是立法委員洪秀柱。王金平也必須看清楚，如果洪秀柱在這一次選舉中敗選，他會成為國民黨的罪人，因為大家都會怪責他的陣營搞內部破壞。在這一個時刻，王院長應該挺身而出，以實際行動全力支持洪秀柱，替自己在國民黨內記上一項功蹟，也在台灣政壇上留下一段佳話。

最讓人感到沮喪的是許多國民黨的高層領導被「失敗主義」所困惑，認定明年的大選必輸無疑，在這種不平衡的心態影響下，難免會有「棄甲曳兵、未戰先降」的可悲行為。其實，選舉未到最後一分鐘，鹿死誰手還是難以預測，儘管目前民意調查對洪秀柱不利，但若是全黨上下一心，呼促沉默的藍軍踴躍前往投票，在一向「藍大於綠」的台灣，要扭轉乾坤並非沒有可能；民進黨奢言他們「躺著也會贏這場選戰」，說不定到時會躺著被抬出去。

由於上週末洪秀柱宣佈「閉關」三天，暫停所有競選活動，「退選」的傳聞因而更囂塵上；洪在慎重否認退選之餘，更預告「出關」之日將會令人耳目一新。洪秀柱在週一再度露面，並且召開記者招待會發表她的感言；然而，由於沒有得到馬政府和國民黨的配合，這一次的「閉關」和「出關」並沒有產生「石破天驚」的效果，確屬可惜。

假如洪秀柱出關之日，朱立倫、吳敦義、王金平，甚至連戰、吳伯雄等國民黨大老陪伴她一起在記者會亮相，然後宣佈由朱立倫搭配作為副總統候選人，王金平擔任競選委員會主任委員，吳敦義擔任後

援會會長，這就是「石破天驚」的場面，那股聲勢該是如何震懾人心！可惜該天國民黨大老一個也見不到，洪秀柱也沒有特別的好消息可以宣佈，不但副總統候選人還沒有著落，連競選委員會主委及總幹事也似乎遭逢難產的厄運，場面顯得特別悽清寂寥。

國民黨應該醒一醒了，李登輝要國民黨死，宋楚瑜也要國民黨亡，綠營更要把國民黨放在地上踐踏，如果在這個存亡的關頭還不爭氣，那國民黨這家百年老店真地是萬劫不復了。如果讓民進黨奪得政權，兩岸關係一定回復緊張，兩岸多年來營造的經濟合作恐怕也將成為明日黃花，台灣的前途堪慮矣！

連戰、吳伯雄、郝柏村以及其他國民黨大老們，馬英九、吳敦義和其他位居要職的國民黨從政黨員們，胡志強、郝龍斌、吳志揚這些具有地方影響力的國民黨中生代，你們都在哪裏？王金平和朱立倫這兩位可以左右國民黨基層的領導人，如果國民黨一敗塗地，你們還有什麼政治前途可言？國民黨的袞袞諸公，你們不能再袖手旁觀、無所作為，是時候站出來，幫助洪秀柱打一場美好的選戰了！

（原載2015年9月4日、9日及11日菲律賓聯合日報「笑談古今」專欄）

「換柱」是在抹殺國民黨黨魂

距離總統大選只剩下三個月的時間，台灣的政治氣氛開始有不尋常的變化。民進黨認為自己的候選人蔡英文必勝無疑，因而並沒有太多政治動作，不像以往那樣製造出一大堆政治漩渦，反而是靜悄悄地等著看國民黨的「好戲」。親民黨的宋楚瑜明知自己沒有機會當選，依然跳出來攪局，他的目的無非是挖國民黨牆腳來賺取自己的政治本錢，因此他也只是到處尋訪舊友，拔國民黨的「樁腳」而已。宋近日與台北市長柯文哲同台作秀，意圖表達自己「不藍不綠」的立場以拉攏中間選民，但這個「秀」卻也曝露出宋楚瑜那一幅披著泛藍外衣幫綠營瓦解泛藍陣營的真面目。最令人百思不得其解的是儘管國民黨目前正面臨生死存亡的關鍵時刻，黨內高層卻依然不斷在搞小動作，嚴重地破壞黨的團結；一直以來，根本看不到國民黨大老們和高層領導參與黨提名候選人洪秀柱的輔選活動，好像明年的大選只是洪秀柱個人的事情，某些中常委更醞釀在今天的中常會上提議舉行臨時黨代表大會，來進行「換柱」的大動作。

主張「換柱」的國民黨中常委只顧私人利益而不顧黨格和黨紀，如果他們認為有比洪秀柱更適合競選總統的人選，當初為什麼不動員他們報名爭取黨內提名？等到一切都已成定案才搞一齣「籠裏雞作反」的鬧劇，豈不是視國民黨的組織和紀律如兒戲？如果國民黨要展示自己是一個有原則、有制度、有尊嚴的政黨，便不應該容許任何人繼續玩弄「換柱」的把戲。

主張「換柱」的國民黨中常委認為洪秀柱沒有當選的希望，完全

是「失敗主義」在作祟，這些政客實在不配當國民黨黨員，因為他們根本沒有具備國民黨的「黨魂」。創立同盟會、興中會來推動國民革命的國民黨總理孫中山先生在領導革命的過程中，先後十次都以失敗告終，黨人犧牲無數，但是孫中山先生沒有氣餒，屢敗屢戰，終於換來辛亥革命的成功。國民黨總裁蔣中正當年面對武器精銳、盛氣凌人的日本帝國主義侵略者，戰事頻頻失利，國軍節節敗退，連首都也自南京撤遷至武漢，然後再撤退到重慶山城；但即使半壁江山淪入日寇手中，蔣委員長並沒有投降，他領導國人咬緊牙根長期抗戰，終於贏來最後的勝利。國民黨前主席蔣經國面臨的是被迫退出聯合國，長期的盟友如日本、美國等紛紛轉向與北京建交，台灣受到嚴重的外交孤立；但是蔣經國以「莊敬自強、處變不驚」的精神繼續奮鬥，創造了台灣的經濟奇蹟，成為「亞洲四小龍」之首。這種「越冷越開花」的「梅花精神」、這種堅忍奮鬥的志氣，便是國民黨的黨魂；懷抱「失敗主義」的人，實在沒有資格當國民黨黨員，不配稱為孫中山先生的信徒。

在一眾重量級領袖高掛「免戰牌」的時候，洪秀柱毅然挑起大樑，為黨披甲上陣，實在值得國民黨慶幸，也值得全黨上下一致支持來打一場漂亮的選戰。然而，從洪秀柱參選那一天開始，國民黨內部的所謂「本土派大佬」就沒有停止過扯她的後腿，一再發出「換柱」的聲浪，某些黨內大佬和黨務主管更私下委託媒體製造「換柱」的氣氛，動搖國民黨陣營的信心。採取這種動作的人說他們是要為黨「集氣、求生路」，並要求洪秀柱退選以「給國民黨一個機會」；其實應該「給國民黨一個機會」正是這一班人，因為他們的所作所為，完全是讓國民黨「洩氣、找死路」，把整個政黨推向萬劫不復的深淵。反觀洪秀柱，明知前路崎嶇，依然勇往直前，面對迫退的叫囂，她淡然回應「不會用虛假的理由退選，也不會因承受不了壓力而落跑」，這才是國民黨的黨魂和孫中山先生的革命精神。

立法院長王金平身為國民黨「本土派」的精神領袖,雖然一再否認與推動「換柱」有關,但只要看看他的言行舉止,便不難瞭解他的思想和立場。記者問他「洪秀柱會不會拖垮國民黨選情」,他的答案是「這個我沒有辦法做評論」,其實,講這樣一句話便是作出了最惡劣的評論。當王金平被問到會不會替洪秀柱輔選時,他答稱參加世界台商舉辦的午餐會並且公開呼籲大家支持她,便是輔選;王院長真會開玩笑,世界台商的午宴會講明是「挺柱大會」,還需要王院長到台上去呼籲支持嗎?中南部是國民黨選情較為低迷的地區,而王金平來自南部的高雄,他有沒有在自己的老家替洪秀柱站站台、拉拉票?王院長應該記得,當年「馬王政爭」時,他急匆匆從馬來西亞趕回台灣,許多人都避不表態,但是洪秀柱不但到桃園機場接機,還毫不避忌地站在他身邊陪他發表新聞談話,難道王金平沒有欠「柱柱姊」一個人情嗎?難道這個講義氣的洪秀柱不值得他出面支持嗎?國民黨的頭號叛徒李登輝公開放言,說國民黨明年在大選中慘敗之後,必定頹喪分裂,到時候就得由王金平來「整合」,並由「本土派」接管國民黨的組織;難道這就是王金平的如意算盤?當年,雖然李登輝還控制住國民黨的最高領導地位,也難逃被義憤填膺的黨員大眾拉下馬,成為一個臭名昭彰的歷史罪人;王院長應該視李登輝為「前車之鑑」。

據傳國民黨「本土派」領袖為了避嫌,不會把王金平推到第一線,而是建議由黨主席朱立倫取代洪秀柱作為國民黨總統候選人。誠然,朱立倫是一個理想的領袖人物,但既然當初決定不角逐黨內提名,現在便不適宜搞「陣前易將」這種把戲。究其實,如今的上上之策是朱立倫放下身段,擔任洪秀柱的選伴競逐副總統職位,互相配合來爭取國民黨在大選中贏得勝利。現在是考驗朱立倫政治智商和情商的時候,要如何寫下這歷史性的一頁,端視朱主席的「一念」了。

國民黨的袞袞諸公、包括擔心洪秀柱會「拖垮」選情的立委候選人都應該認清一點,擔任立法委員多年的洪秀柱是一個絲毫「不沾

鍋」的「政治素人」，在普羅大眾極端討厭傳統政客玩弄政治手段的氛圍下，能夠打垮蔡英文的正是這樣一個充滿勇氣、充滿正義感的政治人物；只要國民黨上下一心，在明年初的總統大選中獲取勝利是充滿希望的。

（原載2015年10月7日菲律賓聯合日報「笑談古今」專欄）

給「柱柱姐」

　　台灣政壇近日發生大風暴,一場無情的腥風血雨正在醞釀中。本週三(十月七日)是國民黨的「羞恥日」,當天舉行的國民黨中常會決議召開臨時全國代表大會,目的是準備把國民黨經過多層程序而正式宣佈提名參加明年大選的總統候選人洪秀柱換掉。

　　今年初,國民黨開始接受黨員報名角逐黨內提名作為總統候選人時,由於去年「九合一」選舉中慘遭滑鐵盧的餘悸猶存,黨內瀰漫著濃厚的「失敗主義」,在「未選先輸」的恐懼氣氛下,竟然連一個報名參選總統的黨員也找不到;在這種令整個政黨尷尬蒙羞的時刻,立法院副院長洪秀柱挺身而出,以「拋磚引玉」的精神報名參選,可惜黨內的「玉」都經不起琢磨,竟然沒有人願意接受艱辛選情的挑戰,到最後只有洪秀柱獲得足夠黨員連署支持,成為唯一的參選人。洪秀柱「過關斬將」,經過國民黨黨內「防磚機制」的考驗,在民調中順利「過牆」,接著經過黨中央提名審核委員會「研提」,報備中常會「核備」,於七月十九日由全國黨員代表大會正式通過提名,最後獲推為明年大選的國民黨總統候選人。

　　像洪秀柱這樣一位勇於承擔、深具政治道德、肯為黨赴湯蹈火的優秀黨員,本應得到國民黨上下的一致支持和鼎力輔選,然而從第一天開始,黨內一些所謂「本土派」領袖便不斷搞小動作,扯洪秀柱後腿,如今更不惜顛覆黨的制度和決策,準備進行史無前例的臨時更換循正規程序提名的總統候選人。如果認為「陣前易將」對國民黨好,黨內大老和高層領導應該盡量溝通磋商,以大家都能接受而讓黨和洪

本人都有體面的方案解決問題，而不是先用傳媒散播消息，然後再召開臨時全代會來逼退。這種強制「換柱」的勾當，不但羞辱了洪秀柱個人，更將令國民黨這個一百多年的老政黨淪為市井無賴的烏合組織。距離大選僅有百日時間，相信國民黨很快便會召開臨時全代會，而在「本土派」瘋狂串聯下，「換柱」的行動似乎可以得逞；不管明年大選的結果如何，李登輝口中的「中國國民黨將變成台灣國民黨」的讖語已將實現。

對於洪秀柱這樣一位有勇氣、有抱負但最後卻成為政海犧牲品的政治人物，我們只能表示最崇高的敬意和深切的惋惜。筆者從未寫過詩歌，但願意把自己的「處女作」，獻給這位素未謀面的女中豪傑「柱柱姐」。

給「柱柱姐」

柱柱姐

有人說您是巾幗英雄花木蘭

有人說您是臨危掛帥的穆桂英

有人說您是不讓鬚眉的秦良玉

也有人把您比擬為鑑湖女俠秋瑾

我說您就是國民黨的洪秀柱

是一枝獨「秀」的中流砥「柱」

柱柱姐

您讓我想起五代十國的花蕊夫人

她悲憤敵軍臨城而無人請纓

高豎白旗的情景令人心碎

她那份「十四萬人齊解甲

更無一個是男兒」的心情

豈不就是您內心哀傷的寫照

柱柱姐

在「男兒齊解甲」的氛圍下

您義無反顧挑起赴湯蹈火的任務

雖然您謙稱希望「拋磚引玉」

卻忘了自己便是一塊潔白無瑕的和氏璧

可惜在波濤洶湧的政海裏

野心分子總不惜讓「玉石俱焚」

柱柱姐

您讓我想起護國夫人梁紅玉

擊鼓退敵的風範流傳千古

可惜沒有奮勇殺敵的軍隊讓您指揮

沒有韓世忠這種睿智的統帥與您配合

擂鼓三通卻未見三軍行動

即使天神下凡也只能徒呼負負

柱柱姐

您一向把自己視為精忠報國的岳武穆

似乎也測視到最終會成為風波亭上的孤魂

雖然您有「怒髮衝冠仰天長嘯」的精神

更有「待從頭收拾舊山河」的雄心壯志

怎奈「權臣在內不容大將立功於外」

十二道金牌撤兵換將乃意料中事

柱柱姐

不要問為什麼有人千方百計逼害您

秦檜誅殺忠良的理由本就「莫須有」

不必向世人交代您的耿耿忠誠

九百年前岳飛早就說過「天日昭昭」

您已經為黨國走過「八千里路雲和月」

怎會在乎「三十功名塵與土」

與其說是您個人的得失榮辱

不如說是百年政黨在自毀長城

（原載2015年10月9日菲律賓聯合日報「笑談古今」專欄）

中國國民黨迷失了大方向

本來不想再談台灣的選舉話題,但昨天傳來消息,國民黨已訂本星期六召開臨時全國代表大會,「換柱」的行動已經如箭在弦,禁不住要再說說心裏的感受。令人可惜可嘆的是中國國民黨這一個有百餘年歷史的革命政黨,如今竟然連黨魂和基本理念都已蕩然無存。

台灣將於明年元月舉行總統大選,國民黨於今年五月開始接受黨員報名參選;由於國民黨在去年的「九合一」地方選舉中慘敗,高層領導人當中竟沒有人願意代表黨出面競逐總統大位,只有立法院副院長洪秀柱和前衛生局長楊志良報名參選,而順利獲得足夠黨員連署支持的提名人則只有洪秀柱一人。洪秀柱經過黨內重重關卡的考驗,終於正式成為國民黨明年大選的總統候選人,然而她並沒有得到黨內大老和黨中央的全力支持,黨內的「本土派」更不斷搞小動作,從一開始就散播「換柱」的風聲,因此洪的民調也一直處在低位。近日,國民黨內部那一股撤除洪秀柱的提名、改由黨主席朱立倫取代作為總統候選人的勢力,也從檯底下的聲音,一變而成為檯面上的行動。

國民黨中常會於十月七日決定召開臨時全國代表大會,十月十二日即議定以十月十七日為召開臨全會的日期,速度之快、效率之高,都令人耳目一新;如果國民黨早拿出這種速度和效率來辦事,立法院怎會幾年還通不過「服貿協議」?馬政府怎會被人批評為「無所作為」的政府?如果國民黨中常委和大老們拿出這種效率來幫洪秀柱輔選,選情也就不至於低迷不振了。最近,處心積慮要搞垮國民黨的親

民黨主席宋楚瑜引用毛澤東早年的一句話,狠批國民黨「內鬥很內行,外鬥很外行」;看看國民黨控制的立法院三年也通不過「服貿協議」,但十天之內便可以召開臨時全國黨代表大會來搞「換柱」,內鬥和外鬥的「積極性」一目了然,毛澤東的「國民黨內鬥內行、外鬥外行」理論果然不是憑空捏造的,怎不讓人搖頭太息。

國民黨是一個負有歷史使命、對國家民族有擔代的百年政黨,孫中山先生領導的國民黨完成了推翻帝制、締建民國的劃時代任務;蔣中正委員長領導的國民黨東征北伐、掃除軍閥、統一國家,並且帶領全國軍民打敗了狼子野心的日本軍國主義侵略者,讓中國躍升為「世界五強」之一;蔣經國先生領導的國民黨在台灣創造了經濟奇蹟,讓台灣成為「亞洲四小龍」之首;連戰先生領導的國民黨跨過台灣海峽,為兩岸創造了和睦相處的條件,為中華民族的和平統一奠下基石。然而到了今天,國民黨竟只懂得內鬥,淪為沒有思想、沒有主義,只求在政壇爭一些席位來安置黨人的政治權力團體,實在可悲。

至於「撤柱」的原因,國民黨指稱是洪秀柱的兩岸政策「偏離」黨的立場,更是令人深感莫名其妙。洪秀柱提出「一中同表」、「終極統一」這些觀念,何錯之有?她講得清清楚楚,統一是大家的理想和目標,況且她並沒有說現在馬上要統一,如何會偏離黨的立場?中國國民黨自立黨以來就堅持著中華民族統一的原則和立場,一向以民族尊嚴和民族利益為出發點,因此在中華民族史上佔有重要的地位。民國初年,時任大總統的袁世凱與日本簽署喪權辱國的「廿一條」,孫中山先生遂領導國民黨發動「二次革命」,維護民族的尊嚴和利益。上世紀三十年代,日本帝國主義侵略者佔據了中國的半壁江山,汪精衛成立了與日本人合作的偽政權、溥儀在東北成立了偽「滿州國」、殷汝耕成立了偽「冀東自治政府」,但是領導國民黨的蔣中正不肯妥協,付出血肉的代價也誓必把侵略者趕出國門,保存一個統一的國家。1949年,國民黨失去江山,退據台灣一隅,其間還經歷了被

逼退出聯合國、友邦盟國逐一離棄的慘痛經驗，然而國民黨沒有向現實低頭，始終沒有放棄國家統一的目標，更先後提出「反攻大陸」和「以三民主義統一中國」的口號來駁斥「兩個中國」的倡議。曾幾何時，這一個有抱負、有主義的政黨，竟然不敢公開承認「終極統一」的立場，甚至為了「終極統一」的主張和口號，便要撤換黨的候選人，難道國民黨已經迷失了方向？難道國民黨已經喪失了一貫的立場？

　　國民黨高層不肯出錢出力替洪秀柱輔選，卻一味嫌洪的民調低迷，在「失敗主義」瀰漫的氛圍下，更認為非「換柱」不足以「救黨」，實乃本未倒置。一百多年來，國民黨經歷過種種風雨波濤，但並沒有在風雨中「折腰」。孫中山先生領導國民革命十次起義都以失敗告終，但是國民黨人屢敗屢戰，不成功便不言休；抵禦日本侵略戰爭時同樣節節敗退，然而國民黨領導國人咬緊牙根「焦土抗戰」，獲得最後的勝利；退守台灣後「臥薪嘗膽、毋忘在莒」，遭受外交孤立時「莊敬自強、處變不驚」，這就是國民黨百年來艱苦奮鬥以爭取最後勝利的精神。想不到去年一場「九合一」選舉，竟然瓦解了整個國民黨的士氣和鬥志，看到這些不爭氣的「追隨者」被「失敗主義」所吞噬，孫中山、蔣中正和蔣經國九泉之下怎能瞑目？

　　如果朱立倫是一個真正有擔代、有責任感的領袖，今年五月便應該義不容辭挑起重擔，不該在洪秀柱拋磚引不出玉而被逼自己循黨內機制披甲上陣後，才作一個「半路殺出」的程咬金。國民黨認為把洪秀柱換上朱立倫，便可以增加中選的勝算，也可以帶動國民黨立委候選人的選情，實在是一廂情願的幼稚想法。幾個月來洪秀柱孤軍奮戰，精神感動了不少藍營支持者以及社會上有正義的人士，如今國民黨用粗糙的手法「拔柱挺朱」，勢必引來強烈的反彈；朱立倫認為他親自出馬參選，可以得到本土派的支持，但如果扣除深藍和挺柱的選票，恐怕最後會得不償失。究其實，目前兩全之計是朱立倫「屈就」

擔任副總統候選人,以「洪朱配」的陣容出馬,才可以避免黨內的分裂,在匯集各方力量之後,大有希望在選戰中讓民進黨的蔡英文鎩羽而歸。

(原載2015年10月14日菲律賓聯合日報「笑談古今」專欄)

咬牙含淚支持朱立倫

中國國民黨於上週六（十月十七日）召開了臨時全國黨員代表大會，不出意外地把三個月前黨全代會推舉的總統候選人洪秀柱換掉，改由現任黨主席朱立倫披甲上陣，迎戰三個月後的總統大選。

回顧五個月前，國民黨所有的高層領導人物當中，沒有一個願意代表黨出任明年大選的總統候選人，最後立法院副院長洪秀柱挺身而出，做一個「代父老兄弟出征」的花木蘭；可惜洪得不到黨內某些勢力集團的支持，從確定作為黨提名候選人那一天開始，「換柱」的聲音就不絕於耳。在孤軍奮鬥而得不到後方輜糧支援的情況下，洪秀柱的民調難以抬升，最後被黨內以民調不高以及兩岸政策與黨中央有所偏差為理由而撤除提名。

洪秀柱在國民黨「天王」紛紛高舉白旗、掛出「免戰牌」的時候排眾而起、挑起大樑，這種勇於承擔的「巾幗英雄」氣概感動了無數關心台灣前途的民眾，也得到不少富正義感的人士所支持；如今洪在黨內受到不公平的對待，黯然下台的背影讓人惋惜，她在臨全會那一段「黨可以不要我，我絕不會放棄黨……請容許我揮一揮衣袖，先行離開會場」的演講詞有如「杜鵑泣血」，震撼人心、賺人熱淚，而她「雖無法認同、卻願意接受黨的決定」的表白，也讓人對這位正義凜然、無私奉獻的「鐵娘子」增添幾分敬意。

國民黨這一次「背信棄義」，史無前例地推翻全國代表大會通過的提名議案，撤除對洪秀柱的提名，令富有正義感的人士憤怒失望；而洪秀柱一個「弱女子」孤單無助、受盡委屈，最後只能以岳飛自喻

而「慷慨就義」，令人同洒傷心淚。然而，考慮到台灣目前的政局時勢，深藍和「挺柱」人士不應該、也不能採取「袖手旁觀」的態度或杯葛選舉的激烈行動，因為這種態度和作法只會助長綠營蔡英文的氣焰，促成那個不顧兩岸關係、禍害台灣民眾福利的民進黨順利奪得執政權。為了顧全大局，所有藍營人士和真正關心台灣前途的民眾都應該出動，即使「咬牙含淚」也要前往投票站投朱立倫一票，用實際行動向蔡英文說「不」，以維護海峽兩岸的和平穩定。為國民黨鞠躬盡瘁的洪秀柱此時也應該登高一呼，叫她的支持者把滿腔的不滿先放一邊，一致支持國民黨打好這一場選戰；洪秀柱在艱難的時候挺身而出，已經在國民黨的史冊上寫下了光輝的一頁，如果她此時不計前嫌呼籲支持朱立倫，將令她的聲譽更加芳馨遠揚。

最令人擔心的是一大部分台灣民眾目前都還沒有覺醒，如果蔡英文當選總統而民進黨重掌執政權，兩岸關係會有如何的走向？台灣的前途將會受到怎麼樣的影響？蔡英文口口聲聲說她的政綱是「維持兩岸現狀」，但任何人都看得出這只是一句空洞的口號，而且是一句根本不可能實現的騙人口號；北京講得清清楚楚，海峽兩岸的關係是建築在「九二共識」的基礎上，但是蔡英文始終不肯承認「九二共識」，民進黨也至今不肯修改「台獨」黨綱，試問兩岸關係如何能有進展？習近平主席較早曾針對兩岸關係發出嚴正的警告，說「基礎不牢、地動山搖」，讓人不敢想像的是如果這一個替李登輝撰擬「兩國論」的蔡英文一旦當選台灣最高領導人，台灣海峽的風雲將會如何洶湧起伏。

新黨大老馮滬祥指出，「蔡英文當選等於李登輝當選，李登輝當選等於日本軍國主義回到台灣」，這種說法絲毫沒有誇張的成份。李登輝幾個月前訪問日本時公開聲稱釣魚島是日本領土，說台灣人感激日本人對台灣的管治，還厚顏無恥說台灣人於二戰期間被日本強徵入伍是「為祖國而戰」；李登輝並與全盤策劃日本軍國主義復甦的首

相安倍晉三在酒店密會共進早餐。此次蔡英文訪日，與李登輝訪日時一樣由安倍的弟弟岸信夫全程陪同，也同樣與安倍晉三在酒店午餐密會，顯然一切都是由李一手安排。蔡英文領導的民進黨全力支持「反課綱」的學生，甚至被懷疑是策動青年學子走上街頭並佔據教育部「反課綱」的幕後黑手；而「反課綱」的目的正是要保存李登輝和陳水扁時代在台灣教科書上「去中國化」以及美化日本殖民統治台灣的罪行。如果由這樣一個政黨再次執政，台灣的前途堪憂矣！

　　蔡英文雖然沒有清楚表明，但民進黨大老蘇貞昌已經公開支持安倍政府修改「安保條例」，一派胡言說日本解禁集體自衛權而可以派兵到海外，有助地區的和平，純粹在為日本軍國主義的死灰復燃搖旗吶喊。美國近年來採取了一連串遏制中國崛起的措施，在「重返亞太」以及「亞太再平衡」的政策下，美軍在中國的週邊國家增加了大量的軍事設施和軍演行動，而日本便是美國用來遏制中國的一顆主要棋子。民進黨一直想以美、日作為後台來抗衡北京，更癡心妄想要把「美日安保條約」拉來做台灣的「保護傘」，在蔡英文與美、日兩國的右翼鷹派政客密商時，說不定已經獻身充當美、日的馬前卒，至少民進黨已向美國提出保證，一旦執政便會增加三分之一軍費，會不會配合美國在台灣沿岸以及巴士海峽設置海底電纜來監視中國的潛水艇活動，尚屬未知數。民進黨如果粉墨登場，海峽兩岸關係一定趨向緊張，中華民族的復興以及國家的和平統一將更遙遙無期。

　　為了台灣經濟的持續發展，為了海峽兩岸的和平穩定，為了地區的安全繁榮，台灣的民眾應該珍惜手中的選票；選出蔡英文，將讓台灣回到李登輝和陳水扁的時代，只有讓國民黨繼續執政，兩岸關係才能真正「維持現狀」。藍營和「挺柱」的人士儘管對國民黨高層處理事態手法極端不滿，但為了顧全大局，還是要踴躍出動，投給朱立倫一票。

（原載2015年10月21日菲律賓聯合日報「笑談古今」專欄）

一封致台灣選民的公開信

聰明的台灣選民們：

本星期六（元月十六日），你們便要運用手中的選票，挑選出台灣未來四年的最高領導人；你們的選擇，不但將主宰台灣的前途和命運，也關係到海峽兩岸的和平發展以及整個亞太地區的繁榮穩定，更將決定你們自己和下一代子孫的安危禍福。

人心思變　但要認清改變什麼

自從幾年前美國總統候選人奧巴馬喊出「Change（改變）」的口號而贏得選舉之後，全世界的政客都爭相仿效，「Change」的呼聲在全球各地此起彼落；這一次的台灣大選，「改變」的口號同樣不絕於耳，特別是綠營的民進黨人，更是把「改變」掛在嘴邊，企圖鼓動選民改變執政黨，把執政權從國民黨的手中移交給民進黨。

選民們必須認清一點，任何「改變」都是雙向的，可以「改變得更好（Change for the better）」，也可能會「改變得更糟糕（Change for the worse）」。馬英九執政已近八年，人心思變不足為奇；但是大家必須慎重考慮，是要改變領導人，或是要改變執政黨？在台灣目前的狀況下，要改變一個領導人事小，但是改變一個執政黨，便等同改變台灣的政治路向，那可是一件關乎二千三百餘萬人前途的大事情。不管綠營如何批評馬英九，不管選民對馬政府如何不滿意，馬英

九已經擔任了八年的總統職務,今年的大選之後,他一定要下台,領導人是一定會改變的;但選民們是否認為要同時改變執政的政黨,擯棄國民黨促進海峽兩岸和平相處的政策,轉而接受民進黨完全否定「九二共識」的立場?這是一個關鍵的抉擇!

沒有九二共識　兩岸如何溝通?

　　海峽兩岸近年來建立起互信互惠的密切關係,兩岸在和平融洽的氣氛中簽署了二十多項協議,有效地推動了兩岸的經濟和社會合作,讓兩岸的人民都得到利益;兩岸在默契中還嚴守「外交休兵」的原則,不再像以前那樣互挖牆腳,不再做「冤大頭」拿鉅款去買小國的外交承認,北京也不反對幾十個邦交國給予台灣旅行證件入境免簽證的優惠條件。這一切的成果,便是建築在「九二共識」的基礎上;北京一再聲明,「九二共識」是兩岸關係的「定海針」,習近平主席更清楚指出,沒有了「九二共識」,兩岸的關係將會「地動山搖」。可是民進黨至今堅拒不承認「九二共識」,請問要如何與北京坐下來談?蔡英文口口聲聲說她的兩岸政策是「保持現狀」,但既然不肯承認「九二共識」,現狀要如何保持呢?說「保持現狀」只是想「混水摸魚」,根本就是一句騙取選票的謊言,選民大眾不應該輕易上當。

　　在電視政見發表會上,蔡英文信誓旦旦,說她一旦當選,必定能夠「找出兩岸溝通的管道」,聰明的聽眾應該從這一句話中聽出危機來。「兩岸溝通的管道」早已存在,在馬英九擔任總統的這幾年間兩岸溝通得非常順暢,不但海基會和海協會有固定性的密切聯絡,連官方的陸委會和大陸的國台辦也建立起關係,兩個機構的負責人進行了多次互訪會晤,而兩岸的最高領導人更於去年底在新加坡進行了石破天驚、史無前例的「馬習會」。蔡英文說她有信心找出兩岸溝通的管道,可見她心中完全瞭解,一旦她當選下一任總統,兩岸目前的溝通

管道便會戛然而止,不然何必再去找管道?難道台灣民眾希望見到兩岸辛苦建造起來的關係毀於一旦?大家有沒有想到,一旦兩岸關係中斷,會帶來什麼災難性的後果?

開放豬肉進口　罔顧農民利益

蔡英文還沒有取得政權,便已經「黑箱作業」出賣台灣人的利益;去年中她訪問美國,為了討好美國政客以爭取支持,竟然許諾一旦當選,便會容許美國豬肉進口到台灣。蔡英文真地那麼幼稚無知嗎?容許美國豬肉進口,台灣的養豬業還想生存嗎?美國的養殖場慣用瘦肉精餵養豬隻,蔡英文有沒有考慮到台灣民眾的健康安全?台灣民眾用「小豬撲滿」來支持蔡英文,想不到蔡卻準備用「瘦肉精豬」來坑害台灣民眾,而平素標榜「草根性」的民進黨,居然罔顧台灣養豬農的生存空間,如果台灣選民支持這種政黨和政客,豈非自尋死路?

是誰在宋楚瑜身上塗泥巴?

宋楚瑜說他是台灣民眾的另一個選擇,但是明眼人都知道,宋在明知自己絕無可能中選的情況下堅持參選,目的只是要分裂藍營的力量,攤薄國民黨的選票,而最終的效果便是保送蔡英文進入總統府。宋楚瑜可能老早便與李登輝和蔡英文協商好,聯手把國民黨拉下台後,蔡英文將委以重任,由他替民進黨「找出兩岸溝通的管道」;藍營的選民們應該醒悟過來,不可以讓宋楚瑜打響他的如意算盤。

宋楚瑜在他的政治廣告上說被人往身上塗泥巴,其實他身上的污泥都是他自己塗上去的。當年是誰把中興票券的二億多元台幣拿到法院去寄存?是誰公開聲明那筆錢是國民黨的專款?是誰要求法院把錢

交還給國民黨主席李登輝？後來又是誰要求法院把受益人李登輝改換為國民黨的新任主席連戰？全都是宋楚瑜本人呀！最後是誰在李登輝的幫助下改口稱二億多元是自己的「選舉餘款」？是誰把錢放進自己的口袋裏？還是同一個宋楚瑜呀！請問宋省長，這滿身腥臭的貪婪污泥，是誰替他塗抹上去的？這種貪財而沒有誠信的政客值得選民們支持嗎？

聰明的台灣選民們，你們應該認清蔡英文和宋楚瑜的真面目；為了台海的和平寧靜，為了台灣的繁榮穩定，為了自己和下一代的安居樂業，你們手中的神聖一票便應該投給國民黨的朱立倫！

一個關心台灣前途和地區和平穩定的炎黃子孫

（原載2016年1月13日菲律賓聯合日報「笑談古今」專欄）

幾度夕陽紅：
笑談古今5

台灣政壇拉雜談

冷眼觀測台灣的總統大選

明天便是台灣進行總統大選的日子了,不但兩岸三地、連全球各地的華人華裔都注視著這一次選舉的結果,因為誰贏得明天的選舉,不但將決定台灣的前途,也影響到海峽兩岸的關係以及亞太地區的和平穩定。

這一次的選舉特別緊張,因為自從親民黨主席宋楚瑜插一腳參選之後,泛藍陣營團結的根基出現了裂痕,導致國民黨總統候選人馬英九原來領先民進黨蔡英文的優勢大幅收窄,最近幾個月來的民調顯示,馬、蔡二人得票率的差距在計算的「誤差」之內,也即是說,最終「鹿死誰手」尚屬未知數。

就最近一兩個星期的選情發展和民意變化來看,馬英九明天應該可以順利勝選,即使不能像四年前那樣以二百多萬票的巨大差額輕鬆當選,也應該不會是一場「慘勝」,很可能會以五十萬到八十萬票的差距擊敗蔡英文。民進黨內部的評估是馬、蔡二人的勝負會在二十六萬到三十萬票之內,至於是馬贏或是蔡贏,民進黨的「首席軍師」邱義仁說「判斷不出來」;熟悉民進黨運作的人都瞭解,聽邱義仁講這一句話的語氣,便知道民進黨已經打定輸算了。

對蔡英文最致命的打擊,無疑是「宇昌生技案」的揭發。蔡在擔任行政院副院長時,「自編自導自演」,藉發展生物科技為名,拿「國發基金」的錢,圖利自己的家族,證據確鑿;蔡英文一味誣賴國民黨「抹黑」,卻對「宇昌案」中的不合理做法提不出解釋;最後民進黨搬出早已結案的富邦併購台北市銀行一案來攻擊馬英九,更讓人

洞悉蔡英文在「理虧兼心虧」的狀況下，企圖以「烏賊戰術」這種卑劣的手段來混淆視聽。

陳水扁的女兒陳幸妤於一月二日代她父親唸了一篇「致台灣同胞的公開信」，開門見山指稱「宇昌案是扁案的翻版」；他的原意是要指控宇昌案和扁案都是國民黨「誣造」的「冤案」，但是連小學生都知道阿扁的貪腐案件鐵證如山，將宇昌案定格為「扁案的翻版」，豈不是向大眾確認宇昌案的弊端？「中間選民」並非笨蛋，陳水扁此番言詞，讓大家對蔡英文的人格有了更深、更清楚的認識。

蔡英文假公濟私，她的副手競選拍檔蘇嘉全也不遑多讓；立法委員邱毅曝光了蘇氏幾項濫用權力的事實，其中包括違規在農地上蓋造豪宅、佔公地修建祖墳、容許兄弟在農地上違法營商、妻子佔據公地修建商鋪來出租營利、組織基金卻又賬目不清不楚、毫不避嫌地利用權力提升妻子在政府裏的職位……總之，民進黨的正副總統候選人都是「陳水扁的翻版」，有良知的選民豈能不作出聰明的抉擇？

國民黨也打出了「王牌」，距投票日僅兩個星期，馬英九的太太周美青終於出動了。這個不施脂粉、平易近人的第一夫人，每到一處總是人山人海、水洩不通，連綠營的大本營高雄夜市場也擠滿歡迎的民眾，一百多公尺的道路便花了近一個小時才走完。周美青不但替馬英九搶回婦女的選票，她造訪眷村時，老爺爺、老奶奶高興地拉著「美青妹妹」唱「合家歡」，宋楚瑜想搶奪的深藍選票也回巢了。

「棄宋保馬」的效應已經開始發酵，宋楚瑜的子弟兵、前年因堅持以獨立身份競選而被國民黨開除黨籍並被親民黨收納的花蓮縣長傅崐萁也決定棄宋挺馬，還高調承諾要在花蓮地區為馬英九爭取到六成以上的選票。宋楚瑜去年力挺好朋友楊秋興參選高雄市長，而深明大義的楊秋興也已經表態挺馬，並且擔任馬英九高雄競選總部的顧問。親民黨知道「大限已至」，在這個距選舉只剩一個星期的緊要關頭，宋楚瑜的副總統競選夥伴林瑞雄竟然離開台灣出國去了。宋楚瑜得票

率的下滑,便是馬英九獲勝的保證。

不但宋陣營倒戈支持馬英九,連綠營也有許多人高舉義旗、紛紛來歸。除了民進黨籍的前高雄縣長楊秋興挺馬並擔任競選顧問之外,民進黨籍現任雲林縣長蘇治芬的胞兄蘇治灝也公開表示支持馬英九,並且猛烈批評民進黨的大陸政策。民進黨台中立委候選人林佳龍是陳水扁的愛將,但是他的岳父,也即是剛卸任奇美集團董事長的廖錦祥,近日也公開發表言論,強調兩岸關係必須在「九二共識」的基礎上向前邁進,雖然廖氏沒有明確講出馬英九的名字,但是挺馬的立場已經再清楚不過。另一個與陳水扁關係密切、並曾捲入扁家洗錢弊案的前東元電機董事長黃茂雄,也同樣站出來挺馬英九,由此可見綠營人士對蔡英文的政治操守以及執政理念,都投以懷疑的眼光。

蔡英文否定「九二共識」算是踢到了鐵板;連日來,珍惜兩岸關係的工商鉅子紛紛表態,力挺「九二共識」,為馬英九陣營帶來一陣陣的清風甘露。這些工商界的泰斗包括台灣商業總會理事長張平沼、長榮集團總裁張榮發、台塑集團總裁王文淵、台達電董事長鄭崇華、遠東集團董事長徐旭東、華邦電子董事長焦佑鈞、正崴集團董事長郭台強、國光客運副董事長王應傑、秀泰影城董事長廖治德、偉成關係企業董事長謝文欽、台灣人壽獨立董賴本隊等等,潤泰集團總裁尹衍梁在各大報紙頭版刊登廣告挺馬,鴻海集團董事長郭台銘更將其「一生的第一次政治表態」獻給馬英九。除此之外,宗教界領袖如台灣天主教樞機主教單國璽、中台禪寺創辦人惟覺長老,也都力挺兩岸的和平關係;佛光山開山宗長星雲大師更從病榻中撰文投書聯合報,指出蔡英文的所謂「台灣共識」空洞無物,事實上「九二共識」、ECFA、「不統、不獨、不武」等觀念便是「台灣共識」,挺馬英九的立場不言而喻。

美國在此次台灣選舉中所持的態度非常曖昧,美國政府較早高調逮捕台灣駐美外交官,讓馬英九政府難堪;同時大開方便之門,快速

為宋楚瑜的選伴林瑞雄辦理退籍手續，讓宋可以順利參選攪局以拆馬英九的台；與中情局有深遠淵源的「壹週刊」更刊登文章詆譭馬英九接受賭盤組頭的政治獻金；種種行動都令人感到美國政府明裏暗裏都在扯馬英九的後腿。但在去年歲終，美國卻又突然宣佈將台灣列入免簽證的地區候選名單，無疑對馬英九政府投下肯定的一票。到底是馬政府對華盛頓施加壓力，抑或美國政府審時度勢而修改立場，就不得而知了。

　　總之，日前的形勢對國民黨大為有利，唯一要提防的便是「突發事件」；台灣的地下賭盤輸贏動輒以數百億元計，為求贏得賭局，亡命之徒不惜胡作非為，2004年陳水扁即以兩顆子彈改寫了選舉的結果，國民黨不能不慎重應付。

　　　　（原載2012年1月13日菲律賓聯合日報「笑談古今」專欄）

幾度夕陽紅：
笑談古今 5

台灣總統大選拉雜談

　　經過幾個月緊張的「政治搏鬥」，台灣終於在一月十四日進行了四年一度的總統大選，國民黨主席馬英九以近八十萬票的多數，贏得選戰，連任總統，選伴吳敦義當選為下一任的副總統；民進黨的正副總統候選人蔡英文和蘇嘉全鎩羽而歸，親民黨的宋楚瑜和林瑞雄更是輸得灰頭土臉。

　　此次台灣大選，彰顯出幾個「政治現實」，最明顯的莫過於民間表示出強烈的訴求，希望維持海峽兩岸的和平關係以助長台灣的經濟發展，因而在臨近投票日的關鍵時刻，大企業家和宗教界領袖紛紛露面，公開力挺「九二共識」，曲線表態支持馬英九連任以繼續推動目前的兩岸政策。民進黨那種打著「主權獨立」的旗幟與北京搞對抗的政策，在知識分子和中間選民之間根本找不到市場。值得關注的是民進黨的基本盤不但沒有鬆散，此次的得票率反而比以前有所增加，可見綠營在年青的新選民中間得到了相當程度的支持；而綠營的影響力迅速地由南台灣向北擴張，中台灣一些地區也逐漸成為民進黨的勢力範圍，這些現象乃是國民黨的隱憂，也是所有關心台灣前途以及兩岸關係的人士所不能忽視的。

　　另一個政治現實是李登輝的政治光環已經暗淡無光。儘管這個年屆九旬風燭殘年、又剛動完大手術的「台獨教父」在選舉日的前一個晚上，「拖老命」為蔡英文站台助選，並且用宣佈「遺囑」的形式告訴民眾，說「我把台灣交給你們了」，用極端煽情的語調來替蔡拉票，結果還是無功而返，他那「棄馬保台」的論調也得不到選民的回

響；而那一個由李氏一手孵育創建的台聯黨，也只得到不足一成的政黨票，可見李登輝已經成為台灣政治圈的「過去式」。

另外一個政治光芒盡失的政客便是宋楚瑜。這個自詡為「台灣救世主」的「政壇老油條」一意孤行，不惜為自私自利的目的而破壞藍營的大團結，最後獲票率還不足百分之三，已經完全被選民所唾棄。可笑又可憐的是宋楚瑜至今還沉迷在昔日的「省長夢」當中，其實他已經像新黨祕書長李勝峰所說的，變成了一個台灣政壇上的「政治廢人」。

無獨有偶，宋楚瑜成為藍營的公共敵人，陳水扁也同樣成了綠營的大罪人。阿扁在獄中不甘寂寞、頻頻發言，卻不斷發生「牙齒咬到舌頭」的笑話；他為了替蔡英文洗刷藉「宇昌生技公司」圖利自肥的罪名，竟公開發表言論，說「宇昌案便是扁案的翻版」，讓民眾更加肯定蔡英文與阿扁一樣假公濟私、貪瀆枉法，不但幫了倒忙，還狠狠地打了蔡英文一巴掌。陳水扁又唆使兒子陳致中競選代表高雄市小港和前鎮區的立法委員，與民進黨的老牌立委郭玟成唱對台戲，結果兩敗俱傷、雙雙落馬，讓國民黨的候選人林國正冷手執個熱煎堆。陳水扁父子對綠營的破壞力不可以說不大；蔡英文也一直想方設法與阿扁切割，不但從未到監獄去探視她的老長官，連阿扁的岳母去世也沒有前往慰唁，她那一種唯恐來不及與陳水扁切割的態度，就好像在閃避痲瘋病人一樣緊張。

民進黨籍前立法委員林濁水近日撰文評述台灣選舉，竟提出「到底是馬英九或是北京贏了這次大選」這樣一個他自稱為「尖銳的問題」。他指控這一次大企業家公開挺「九二共識」是「北京用經濟利益與籌碼對指標性企業家進行政治收買與要脅的統戰手法」，並且說北京早在香港主權轉移的過渡期，就用過這一種手法。林濁水是民進黨的元老級理論家，文章論述談得頭頭是道，然而說到底，他畢竟是一個把自己關在象牙塔裏的書生。林先生應該知道，不管在香港、台

灣或在世界上任何地方，企業家是最現實的，絕大部分商人都「向錢看」，他們最希望看到的，便是有一個優良的環境和理想的條件，讓大家安心投資賺錢。大企業家深心瞭解，在「九二共識」的前提下，兩岸才有可能擱置爭議，大家也才能在經貿活動上獲取共贏共利的目標；企業家們都知道，任由民進黨否定「九二共識」等於斷送了大家的財路，甚至會把台灣的經濟推向絕路。林濁水應該瞭解，如果民進黨是有作為、有擔待的政黨，便應該替台灣的企業家以及全台灣老百姓創造機會謀求「經濟利益」；他既然認為北京提供的「經濟利益」是搞「統戰」，便應該督促民進黨替台灣民眾找別的財路，如今一味用政治口號來斷絕台灣民眾的活路，不知道民進黨那一批人還有沒有良心？當年李登輝為了阻止台灣企業家到中國大陸投資，提出了「南進」的方案，雖然令許多台商在亞洲金融風暴中傾家蕩產，但至少他不像林濁水那樣只懂得誣控，又不思索代替的途徑。民進黨不好好檢討敗選的因素，卻推託是輸給北京的「統戰」工作，完全沒有自我反省的精神；作為一個政黨，不用心替台灣的經濟開拓發展的道路，卻硬要企業家抗拒北京提供的「經濟利益」，完全是一種罔顧民生的不負責任態度。

正如台灣的林濁水，北京也有一個講話不經大腦的人，而且還是北京大學的教授，他便是自稱為「孔子第七十三代傳人」的孔慶東。此人不但訕笑台灣的選舉是「假民主」的「電視連續劇花樣」，還說投票給馬英九的只有六百多萬人，還不足北京人口的一半，沒有什麼大不了。真不知道孔老夫子地下有知，會不會自怨自艾沒有遺傳一點腦細胞給這個「戇孫子」？台灣此次選舉，國際觀察團及各國新聞記者雲集寶島，香港和大陸也有許多記者目睹選舉的過程，對選舉的公平、公正、公開以及計票的效率都予以肯定，唯獨坐在北京井底的那隻青蛙，卻叫出令人費解的咯咯雜音，說台灣的選舉是「電視連續劇的花樣」，還訕笑馬英九只由六百多萬人選出來；也難

怪,孔慶東從來沒有投過一張票,當然不會瞭解民主選舉是怎麼一回事。

（原載2012年2月6日菲律賓聯合日報「笑談古今」專欄）

幾度夕陽紅：
笑談古今 5

從司法關說談到馬王之爭

九月六日，台灣特偵組引爆了一顆「政治核彈」，公開了一則電話監聽內容，揭露出立法院長王金平和立法院民進黨黨團召集人柯建銘向法務部長曾勇夫及高等法院檢察署檢察長陳守煌進行司法關說，不但引發起國民黨內部一場嚴重的糾爭，導致政壇發生了一輪人事洗牌，也震撼了整個台灣的社會。

事緣1997年柯建銘擔任「全民電通」總經理期間，向友人商借一張新台幣一千二百萬元的支票，交給「全民電通」轉投資的「全民開發」負責人兌換為現款；之後「全民開發」的創設計劃流產，一千二百萬元也交還「全民電通」，但柯建銘並未把借款歸還予友人。後來柯建銘指示「全民電通」的會計人員以三千二百萬元的作價，購進實價僅值二千萬元的股票，把其中的一千二百萬元差額用來清還他向友人借貸的債務，違反了「公司會計法」。柯因此案而以「背信罪」被控於法院，經高等法院二審判決，處以六個月刑期；但是最高法院裁決發回更一審，高等法院於今年六月改判柯建銘無罪，而高檢署的林秀濤檢察官也出人意表地宣佈不提上訴，讓柯氏逃脫了所有的刑責。

這段期間內，台灣特偵組因調查高等法院法官集體收賄案，在前法官陳榮和家中發現來源不明的鉅款，懷疑與柯建銘有關，因而向台北地方法院申請監聽柯氏電話以釐清事態，想不到卻引爆了「案外案」，揭發出柯建銘於高院判決無罪後，向陳守煌檢察長提出要求，希望檢察署不再上訴；為了雙重保險，柯再拜託王金平向法務部長曾勇夫及陳守煌進行關說。質詢下，曾勇夫坦承於六月二十八日接到王

金平的電話,要求他囑咐高檢署不要就柯建銘被判無罪一案提出上訴;而特偵組還監聽到王金平於六月二十九日打電話給柯建銘,告訴他「勇伯(曾勇夫)跟我說OK了」。林秀濤檢察官的同事們也承認,林於接到陳守煌檢察長的指示後,曾興奮地告訴他們:「不必寫上訴書了」。這一層層的事態發展經過,都展示出司法關說的事實鐵證如山。

在任何民主國家,司法關說都是一項非常嚴重的罪狀,何況還牽涉到立法院長以及應該嚴格維護司法公正的法務部長。事件曝光後,台灣社會一片嘩然,曾經擔任過法務部長且專注進行司法改革的馬英九總統更是大為震怒,指事件損害到司法的公信力,也重挫國民黨形象;馬除了命令曾勇夫立即辭去法務部長職位之外,更罕見地口出重言,要身在馬來西亞主持女兒婚禮的王金平院長盡快返台提出說明。王金平於九月十日晚上返抵台灣,承認他曾對柯建銘案件表示關心,但否認進行司法關說;國民黨考核紀律委員會於十一日上午舉行會議,決定撤銷王金平的黨籍,並且將這一項裁決行文通知中央選舉委員會;也就是說,既然王金平被取消國民黨黨籍,自然就保不住「國民黨不分區立委」的身分,更將喪失立法院長的崇高地位。然而王金平並非輕易認輸之輩,他強烈批評國民黨「未審先判」,並立即向法院申請「假處分」,透過法院禁止國民黨吊銷他的黨籍,堅決抗爭到底。

王金平司法關說的事件必將嚴重打擊國民黨內部的團結,綠營更將事件定位為「政治鬥爭」,某些政論家也說事件是國民黨內「馬王之爭」的昇華。的確,王金平在國民黨內部有他的一股勢力,挺王的人馬為他打抱不平,有人痛批特偵組「竊聽」立法院長的電話是踐踏人權以及違法的舉動,黨內青年菁英連勝文也訕笑說似乎回到了「大明王朝」,更把特偵組比擬為東廠。王金平勢將頑強抗爭,雖然他已表明不會學宋楚瑜另組第三勢力,但今後國民黨內部派系的糾爭必將

加劇,特別是王金平的南部大本營以及地方「角頭」所左右的民心向背,讓國民黨不得不擔憂;立法院國民黨黨團的運作,以及在議會裏跟在野黨的互動,也將是一盤撲朔迷離的新棋局。

許多人把此次的「司法關說」事件視為馬英九找機會拔掉王金平這根「眼中釘」的大動作,這種想法不足為奇。馬王二人早有心結,兩次競逐國民黨黨主席職位時結下了樑子,雖然表面上客客氣氣、互相尊重,但是骨子裏的怨恨根本無法消除。馬英九雖然身兼黨主席,國民黨又擁有立法院大多數的席次,但是行政部門許多法案卻得不到立法院的配合;即如最近兩岸簽署的「服貿協議」以及「核四興建方案」等等,都被立法院一拖再拖、擱置多時,綠營議員一再佔據主席台以癱瘓議會的議程,而王金平這個立法院長從未認真地動用權力來推動立法院的正常運作。到底是王金平的領導能力差,或是故意放縱反對派搞事以與馬英九的執政團隊抬槓,其中的奧秘頗堪尋味。如果說馬英九抱著「長痛不如短痛」的心態,藉此次事件踢開王金平以「割除腫瘤」並「清除瘀血」,一點也不奇怪;但是從另一個角度來看,瞭解馬英九個性的人都知道他嫉惡如仇,而且有政治上的「潔癖」,他的心田裏根本容不下「司法關說」這種惡習;在這次事件中,儘管曾勇夫是他的得力部下,馬也只能「揮淚斬馬謖」,即使王金平不是他的「政敵」而是「盟友」,相信也會遭受同樣嚴厲的對待。

不過馬英九處理事務的手法實在是不夠圓滑,不但容易引起反彈,甚至造成「親者痛、仇者快」的結局。「司法關說」的嚴重罪行需要追究,但為何不等王金平返台後勸其自動認錯辭職?為什麼要在他出國嫁女兒的時候來一齣「六國大封相」?馬英九還公開對著傳媒的鏡頭狠狠地說:「如果這不是關說,那什麼才是關說?」,還稱「這是台灣民主法治最可恥的一天。」難怪國民黨榮譽主席連戰也看不過眼,怪責馬英九沒有給王金平「最基本的尊重」。

台灣政壇流傳一句話：「王金平沒有敵人，馬英九沒有朋友」；馬英九的弱點是他一心想做好人，但卻處處樹敵，連黨內同志也相容不下；而王金平的弱點在於他濫交朋友，甚至在現實的政治上敵友不分，連柯建銘這種朋友的胡作非為也加以包庇。馬英九和王金平這種偏激以及和稀泥的作風，就是國民黨的不幸！

　　王金平「司法關說」的事件勢將繼續在台灣政壇發酵，國民黨最後會受到怎麼樣的衝擊，馬英九要如何收拾殘局，就讓我們拭目以待吧！

　　（原載2013年9月13日菲律賓聯合日報「笑談古今」專欄）

台灣「九月政爭」鹿死誰手？

王金平的「司法關說」案繼續發酵，事態的演變令人感到莫名其妙，而知道內情的人更是啼笑皆非。

事件發生的背景是民進黨現任立法院黨團召集人柯建銘於十多年前因竄改公司帳目，掩飾一筆一千二百萬元新台幣的開支，嚴重違反「公司會計法」而被控告「背信罪」，經地方法院初審和高等法院二審後，被判罪成應入獄六個月，但柯建銘繼續上訴，獲最高法院發回高院更一審，於今年六月間改判無罪；作為提訴人的高院檢察署反常地決定不再提出上訴，就這樣讓柯建銘擺脫一切刑責，全身而退。

台灣特偵組較早追查高院法官集體受賄時，發現前法官陳榮和家中有來源不明的鉅款，其中牽涉到與柯建銘有關的人士，於是向台北地方法院申請監聽柯建銘的電話以釐清案件，居然監聽到立法院長王金平打電話給柯，告訴他已經與法務部長曾勇夫談過，獲答應不再上訴他的案件。特偵組於是約談負責柯建銘案的檢察官林秀濤和她的同事，證實她的確收到高院檢察長陳守煌的指示，命令她不要就柯建銘案件提出上訴；無可否認，「司法關說」的事實明顯地擺在眼前。檢察總長黃世銘將事件向馬英九總統報告，嫉惡如仇的馬英九認為案情嚴重，不容姑息，於是親上火線，不但命令曾勇夫立即辭卸法務部長職位，還促請身在海外的王金平趕快回國向社會各界說明清楚。

王金平當時正在馬來西亞主持女兒的婚禮，他越洋表示曾經關心柯建銘的案件，但絕非進行司法關說；王於九月十日返台，十多名立法委員前往接機表示支持，在機場向新聞界發表談話時，王金平集中

火力攻擊特偵組濫權監聽國會議長的電話，表明自己是清白無辜的。十一日國民黨舉行考核紀律委員會會議，王金平和馬英九先後到會說明，最後考紀會決定撤銷王的國民黨黨籍，並隨即行文通知中央選舉委員會。王金平是以國民黨不分區立委的身分晉身立法院並擔任院長一職，如果失去國民黨黨籍便表示失去立委的身分，也當然不能再擔任立法院長的職務。但是王金平立即向台北地方法院提出「假處分」訴訟，獲法院批准繳交新台幣九百三十八萬元作為擔保金，而國民黨暫時不能執行中常會的決議案，因此王得以暫時保住國民黨黨籍和立法院的席位，留待法院作出最後的裁決。

所謂「假處分」即類似西方法制的「臨時禁制令」（Temporary Restraining Order，簡稱TRO），一旦得到法院頒發「假處分」的裁決，不但時鐘的指針停擺，還要撥回原先的狀態。九月十七日立法院院會開鑼，聲稱本身是「國民黨永久黨員」的王金平再次回到立法院，拿起象徵權威的議長槌子；馬英九雖然堅持他的理念，認為王金平已不適宜繼續擔任立法院長職務，行政院長江宜樺更聲稱行政院已準備好適應「沒有王金平當院長的立法院」，但卻必須尊重法院的判決，讓王金平繼續掌控立法院。馬英九和江宜樺在這一次事件中，弄到一個灰頭土臉的收場；國民黨決定就地方法院的裁決提出覆議，但相信在輸贏雙方不斷上訴的過程中，拖延的時日定必冗長，不但消耗浪費社會資源，造成的社會分裂和動盪更是令人不安。

許多人都在問，到底台北發生的「馬王大鬥法」是一場維護司法獨立的爭論或是一場政治鬥爭？無可否認，即使馬英九的初衷只是為了根除司法關說以維護司法制度的獨立，演變至今，整個事件已經變成一場如假包換的政治角力。這一場所謂「九月政爭」，不但導致國民黨內部發生嚴重分裂，在綠營的操弄下，更造成了社會的兩極化；相信裂痕還將繼續擴大，不良的效果也將一一露出水面，不但對台灣的繁榮穩定造成傷害，可能也會影響到兩岸的關係。

王金平是一個政治老手，早年受到李登輝的栽培訓練，在台灣政壇的「醬缸文化」裏浸淫了幾十年，已經見慣了政壇的波詭雲譎，親身經歷過宦海的風風雨雨。馬英九雖然也從政多年，但他是在蔣經國先生家長式的呵護下成長的，在政壇上有如一棵溫室裏的小草；即使他曾在李登輝時代短暫入閣，後來還獲選為台北市長，但畢竟是一個理想主義者，他不善於與基層民眾周旋，不齒與一般政客同流合污，結果令他與政治現實嚴重脫節，不但實現不了他的理想，還賠上了自己的聲譽和名望。在台灣的民調中，一生清廉、以「不沾鍋」見著的馬英九，支持度居然不及因貪污濫權而被人唾罵的陳水扁，這是台灣的社會氛圍中一種極不正常的現象，是馬英九個人的不幸，也是台灣社會的悲哀。

　　瞭解王金平和馬英九的背景，便不難推斷這一場「馬王政鬥」的最後結果。馬英九身為總統，擁有政治資源，同時又站在道德的制高點，在戰爭中有「居高臨下」的戰略優勢；而王金平違紀犯法的證據確鑿，在道德標準的範疇下已先矮人一截。然而事件發展至今，只見王金平依然氣閒神定、風光十足，馬英九卻是招架乏力、遍體鱗傷；看到這種情景，旁觀者都覺得不可思夷，但只要瞭解馬、王二人的個性和政治手段，再分析一下台灣社會那種黑白混淆以及唯親是護的觀念，便知道這場政鬥中，「王勝馬輸」的結果早已寫在牆上。馬英九陣營堅信是非曲直終會水落石出，最後的勝利將屬於真理的一方；這種想法未免過於天真和樂觀，馬團隊應該注意，他們所處的環境，乃是變態反常的台灣政治社會呀！

（原載2013年9月20日菲律賓聯合日報「笑談古今」專欄）

王金平關說案的是是非非

　　王金平替柯建銘進行「司法關說」的案件繼續在台灣社會和政壇沸騰，法院以「假處分」容許王金平暫時保留國民黨黨籍，因此也暫時保住他的立法委員身分和立法院長寶座；國民黨已經就法院這一項裁決提出申訴，然而法院要待何時何日才有最後的判決？在政黨的操控和民意的影響下，法院能不能夠作出公平公正的裁決？這些都是令人猜疑的問題。另一方面，「見獵心喜、見縫插針」的綠營乘機發動組織「反馬大聯盟」，煽動彈劾馬英九總統、迫行政院長江宜樺公開道歉、推動罷免檢察總長黃世銘、鼓吹廢除特偵組、組織民眾走上凱達格蘭大道示威抗議⋯⋯動作多多、方興未艾。一件「司法關說案」，已經從法理的大是大非，演變而成政治上的是是非非，社會大眾的集焦，也已經完全偏離了案件的重心。

　　首先要弄清一點，到底王金平有沒有進行司法關說？王金平堅持他只是關心柯建銘案件，並沒有進行關說，馬英九則問一句話：「如果這不是關說，那什麼才是關說？」孰是孰非，似乎有點撲朔迷離。其實不但王金平本人與柯建銘在電話上透露出玄機，法務部長曾勇夫對外的公開表白，也揭露出王金平的確叫法務部檢察署不要再將柯建銘的案件提出上訴，其間還提起立法院正在審查法務部的預算，無形中在脅逼曾勇夫就範。而承辦柯案的檢察官林秀濤和她的同事陳正芬在特偵組約談時的供詞，也顯示出原先準備上訴的林秀濤檢察官是受到檢察長陳守煌的指示才決定取消上訴，整個「司法關說」的輪廓再清楚不過。

特偵組認為「司法關說」的事實不容爭辯,但又說由於找不出「對價」,因而不以刑事案起訴,而是當成行政失當案件處理。不錯,王金平為柯案向曾勇夫部長關說時,並沒有許諾一旦取消上訴,會給他們多少錢的「對價」,但曾勇夫透露,王金平在電話中先與他談起立法院凍結法務部預算一事,然後談及希望檢察署不要將柯建銘案件上訴;林秀濤也說陳守煌檢察長先告訴他預算案有壓力,接著「暗示」她不要將柯案提出上訴。特偵組應該考慮一點,王金平以法務部的預算作為誘脅檢察署不上訴柯建銘案件的條件,難道這不算「對價」嗎?這個對價可是幾十個億啊!

幾個牽連到關說案的角色都想「明哲保身」,竟然沒有人願意為維護司法公正而挺身出來講實話;然而,只要分析一下這些人講話的內容,不難看出都是前後矛盾的誑語。王金平堅稱他沒有進行關說,但是他與曾勇夫交談後打電話通知柯建銘:「勇伯告訴我OK了」,這不是向柯氏報告關說成功的喜訊嗎?曾勇夫說他只是接聽王金平的電話,但沒有轉告檢察署不要提出上訴,可信嗎?如果不對檢察署作出指示,怎敢答應王金平「OK了」?林秀濤檢察官最初告訴特偵組,不管柯建銘案件值不值得上訴,她本來是準備上訴,「以杜絕悠悠之口」,但是與陳守煌檢察長談過話之後便放棄上訴;林秀濤後來翻供,說特偵組誤會她的意思,並說她在特偵組查訊時因為緊張而失言,可信嗎?堂堂一個檢察官,竟會因緊張而失言,林秀濤這個玩笑開大了!陳正芬檢察官在特偵組偵訊時說,林秀濤見完檢察長之後告訴她:「真好,不用寫上訴書」,後來也翻供說特偵組曲解她的意思,說林秀濤當時只是在「開玩笑」;想不到檢察官們都那麼喜歡開玩笑,可惜開的玩笑卻編織出一套雖然完整但可信性極低的劇情!

最令人不齒的是柯建銘。柯乃是「關說案」的始作俑者,然而他在事件發生後卻若無其事,好像整個事件與他無關;王金平獲法院接受「假處分」而保留其立法院長職位之後,柯建銘更揶揄說,不知道

行政院長江宜樺「有何面目」到立法院報告？柯建銘講這句話，足見他的臉皮有多厚，沒有面目見人的，不應該是那個因為經手的鉅款不清不楚而犯下背信罪、又拖累議長犯下司法關說罪行的人嗎？

民進黨的全名是「民主進步黨」，但這一次卻變成了如假包換的「民主退步黨」；以民進黨在「司法關說案」中的表現來看，不但民主退步，而且完全漠視法治，社會道德更是敗壞得一塌塗地。民進黨包庇自家人作科犯法由來已久，陳水扁貪贓枉法、鋃鐺入獄，民進黨不但繼續聲援他，近期更伸出雙手歡迎他回黨歸隊，擺出一副樂於與他同流合污的姿態；如今黨鞭柯建銘拜託議長王金平代向法務部關說施壓，以擺脫他的背信罪行所帶來的刑責，民進黨非但不作內部檢討，執行自律行動，反而藉機興風作浪來攻擊國民黨和馬英九；如此顛倒是非，黑白不分，民進黨已經完全喪失掉一個政黨應該具備的道德標準。

在王金平關說案中，馬英九也犯下了嚴重的錯誤。司法關說固然是無可原諒的罪行，而身為黨主席的馬英九對黨員違犯法紀也不應該坐視不理，但他必須記得自己的總統身分，不必什麼事情都要親上火線，何況犯規的是國會議長，而且二人本來就有政治角力的陰影，採取任何動作更應小心翼翼。然而馬英九卻選擇親自出面，高調數落王金平的不是，難免被有心人士指責為「政治打壓」，一件簡單的「司法關說」也就變成了錯綜複雜的「政治鬥爭」了。況且事件牽涉到黨內的「天王級」領導人物，馬英九在採取行動之前，實應先與黨內大老如連戰、吳伯雄等溝通一下，如今等事態發展到難以收拾的地步才找元老，已經於事無補了。

慘遭立法院「公審」的檢察總長黃世銘也同樣犯下大錯誤。監聽到王金平與柯建銘的電話通話之後，他不應該直奔總統府向馬英九提出報告，即使他要閃避牽涉事件的直屬上司法務部長曾勇夫，他也應該向行政院長江宜樺報告；直接跑進總統府，最後陷馬英九於不仁不

義，堪稱空有一腔執法的熱誠，卻完全沒有政治的智慧。事態發展至今，也只能嘆一聲「陰差陽錯、老天弄人」了！

（原載2013年9月27日菲律賓聯合日報「笑談古今」專欄）

連勝文為何選得如此辛苦？

台灣「九合一」選舉即將於十一月二十九日舉行，目前藍綠兩大陣營已經進入緊張的肉搏戰階段。

這一次的選戰中，最引人注目的乃是「六都選舉」，而六都當中，南二都幾乎已是綠營的「囊中物」，高雄市的陳菊和台南市的賴清德當選連任應該是毫無懸念。北部的新北市以及最近才升級為院轄市的桃園市則是國民黨的天下，新北市的朱立倫人氣奇高，即使民進黨派出「四大天王」之一的前行政院長游錫堃參選，也難撼朱立倫的根基。至於桃園市雖然現任縣長吳志揚較早受部下貪污的案件影響而致支持度有所降低，但他祖父吳鴻麟、父親吳伯雄和他本身三代先後都當過桃園縣縣長，經過幾十年的經營，在當地的民望是綠營候選人所望塵莫及的，贏得市長的選舉應該沒有問題。最令藍營揪心的是台中市和台北市的選情，台中市市長胡志強原是國民黨老將，對台中市的市政建設也是有目共睹，但由於已經做了十幾年市長，在「人心思變」的狀況下，難免有點吃虧；加上對手是民進黨精英、陳水扁時代的政治明星林佳龍，選戰更為吃緊。

選情最為緊張、前景最令人難以捉摸的是台北市這個政治中心。台北市原本是藍營的江山，聚居大都會的軍公教人員思想和立場大都偏藍，眷村更是國民黨的票倉；根據統計，近六成的台北市選民乃是藍營的基本盤，民進黨唯一一次贏得台北市長的選舉，是由於李登輝蓄意製造藍營分裂，一意孤行安排他的親信黃大洲作為國民黨台北市長候選人，逼走人氣如日中天的趙少康，結果在黃、趙二人攤分藍營

選票狀況下,讓民進黨的陳水扁「冷手執個熱煎堆」,順利當選台北市長。不過,在這一次選舉中,藍營的市長候選人連勝文在民調中一直落敗於穿著「無黨派」外衣而實際上是高舉綠營大纛的柯文哲,不管如何催谷,連勝文的民間接受度總是追不上柯文哲,而且差距甚大,令人堪憂。

許多人對這種反常的現象感到莫名其妙,政論家認為市民們對政客操弄政治、特別是藍綠兩大陣營纏鬥不休已經感到極端厭惡,因而當柯文哲以「政治素人」的形象出現於公眾視線時,獲得民眾的好感和歡迎。但如果稍加思索,柯文哲並非白布一匹,他與陳水扁的關係非比尋常,也曾表示自己的傾向是「墨綠」;這一次他出面競選台北市長,儘管標榜無黨無派,但卻得到民進黨和其它綠營團體的一致支持,「白皮綠骨」非常明顯,豺狼雖然穿著羊皮,始終會露出尾巴來,即使台北市的選民極為單純,相信也不至於容易受騙。

有人說連勝文的民調遠遠落後,原因在於他是「官後代」兼「富後代」,與升斗小民嚴重脫節。不錯,連勝文的確是大富人家的後裔,祖父及父親也都做過高官,但他並非好吃懶做、坐享祖先餘蔭的富二代,也不是盛氣凌人、為非作歹的官二代;如果說官二代或富二代便應該靠邊站,那台灣怎能夠有蔣經國?新加坡怎能有李顯龍?中國又怎能有習近平的出現?民進黨主席蔡英文、親民黨主席宋楚瑜、國民黨主席馬英九豈不是也都要從政壇消失?有些政客無所不用其極抹黑對手,許多傳媒界人士也隨意散播一些危言聳聽的謠言,而選民又喜歡接受刺激感觀的傳聞,因而造成了社會上廣泛流傳一些似是而非、不盡不實的攻訐言詞。如果要公道評論連勝文,他雖然出身豪門世家,但書唸到哥倫比亞大學法律博士,工作經驗包括當過摩根史丹利投資銀行副總裁,更於擔任台北市政府悠遊卡董事長期間把這一家虧損累累的公司轉虧為盈,可見他並不是一個「繡花枕頭」,只是他栽在唯恐天下不亂的民進黨政客以及像周玉蔻這種無事生非的媒體人

手中，便不能不自嘆倒霉了。

連勝文自己也承認，台北市長這場選舉的確選得非常辛苦，但是他依然滿有信心地說：「累到眼睛睜不開，可以點眼藥水；手舉不起來，可以自己按摩；鞠躬到腰沒辦法挺直，可以貼撒隆巴斯；累到腳沒辦法走了，爬也要爬進台北市政府。」國民黨內部的分析結論指出，連勝文在民調中追不上對手柯文哲，與民間強烈反馬英九的情緒有很大的關連。馬政府執政無方，老百姓怨言頗多，將滿腔怒火轉嫁國民黨候選人實在可以理解。在台北市的國民黨基本盤中，深藍的一群對馬英九所鼓吹的「不統」偏安理念非常反感，富有國家民族意識的人士對馬所持有的親美媚日態度也深感厭惡，軍公教人士對馬總統施行改革方案準備削減他們的福利更感憤慨，而本土派的國民黨「樁腳」由於馬英九窮追猛打他們的盟主王金平而咬牙切齒；這些原本屬於國民黨基本盤的選民為了讓黨主席馬英九難堪，紛紛採取不前往投票的消極抵抗戰術以表示不滿，導致國民黨的基本票源不斷流失，連勝文的支持率也因此拉抬不上來。有鑒於此，國民黨大老、曾任行政院長的郝柏村公開呼籲選民，不要把針對馬英九的怨恨轉移到國民黨身上，也不能因為不滿馬英九而不前往投票；連戰和連方瑀夫婦也分別前往眷村及婦聯會為兒子拉票，目的便是要鞏固深藍的軍公教基本盤，是否有效尚屬未知數。

連勝文應該擔心的是反對馬英九的藍營選民缺乏投票的意願，而死忠支持馬英九的選民對連勝文也深表不滿，不願意投票支持他，因為連勝文曾經公開批評馬英九執政的作風有如「大明王朝」的「東廠」。另外一部分被宋楚瑜蒙騙的藍營人士也有可能不支持他，因為宋楚瑜會綁架這一群選民的意向來達到他自私的政治目的。連勝文在這一次的台北市長競選過程中，應該會感到非常落寞無助。

國民黨如果失去台北市這個橋頭堡，2016年的大選便後果堪虞了；有鑒於此，近日黨內已經發動了「搶救連勝文大作戰」，一向與

連家不咬弦的馬英九也在十天內五次為連勝文站台造勢。如果國民黨和連勝文的競選團隊能夠在最後這幾天成功地喚起藍營選民的危機感，到時候國民黨的基本盤踴躍出來投票，連勝文便有機會扭轉乾坤，讓柯文哲鎩羽而歸；然而國民黨的基本選民到時能否同仇敵愾，同心同氣前往投票站展示藍營的實力，那便只能拭目以待了。

（原載2014年11月14日菲律賓聯合日報「笑談古今」專欄）

漫談「台灣共識」和「九二共識」

台灣將於明年元月份舉行總統大選，算一算，也只剩下四個月的時間了。有一點令人不齒的是自李登輝以降，許多台灣政客一直以來都抱著一股濃厚的「殖民地心態」，在選舉前總要費盡心機跑到美國和日本去「朝拜」一番。如果政客們出國造訪是想在海外的台商之間造造勢，順便也募捐一點經費，本來是無可厚非的，但是看他們千方百計求見美、日政要，不惜卑躬曲膝尋求外國政客加持，企圖為自己的選情加分，實在是丟盡中國人的顏面，難道他們認為台灣的選民都是媚外的奴才？民進黨總統候選人蔡英文一早就宣佈，九月中旬將赴美訪問，為選舉造勢；國民黨有一種「輸人不輸陣」的心態，馬英九是現任總統，訪問美國受到環境的限制，於是派出他的心腹，也是擔任他競選辦公室執行長的金溥聰，搶在蔡英文之前抵達美國，把選戰的前線延伸到太平洋彼岸。

金溥聰和蔡英文二人同時在美國出現，讓西半球的「藍綠之爭」白熱化，只聞砲聲隆隆，只見硝煙迷漫，交火廝殺的慘烈狀況，比起在台灣本島實在是有過之而無不及。蔡英文在美國大肆宣傳她的所謂「台灣共識」，還煞有其事說要把「台灣共識」交由立法院正式立法；但是她從頭到尾都沒有講清楚「台灣共識」到底是什麼東西，相信連她自己的心中也沒有答案。

在台灣這個嚴重「兩極化」的社會裏，任何一個政治議題都會引起不同意見的陣營「打生打死」，根本沒有可能取得社會各階層的「共識」。很簡單，就以最基本的「統獨」概念來說，藍營不會接受

「台獨」的意識,綠營又對「統一」這個詞彙既緊張又敏感,怎樣談「共識」呢?台灣根本就不可能存在有任何「共識」,可是蔡英文不但以「台灣共識」作為宣傳重點,還言之鑿鑿說會將之立法來作為民眾依循的準則,如果她不是一個只會「痴人說夢話」的白痴,便是一個「信口雌黃」的大騙子。

馬英九評說蔡英文鼓吹「台灣共識」等於在賣「預售樓」,也就是香港人所說的「賣樓花」——你先預訂並先付款項,我慢慢才蓋房子給你;馬點破蔡英文是期望選民先投她的票,等當選了才告訴你「台灣共識」是什麼。其實,馬英九這個比喻雖然貼近實況,卻並不完全正確;即使蔡英文真地當選,她也拿不出「台灣共識」來;她賣的不是「預售樓」,而是根本不存在的「空中樓閣」。

另一方面,綠營到現在還不肯承認兩岸有一個「九二共識」;儘管海基會和海協會來往的信件中清清楚楚寫明,所有協議都是以「九二共識」為基礎,但是不管是李登輝或是陳水扁,抑或是蔡英文所領導的民進黨,卻始終堅持兩岸之間並不存在「九二共識」。

所謂「九二共識」,便是兩岸都同意只有一個中國這個基本原則。雖然國民黨在「一個中國」的後面加上「各自表述」這一詞句,闡明一個歷史事實,那便是兩岸都承認世界上只有一個中國,台灣和大陸都是這個中國的一部分,北京把這個中國表述為「中華人民共和國」,而台灣則表述為「中華民國」,而就在這個「一中各表」的前提下,兩岸近幾年來進行了一連串的協商,也簽署了包括ECFA在內的十多項協議。綠營接受兩岸簽署的協議,幾個民進黨籍的中南部縣市長興高彩烈地依照協議的規定把農產品銷售到中國大陸去,也按協定歡迎大陸遊客前來觀光消費,但卻又說「九二共識」不存在,這種「只要兒子、不要老爸」的荒謬說法,何異於只承認世界上有李安妮和陳致中這兩個人,卻不承認有李登輝和陳水扁的存在?

在馬英九用「預售樓」來形容「台灣共識」之後，蔡英文反譏稱「九二共識」是沒有拿建築執照的「鐵皮屋」。蔡應該反省一下，若是沒有「九二共識」，那麼多打救台灣經濟的「採購訂單」以及「大陸遊客」從何而來？如果沒有這間「鐵皮屋」，蔡英文和她那班嘍囉豈不是早已被金融海嘯的巨浪捲進太平洋海底了？

蔡英文還有一個很幼稚的說法，她說如果有「九二共識」，那也只是國民黨和共產黨之間的共識；試問因「九二共識」而簽署的協議，民進黨不要嗎？為什麼民進黨的陳菊和賴清德不斷要求多一些大陸遊客到高雄和台南去？蔡英文以前口口聲聲說台灣不應該接受兩岸簽署的經濟合作協定（ECFA），甚至組織示威遊行以進行抗議活動，但現在看到ECFA為台灣帶來了優異的經濟效果，她突然改口說ECFA是「既成的事實」，以後才交由「全民決定」，政客的虛偽無恥莫過於此。蔡英文如果要堅持她的原則，她應該一如既往，大大聲宣佈，一旦她當選總統，將馬上廢除她和李登輝形容為「要吃掉台灣的ECFA」，呼籲所有反對ECFA的選民投她一票。相反地，如果她也認同ECFA對台灣的經濟發展有重要的貢獻，便應該大大方方認錯，改正自己以前的立場，而不是以「和稀泥」的態度，既說人家不對，卻又照單全收，這種做法豈不是令她變成了「市井無賴」？

台灣大選的日期越來越近，馬英九應該向蔡英文提出挑戰，要她清楚講明下列幾項主張，讓選民投票時作為參考：

1.北京清楚闡明「九二共識」是所有協商的根基，民進黨是否將不惜一切代價，即使須廢除ECFA，也要否定「九二共識」？

2.馬提出「不統、不獨、不武」的基本立場，代表了目前台灣民眾的心聲，蔡英文是否有另一套方案？是否想改變台灣的現狀？

3.如果當選，會不會特赦陳水扁？

選民的眼睛是雪亮的，只要蔡英文就這幾個問題提出答案，選民們自會選擇如何投下手裏的一票。

（原載2011年9月21日菲律賓聯合日報「笑談古今」專欄）

民進黨敗在否定「九二共識」

台灣2012總統大選之後，宋楚瑜到他的競選總部，發表了一篇敗選談話，電視機鏡頭前只見他神情輕鬆、笑容滿面。許多人對宋的「從容」感到驚訝，其實，如果瞭解這個「成事不足、敗事有餘」的滑頭政客，便不會覺得奇怪了。

宋楚瑜從一開始就知道自己絕對沒有可能贏得總統的選舉；據推測，他參選的目的不外是想拉低馬英九的選票，一來協助李登輝達到分裂藍營的目的，二來也報復與馬的私仇，三來想發揮「母雞帶小雞」的作用為親民黨立法委員候選人輔選，爭取親民黨在立法院獲得足夠的席位以取得黨團的地位。在某種程度上，宋已經達到他的目標，難怪他可以在敗選總統大位之後依然笑逐顏開。

在這一次的選舉中，宋楚瑜的確給了馬英九不少壓力和困擾。新黨秘書長李勝峰說過，宋此次一意孤行、製造藍營的分裂，引發藍營的公憤之餘，今後將會變成一個「政治廢人」，如果因為他的攪局而導致民進黨回朝執政，宋更將成為一個「歷史罪人」。最後，宋楚瑜並沒有成功把馬英九拉下台，倖免令他自己冠上「歷史罪人」的罵名，但成為「政治廢人」的結局卻是無可避免的。

較早李登輝協助宋楚瑜從法院取走「興票案」中寄存的二億四千八百萬元新台幣，這一筆原屬國民黨的黨款被老宋放進了自己的口袋；不管宋楚瑜是不是與李登輝簽訂了秘密協約，或者說宋是為了報答老李而自動獻身出面攪局，他的確很成功地破壞了藍營的團結，遂了老李的心願；宋堅持參選到底，總算對李登輝有所交代了。宋楚瑜

也成功地為親民黨爭到超過百分之五的政黨票，今後可以每年從中央選舉委員會領取近四千萬元的津貼。說來說去，宋楚瑜總是過不了「金錢」這一關，孔老夫子在論語裏警誡：「及其老也，血氣既衰，戒之在得」，老宋已屆「氣衰」之年，怎麼還那麼看不開？

1988年，宋楚瑜越權發飆，臨門一腳把李登輝送上國民黨主席的寶座，台灣政壇自此永無寧日，主張「兩國論」的李登輝令台灣寶島籠罩在台獨的毒霧陰霾之中。2000年，宋楚瑜自起爐灶，與國民黨分庭抗禮，結果保送了高唱「一邊一國論」的陳水扁登上總統的寶座，讓國民黨淪為在野黨。今年，宋楚瑜再一次攪局，幾乎把國民黨執政的大好江山，交給否定「九二共識」的蔡英文；難怪有網民留言指出，宋楚瑜乃是綠營安插在藍營的「深喉」，每到緊要關頭，他便會露出水面替台獨分子修橋舖路。

經過這一次選舉的教訓，國民黨應該痛定思痛，銳意整合好藍營，鞏固基層組織。新黨的領導人以前都是國民黨的精英分子，在這次選舉中，可以看出他們都是識大體、顧大局的人材，國民黨必須想方設法，以禮賢下士的態度招攬他們回巢，就像以前延用王建煊和郝龍斌一樣。親民黨內也有明白事理的成員，值得國民黨伸出歡迎的雙手；而在處理回歸的親民黨成員時，應該特別慎重關懷，諸如較早歸隊的原親民黨成員邱毅、黃義交等人在此次選舉中披掛國民黨戰衣上陣，但卻不幸失利落選，國民黨應予以照顧、善作安排，以防存心不良的宋楚瑜藉機挑撥離間、興風作浪。

一直以來，民進黨對馬政府最嚴厲的抨擊，是馬英九沒有實現競選時許諾的「六三三」經濟指標，也就是讓台灣的經濟成長達到百分之六，失業率降到百分之三以及國民所得達到三萬美元。一些不明事理的民眾在民進黨的鼓惑下，認為馬英九當年的競選承諾「退票」，而台灣人民的生活也沒有得到明顯的改善，因而改變了他們四年前挺馬的立場。其實眾所周知，馬英九於2008年就任第十二任總統之後不

久，國際市場即遭遇到金融海嘯的衝擊，全球經濟不但發展停滯，甚至步入衰退的狀況；馬英九當時也認識到「國際形勢不我予」，於是向台灣民眾表明「六三三」經濟指標要修改為八年的目標，而馬執政三年多以來，台灣經濟得以持續發展，比周邊的國家和地區優勝良多，這是民進黨和一般民眾不應該漠視的。

馬英九此次得以當選連任，最基本的因素在於他的兩岸政策，而蔡英文的落敗，便是她對「九二共識」的否定。馬英九執政之後，一改民進黨陳水扁政府的兩岸對立態度，在「九二共識、一中各表」的原則下推動了海峽兩岸密切的經貿和文化關係，實現了「大三通」，來自大陸的遊客和留學生、甚至高官顯要都紛紛登陸寶島，兩岸還簽署了「經濟合作框架協議」（ECFA）；無可否認，台灣經濟這幾年來能夠持續發展，極大的因素便是得力於中國大陸這一個龐大市場的支持。

北京一再申明，兩岸的密切交往，乃是立足於「九二共識」的共同認知；在「九二共識」的框架下，雙方都承認只有一個中國，也擱置兩岸各自表述「一個中國」的差異和爭議。沒有「九二共識」，便只能回到李登輝和陳水扁那個兩岸對峙的冰凍時期；蔡英文一再公開否定「九二共識」的存在，更打出莫名其妙的「台灣共識」口號，豈不是要拆掉海峽兩岸溝通交流的橋梁？

有識之士都瞭解到否定「九二共識」的嚴重性，因而大企業家紛紛跳出來表態，連一向親綠的奇美集團、東元電機、長榮集團的老闆都發言力挺「九二共識」，平素避談政治的首富郭台銘也公開挺馬，並宣佈將租用多架包機接載身在大陸的員工回台投票支持馬英九，王永慶的女兒、台灣女首富王雪紅在選舉前一天也表態支持馬英九。這些企業家不惜現身公開作出政治表態，原因就是他們深知一旦蔡英文上台，否定掉「九二共識」，台灣的經濟便會一蹶不振，大家也只有死路一條。呂秀蓮在選後發表感言，說民進黨應該消除「反商」的形

象，爭取企業家的支持；呂似乎還不明白，企業家要支持和維護的，不是任何一個政黨或任何一個政客，他們要的是能夠促進經濟發展的兩岸和平關係。

遠在太平洋彼岸的美國政府也察覺到事態的嚴重性，選舉前一天，美國的專家學者考察團抵達台灣，前任美國在台協會台北辦事處處長包道格（Douglas Paal）正式表態，支持兩岸在和平氣氛下發展關係，並且指出兩岸關係目前發展的方向不但有利台灣和中國大陸的和平共處，有利亞太地區的穩定，也有利於中美外交關係的發展。

民進黨的領導階層也覺悟到黨內僵化的兩岸政策已經被時代所淘汰，因此發出了檢討和修正的建議，但是能否衝破頑固派的台獨意識而有所作所為，則有待觀望了。

（原載2012年1月20日菲律賓聯合日報「笑談古今」專欄）

```
國家圖書館出版品預行編目

幾度夕陽紅：笑談古今. 5 / 王文選著. -- 臺北
市：獵海人, 2024.10
    面；  公分
ISBN 978-626-7588-02-4(精裝)

1.CST: 言論集  2.CST: 時事評論

078                              113015822
```

幾度夕陽紅：
笑談古今 5

作　　者／王文選
出版策劃／獵海人
製作銷售／秀威資訊科技股份有限公司
　　　　　114 台北市內湖區瑞光路76巷69號2樓
　　　　　電話：+886-2-2796-3638
　　　　　傳真：+886-2-2796-1377
網路訂購／秀威書店：https://store.showwe.tw
　　　　　博客來網路書店：https://www.books.com.tw
　　　　　三民網路書店：https://www.m.sanmin.com.tw
　　　　　讀冊生活：https://www.taaze.tw

出版日期／2024年10月
定　　價／450元

版權所有・翻印必究　All Rights Reserved
Printed in Taiwan